本书为霍英东教育基金项目"媒介变迁：范式转换与机制更迭"研究成果

媒介的变迁：
从口语到文字

崔　林　著

中国传媒大学出版社
·北京·

目　录

第一章　口语：智能时代与时空束缚

地球,这颗围绕太阳不停旋转的蓝色行星,在有着5,000亿个各由 10 亿颗恒星组成的浩渺星系中,不过是沧海一粟,但是,她是迄今为止人类在宇宙中唯一的居所。

如果说我们目前还不能确知宇宙是否真的诞生于 150 亿年前的一次大爆炸,那么对于我们栖身的这颗蓝色星球的年龄,则大致能确定是在 46 亿年左右。大约在 250 万年前,人类最原始的先祖在地球上出现。

250 万年的漫漫岁月,人类这一物种所经历的全部时光,在地球 46 亿年的历史长河里,不过是电光火石的一瞬,而实际上,在这弹指一挥的 250 万年中,对人类而言真正具有决定意义的时刻直到最近的 5 万年前才发生。正是因为这一时刻发生的某种变化,人类才真正与其他动物种群分离开来。

让人类进化发生如此决定性变化的,就是我们再熟悉不过而且每天都在使用的口语。

一、智能时代的开启

对于我们每天的生活而言,口语是再稀松平常不过的事情。从早起问候到睡前"晚安",从打打招呼到互诉衷肠,从吹牛谈天到唇枪舌剑,从闭门讨论到公开演讲,说话是一种不大会引起我们注意的基本能力。然而当我们将视野扩展到人类在地球上繁衍生息的全过程,口语的发明就成为整个人类历史上"前所未有的大事件",因为会说话的人类意味着"一股新的生物学和地理学意义上的力量崛起了"①。

(一) 人类的扩张

口语的诞生明显加快了人类在地球上的扩展速度。人类学的研究表明,在口语发明之前,从非洲发源的那群古人类用了150万年才缓慢扩展到南欧,与之相比,他们会说话的后代只用了5,000年就征服了欧洲,并在15,000年之后到达亚洲。他们的扩展速度达到每年1英里,历经不到1,500代,就成为这一星球上分布最广泛的动物种群。在1万年前农耕文明的历史即将拉开帷幕时,人类的数量出现了爆发式的增长,从刚开始的数万人猛增至全世界的约800万人。

口语的使用让人类的进化过程明显提速。根据《科技想要什么》一书作者凯文·凯利的说法,在过去的1万年里,人类基因进化的平均速度比此前快了100倍。在人类把狼驯化为狗,并开始养牛、种植谷物的同时,人类自己的身体特征也逐渐改变:牙齿不断缩小,肌肉变得纤细,体毛渐渐褪去。

这种进化过程与此前生物界的进化全然不同。与其他物种主要通过遗传基因的演化来适应环境的改变不同,"人类进化靠的是向后代传递两种信息——遗传信息和语言信息"②。语言让人类能够带着目的、经过思考后进行发明,而交流与合作又加快了学习和创造过程,因此,这种进化过程不再像过去那样任由环境改变生物的基因,而是通过改变所处的环境以适应其基因。

历史学家斯塔夫里阿诺斯把这种进化称为文化进化,以区别于以往的基因进化。他认为,基因进化通过基因突变起作用,如果一个物种的基因突变符合自然选择的要求,它就会在生物史中的几千年里成为地球上占据统治地位的物种;文化进化则通过引入新工具、新思想或新制度,一夜之间就可能改变整个社会。③ 当初在非洲、亚洲、大洋洲等地开始出现时,人类这一物种也许并不起眼,然而经过不同于以往的进化过程,这种直立行走、会说话的动物今天已经变成了这颗蓝色星球上最具统治力的物种。

---

① 凯利.科技想要什么[M].北京:中信出版社,2011:27.
② 林文刚.媒介环境学:思想沿革与多维视野[M].北京:北京大学出版社,2007:259.
③ 斯塔夫里阿诺斯.全球通史:从史前史到21世纪(上)[M].北京:北京大学出版社,2013:6-7.

(二) 信息的力量

在达尔文和恩格斯看来,除了直立行走,制作工具和使用语言是人类与其他动物种群最主要的区别。实际上,制作工具是对能量的处理能力,使用语言是对信息的处理能力,人类社会的发展正是随着这两种能力的提升而不断跃进的。不过长期以来,我们更为重视工具和能量对人类历史的影响,对人类历史的分期就是工具和能量视角的,比如石器时代、青铜时代、铁器时代、蒸汽时代、电力时代,等等。

当信息在当今人类社会中发挥的作用越来越大时,人类不再以工具和能量来标识自己所处的历史阶段,而将当前的历史时期命名为"信息时代",并开始重新审视信息在人类社会发展过程中所具备的力量。历史学家斯坦夫里阿诺斯认为,"在百万年来人类与时空、自然力与飞禽走兽竞争的历程中,语言让我们能据以思考并占尽上风,人类发现资讯才是威力最大的武器"。① 传播学者保罗·莱文森也认同这样的观点,他在探索信息革命的历史与未来的《软利器》一书中说,"显然,抽象语言(含言语和思维)是人类生存的必要条件:没有抽象语言就没有人类"。②

凯文·凯利则更加明确地指出,自然生命和人类创造的技术系统的本质都在于信息。在他看来,无论生命的定义是什么,其本质都不在于 DNA、机体组织或肉体这样的物质,而在于看不见的能量分配和物质形式中包含的信息。"随着科技的物质面罩被揭开,我们可以看到,它的内核也是观念和信息。生命和科技似乎都是以非物质的信息流为基础的。"③

显然,信息史观正在成为人类审视历史的崭新视角。信息及其依存的媒介是人类生存的基本环境,当我们用这样的观念和视角来打量人类走过的历史过程,就会发现信息、传播、媒介在人类历史中的作用显得愈发重要。

---

① 施拉姆.人类传播史[M].台北:台湾远流出版公司,1994:70.
② 莱文森.软利器:信息革命的自然历史与未来[M].上海:复旦大学出版社,2011:2.
③ 凯利.科技想要什么[M].北京:中信出版社,2011:11.

二、语言的产生

令人遗憾的是，人类的语言交流从何时开始，我们现在还无从知晓。在漫长的蒙昧时期，人类的生存状态可能就像班固在《白虎通·号》中的描述："古之时，未有三纲六纪，民人但知其母，不知其父，能覆前而不能覆后。卧之法法，起之吁吁，饥即求食，饱即弃余，茹毛饮血，而衣皮苇。""吁吁"是呼喊的意思，可能正是在"饥即求食"的生存欲求中，人类经过上百万年的进化，才终于从难以交流的混沌暗夜走向语言沟通的清澈黎明。

（一）语言的起源

对于"语言是如何产生的"这一问题，传播学者威尔伯·施拉姆在《人类传播史》中将其比喻为"孩子何时首次认出自己的母亲"。在他看来，孩子何时认出自己的母亲，在时间上没有一个明确的临界点，语言的产生也是一样，只是在一个时机成熟的时候，就自然而然地产生了。哲学家伽达默尔则用"一支正在溃逃的部队是如何停住的"来类比语言诞生的过程："显然不是由于第一个士兵停住了或是第二个、第三个士兵停住了。也不能说相当数目正在逃跑的士兵停住时这支队伍就停住了，显然也不能说是在最后一个士兵收住脚步时停住了。因为部队并不是在最后一个士兵停住时才开始停止前进。从开始停止到完全停止是一段很长的时间。……关于一般知识的情况也正是如此。"①在施拉姆与伽达默尔看来，语言的诞生是一个从量变到质变的漫长过程。

总体而言，关于语言的起源，到目前为止主要有神授说、人创说、劳动创造说等几种说法。神授说认为语言是神赐予人类的。比如印度婆罗门教《吠陀》中就认为语言是神赐予人类的一种特殊能力，中国苗族的传说中也流传着山神创造了人并传授其语言的故事。人创说则认为语言并非天神的赐予，而是人类自己创造的。

---

① 伽达默尔.哲学解释学[M].上海:上海译文出版社,1994:14.

人创说也有多种不同说法。其中,摹声说认为语言起源于人类对外界各种声音的模仿,社会契约说认为语言起源于人们的彼此约定,手势说认为在人类使用有声语言之前曾经历过一个手势语言的阶段,感叹说认为人类的有声语言是从抒发感情的各种叫喊声演变来的,劳动叫喊说认为人类的有声语言从人的劳动叫喊声发展而来。

在达尔文提出的进化论的基础上,恩格斯认为语言起源于劳动。在他看来,劳动提出了产生语言的社会需要,为语言的产生提供了心理上的条件;劳动也改善了原始人的发音器官,为语言的产生提供了必要的生理条件。

(二) 传播的高峰

尽管到目前为止没有任何一位语言学家、历史学家、哲学家或传播学者能够说清语言产生的具体时间地点,但毫无疑问,口语的产生形成了人类传播史上的第一座高峰。

在口语产生以后,人类运用自身具备的发音能力,来实现对对象的指认、思考的外化和意义的表达。从家长里短的对话,到波澜壮阔的史诗,从"起之吁吁,饥即求食"的原始欲求,到"关关雎鸠,在河之洲"的长歌短吟,人们力图用语音来描述一个个满含意义的场面,并以此来表达自己的意图与思考。直到今天,口语仍然是人类社会生活中使用最为广泛、频繁的传播方式。

对此,语言学家萨丕尔在《语言论》中说,"我们不得不相信语言是人类极古老的遗产,不管一切语言形式在历史上是否都是从一个单一的根本形式萌芽的。人类的其他文化遗产,即使是钻木取火或打制石器的技艺,是不是比语言更古老些,值得怀疑。我倒是相信,语言甚至比物质文化的最低级发展还早;在语言这种表达意义的工具形成以前,那些文化发展事实上不见得是一定可能的"。①

---

① 萨丕尔.语言论[M].北京:商务印书馆,1985:19.

三、口语的传播特征

在整个人类传播史中,口语传播是最原始的传播方式。《传播革命》作者弗里德里克·威廉斯绘制过一个"传播史表盘",他以表盘刻度上的 24 小时,代表西方晚期智人克罗马努人到现在的 360 个世纪,也就是 3.6 万年,因此表盘上的一天等于 360 世纪。在这个表盘上,口头传播出现在这一天的开始,手写阶段出现在大约 20 时的地方,直到 22 时 38 分,才进入印刷阶段,而电子传播阶段则开始于一天即将结束时的 23 时 57 分。

令人惊叹的是,在其他的传播手段相继诞生之后,口语传播并没有消亡,而是始终发挥着不可替代的作用。若是将印刷术、电子传播技术从人类社会中抽离,将会给人们生活带来诸多的不便,但是并不至于影响人的功能的完整性。但是,倘若一个人丧失了口语传播功能,他就不能算作一个健全的人。口语传播之所以能够如此历久弥新,经过千年万年仍然无法替代,正是因为这种传播方式具备难以超越的传播优势。

(一) 即时交流

口语传播的第一种优势在于,传播者与接收者处于相同的时空,反馈非常及时。在传播学者拉斯韦尔曾经提出的理论中,传播是传者通过某种媒介将一定内容传递给受者并产生某种效果的过程,在这个过程中,信息接收者对传播者的反馈决定了传播效果。在口语传播过程中,传者发出的信息几乎在同时就能传递到受者那里,并能马上得到反馈,因此,口语的传播效果极其明显。而且,由于信息的交流是双向的、互动的,口语的交流过程中好像不存在传者和受者之分,它是一种真正的即时"交流"。

基于口语传播的这种优势,传播学者李彬在《全球新闻传播史》中说,"处在口语传播阶段的人,他们的传播机能相对来说更为健全,而处在其他传播阶段的人则由于有所凭借而使某种机能日趋退化,正如有空调暖气的人远不如自然环境中的人强健一样"。① 实际上,口语传播是每个社会个体在现实生活中交流能力的基础,一个人口语交流能力的强弱,对其传播能力将产生至关重要的影响。

(二)媒介即人

口语传播的第二种优势在于,媒介即人自身,它基于人自身的发音能力,以及将声音传递出去的能量。

口语是一种极其便捷的传播方式,其信号源于人自身的发音器官,对于信息的编码只是在人脑内部进行,不需要外化为其他符号,因此人们说话时往往可以不假思索脱口而出。它借助无所不在的空气即可传播,不需要借助于其他人为制造的物质平台。正因为它如此方便,直到现在,这种基于人自身的能量和能力的口语传播仍是人类使用最为普遍的传播方式。

(三)语言智慧

口语传播的第三种优势在于其传播符号。口头语言这种符号体系使人类能够通过声音元素的变化与组合来实现复杂的信息传递与交流,其间处处渗透着人类对口语要素进行编码的智慧。这种智慧,正是人类传播得以不断发展的智力支撑。"口语最初仅仅是一种将声音与周围事物或环境联系起来的符号,在人类认识世界和改造世界的社会实践中,逐渐提高了它的抽象能力,成了一种能够表达复杂含义的音声符号系统。"②

经过几万年的不断锤炼推敲,口语传播已经形成非常严密的编码系统,无论是在符号体系还是艺术表达上都已达到极高的境界。世界各地都散播着口头传播的优秀文化结晶,在有着悠久历史的文明古国尤其光耀璀璨。

在具有口头传播传统的古希腊,口头传播文化是其文化遗产中引人注目的一部分,其中最著名的是《荷马史诗》。这部再现了古代希腊社会图景的鸿篇巨制,辞章华丽,妙语迭出,精彩、生动的用词和比喻处处可见。它最

---

① 李彬.全球新闻传播史[M].北京:清华大学出版社,2005:46.

② 郭庆光.传播学教程[M].北京:中国人民大学出版社,2011:24.

初只是基于古代传说的口头文学,靠着乐师的口口相传才流传下来。其实除了《荷马史诗》,古希腊还有很多能体现其口语传统的作品。

> 晚星带回了
> 曙光散布出去的一切
> 带回了绵羊,带回了山羊
> 带回了牧童回到母亲身边。

这是古希腊女诗人萨福的诗歌作品之一——《暮色》。在古希腊,女诗人萨福的诗歌被看作是古希腊口头传统的集中体现。萨福的诗用当地口语创作,通过一边弹琴一边吟唱的方式流传,西方诗歌史把这种独特的诗体称之为"萨福体"。

古典学研究者瓦纳尔·耶格尔说,萨福穷尽了个人感情的各个角落。在"萨福体"的格律中,每一节分为四行,每一行中长短音节在相对固定中略有变化,前三行有点像荷马时代的六韵步诗体,第四行则音节简短,显得干脆明快。相传,萨福同时代的雅典统治者梭伦也是一位诗人,当他偶然听到萨福的诗篇时说"如果我学会了她的音律,可以死而无憾了",可见口头传播的优势被发挥到极致时所能释放出的无与伦比的艺术魅力。

作为世界上唯一没有中断且持续至今的人类文明,中国也有大量的口头传播作品。除了家喻户晓的诗歌作品集《诗经》、脍炙人口的民间传说"梁祝"之外,在中国的西藏、四川、内蒙古、青海等地区广为传唱的《格萨尔王传》也是口语传播的代表作品,这部多民族共同传唱的史诗被称为"世界上唯一的活史诗"。

> 美丽的姑娘在岭国,
> 她往前一步能值百匹骏马,
> 她后退一步价值百头肥羊;
> 冬天她比太阳暖,
> 夏天她比月亮凉;
> 遍身芳香赛花朵。

蜜蜂成群绕身旁；

人间美女虽无数，

只有她才配大王；

格萨尔大王去北方，

如今她正守空房。

这是这部史诗"霍岭大战"部分对格萨尔王王妃珠牡的描述，语言通俗明了、优美流畅，人物形象栩栩如生。《格萨尔王》之所以被称为"活史诗"，其"活"就"活"在口头传播的魅力上。由于它的创作方式是口头创作，内容通俗易懂、朗朗上口；又由于它的传播方式是口口相传，选择的各种传播要素在传播过程中易于触发人的情感，使这种带着情感的记忆能够更长久地留存。

口语的传播过程要求其内容和形式便于传唱、易于记忆，这促使口头语言的内部结构不断优化。对此，加拿大传播学派的开创者哈罗德·伊尼斯在《帝国与传播》中说："口语传播的力量，隐含着一种适合它自身需要结构的创造力。吟游诗人创造了一种六音步诗行的史诗。这种史诗韵律严密而且富有弹性，适合口语的灵活变异。"[①]由于有助于传播内容的传递和记忆，韵律成为口语传播重要的结构方式，并逐渐成为一种语言艺术形式。随着时间的发展，特别是在文字产生以后，韵律作为一种语言艺术形式被不断丰富完善并传承至今。

正是因为口语具备的种种传播优势，基于口语的人际传播才成为人类传播的基础，而且迄今为止依然是使用最为广泛、效果最为明显的传播方式。

四、口语的局限

当然，口语传播并非万能，也并不完美。如果口语的发明就能满足人类对交流的一切需求，那么其后的诸种媒介和传播方式就再无出现的必要了。

---

① 伊尼斯.帝国与传播[M].北京：中国人民大学出版社，2003：58-59.

口语虽然方便且反馈及时,却也受到多种条件的限制,使得人与人之间的沟通几乎处于一种处处被掣肘的状态之中。

(一) 空间的限制

口语传播受到的第一重限制在于空间范围的限制。在能够将人的传播能力延伸开来的媒介诞生之前,口语传播只能在同一空间进行而无法超越。由于口语信号的发送和传递完全基于人自身的能量和能力,而人的发声能力是有限的,因此口语所能到达的空间范围只能局限于一个很小的范围。

口语受到的空间范围的限制极大程度地影响了当时人类的社会生活。柏拉图在他那个时代断言,一个城市的大小应以站在市中心广场高喊一声可以到达的范围为宜。在声音到达的范围以外,要依靠口语的方式来完成信息的交流是无法实现的。"盈盈一水间,脉脉不得语",在空间的束缚和阻隔面前,口语传播几乎无能为力,正如《古诗十九首》中所描述的情景。

(二) 时间的限制

口语受到的另一重限制在于时间范围的限制。口语传播是稍纵即逝的,人与人之间的对话"来无影,去无踪",和时间一样不可逆转。在缺乏外在媒介的阶段,口语传播只能在同一时间进行,无法延续,也无法保存。

口语稍纵即逝的特性,使其具有随意性、不稳定性,直接后果就是可信度与约束力的缺乏。口语对实际行动产生的效果大小,更多取决于传播主体的主观因素。"在口语社会里,道德信条即关于个人举止和公共言行正误的文化传统唯有仰赖口语的某些特征才能够保存下来,才能够正常运行。"[①]

司马迁在《史记·季布栾布列传》中写道:"得黄金百,不如得季布诺。"季布是西汉著名的官吏,以为人仗义、诚实守信而著称。季布的一句口头承诺必然会兑现,其价值之高,是百两黄金都不能与之相提并论的。"季布诺"的可信度如此之高的原因在于其讲究诚信。在中国的成语中,既有"信口雌黄""信口开河",也有"言而有信""一言九鼎""君子一言,驷马难追",这些

---

① 林文刚.媒介环境学:思想沿革与多维视野[M].北京:北京大学出版社,2007:260.

与口语传播的可信度相关的成语，都是在客观约束缺乏的情况下，口语传播对实际行动作用的表现。

(三) 语种的限制

如果说时间和空间是口语受到的自然维度的限制，那么口语在实际传播过程中还受到各种社会维度的限制，其中最为明显的就是语言种类的限制。

远古时期，由于交通不便，世界各地的人们无法实现自由流动，一个地方的语言不可能在全世界范围内普及，因此只能在本地或是邻近地区"各自为营"，于是就形成了各种语言的差异。直到目前，全世界还有不下三千种语言和重要的方言土语。根据语言间的亲属关系，世界上的语言可分为若干个语系，主要有汉藏语系、印欧语系、乌拉尔语系、阿尔泰语系、阿非罗-亚细亚语系、伊比利亚-高加索语系、达罗毗荼语系、马来-波利尼西亚语系、非洲语系、美洲语系等。语系之下又按亲属关系的远近分为若干个语族，语族之下是语支，语支之下是语种。

即使是同一语种内部，也会因区域的阻隔而划分出不同的方言区。方言在世界各地都是普遍存在的。剑桥大学历史学教授彼得·伯克在《语言的文化史》中谈到这一问题时说："人们在很早以前就认识到了说同一语言的方式在不同的地区并不一样。'方言'（dialect）一词源于希腊语。它的典型是古希腊的方言，包括爱奥尼亚方言、多立斯方言、阿提卡方言以及说话时的其他变化。"[①]

在国土面积辽阔的中国，现代汉语方言可分为七大方言区：北方方言（官方方言）、吴方言、湘方言、赣方言、客家方言、闽方言和粤方言。在日本这样国土面积相对狭小的国家，也有关东腔、关西腔之分。在英国，英格兰中部以伯明翰为中心的地区的英语鼻音很重，被称为 Brummie；英格兰西北部的利物浦地区的口音粗糙生硬，被称为 Scouse；英格兰东北部纽卡斯尔地区的口音语调起伏很富音乐感，被称为 Geordie；苏格兰人的英语中多个元音

---

① 伯克.语言的文化史[M].北京:北京大学出版社,2007:50.

有变异,发"r"音时不太卷舌,被称为 Jock。这些都可以称作方言。彼得·伯克在谈到地方口音时说,"也许可以断言,因口音的不同而实行的社会歧视至少可以追溯到 16 世纪末以前。'地方口音'一词就是从那时开始使用的"。①

人类其实很早就认识到了语言种类的限制对社会生产和生活带来的影响。《圣经·旧约》里有这样一个故事。人类的祖先最初讲的是同一种语言,他们在底格里斯河和幼发拉底河之间发现了一块肥沃的土地,于是在那里定居,修建了城池。后来,他们的生活蒸蒸日上,决定用砖和泥修建一座可以通到天上去的高塔,叫作巴别塔。直到有一天,高高的塔顶已冲入云霄,被上帝耶和华知道了。上帝到凡间一看,又惊又怒,认为这是人类虚荣心的象征。上帝心想,人们能建起这样的巨塔,日后还有什么办不成的事情呢? 于是,上帝想出了一个绝妙的方法——让人世间的语言发生混乱,人们互相言语不通,于是塔就再也没有建起来。

"巴别塔"的故事有着多个层面的深刻寓意,从传播的层面来看,一方面,这个故事试图从宗教层面对不同语言的产生作出解释;另一方面,也反映了人类在很早的时候就已经意识到语言的差异给生产生活带来的巨大影响。当人们语言相同,沟通顺畅,就能够很快建立起通天之塔,相反,一旦人们因语言的差异而产生交流的障碍,分歧就会产生,人与人之间的合作就受到影响。②

在古代,由于交通工具不发达,世界各地之间往来并不密切,语系、语族、语支、语种的差异并不是当时口语交流的主要矛盾。而同一语种内部的方言差异造成的交流不便,成为各国,尤其是中国这样幅员辽阔的国家亟须解决的问题。为了弥合这一裂口,确立统一的官方语言成为大势所趋。

在中国,"雅言"是最早的古代通用语,相当于现在的普通话。孔颖达在《正文》中说:"雅言,正言也。"我国最早的"雅言"以周朝地方语言为基础,周朝的国都丰镐(今西安西北)地区的语言为当时全国的雅言。《论语·述

① 伯克.语言的文化史[M].北京:北京大学出版社,2007:57-58.
② 林文刚.媒介环境学:思想沿革与多维视野[M].北京:北京大学出版社,2007:266.

而第七》中说："子所雅言，《诗》《书》、执礼，皆雅言也。"孔子当时在鲁国讲学，他的三千弟子来自四面八方，孔子就是用雅言来讲学的。

《尔雅》是中国最早的一部解释词义的书，是中国古代的词典。《尔雅》也是儒家的经典之一，列入十三经之中。其中"尔"是近正的意思；"雅"是"雅言"，是某一时代官方规定的规范语言。"尔雅"就是使语言接近于官方规定的语言。可见在当时，一种能克服方言障碍的统一语言已经成为沟通交流的必要。研究口语文化的埃里克·哈弗洛克说，"讲演尤其是诗歌是口语社会里管理生活的钥匙"。

官方语言可以看作是古代人们对口语传播的空间局限的一种人为弥合，当然，并不是每个国家、地区都拥有这种弥合语言差异的能力，它必须建立在交通设施进步的基础上。若是没有强大的交通体系的支撑，即使制定了官方语言，也会因无法普及而难以发挥实效。在当时，只有拥有强大中央集权的国家才具备建立较为庞大的全国性交通系统的能力，进而拥有普及官方语言的物质条件。

回头去看，我们发现，无论是时空的限制，还是语种的差异，口语所受到的限制正隐藏于其优势的背后。中国古代哲学经典《周易》中说，"一阴一阳之谓道"。马克思也说，"任何一个东西其实都包含着它的反面"。正是由于优势与局限的相反相成，才构成了口语传播的魅力与人类传播的潜力。实际上，也正是为了弥补口语传播的诸多不足，突破口语受到的诸多限制，人类才发明了其后的种种传播媒介。

在人类学会说话以后，这种不同于其他地球物种的智能生物，运用已经变化为手的灵巧前肢，制造出各种这个星球上本不存在的工具和器物，从而在不同区域创造出各具特色的文明形态。与此同时，人类也正在运用各自的智慧、利用当地的物质条件来突破口语传播所受到的种种限制，从而创造出各种传播方式与媒介形态。人类文明的诞生、汇聚，必然包含着传播延展、媒介演进的过程。由于传播、媒介在人类文明中的重要性，传播、媒介的演化必然也影响了相应文明的形成过程与凝结方式。因此，在这个意义上，媒介不仅是人类文明的载体，也在一定程度上影响了人类文明的性质。

第二章　标识：人体延伸与传播偏向

　　"上岛后约十一二天，我忽然想到，我没有书、笔和墨水，一定会忘记计算日期，甚至连安息日和工作日都会忘记。为了防止发生这种情况，我便用刀子在一根大柱子上用大写字母刻上以下一句句子：'我于一六五九年九月三十日在此上岸。'我把柱子做成一个大十字架，立在我第一次上岸的地方。

　　在这方柱的四边，我每天用刀刻一个凹口，每七天刻一个长一倍的凹口，每一月刻一个再长一倍的凹口。就这样，我就有了一个日历，可以计算日月了。"

——《鲁滨孙漂流记》

　　在文字产生之前，人类的祖先已经在用各种各样的方式，同记忆进行着斗争了。正如鲁滨孙刻下的刻痕，前文字时代，标识在人类记忆和交流中发挥着巨大作用。

　　标识在时间和空间两个方面，突破了口语传播的局限。基于其媒介偏向性的不同，我们将标识分为实物与信号两种：前者克服了口语稍纵即逝的即时性，得以在一定时间内保存；后者则突破了人类声音传播的空间限制，使得传播的距离更远。实物类标识大多依靠人类视觉，可以分为物品和符号，比较典型的是结绳记事与契刻记事。信号则有诸如烽燧、旗语等视觉型信号，以及金鼓、木铎等听觉型信号。

　　实物标识与信号标识在前文字时代人类生产生活中发挥了巨大的作

用，随着人类活动范围的日益扩大、社会交往的日益复杂，这些标识也随之愈加丰富，并最终导致了文字诞生。

一、实物类标识

（一）物品记事

前文字时代，由于没有确切的文字记载，我们的祖先是如何使用标识记事的，尚不得而知。但从考古发掘的文物与遗迹，以及对没有形成自己文字民族的人类学研究成果推测，在文字产生之前的很长时间里，人类曾使用简单易得的物品来帮助记忆。法国人类学家列维−布留尔在《原始思维》中分析了澳大利亚墨累群岛等一些地区的原始人使用手指等身体部位进行记数的方法，他指出"人们在想出数的本身以前先就以艰难而辛苦的方法进行着记数了"①。

初学识数的孩童会借助于手指来数数和进行简单计算，人体本身或许是人类最方便借助之物，我们的祖先也曾使用手指来计算或表示物品的数量，正如亚里士多德所言，"十进制在今天的普遍使用，只不过是解剖学上一次偶然事件的结果而已：我们中的大多数人，生来就有 10 个手指、10 个脚趾"②。从一些英语词源中也可探寻手指与记数的关联，英语单词"digital"意为数字的，其来源于拉丁词"digitus"，而这一拉丁词的意思正是"手指"。

但手指记事有着显而易见的缺陷，一来手指、脚趾的数量有限，二来这一方法只能配合记忆使用，无法保留。因此在计算和表示更多的数量或者要将所计算和代表的事物保留下来时，人们通常借助于随处可得之物，比如石子或木棒一类的物品。

这样的记事方式仍存在于一些文字不发达的少数民族的日常生活之中。广西的一些少数民族在没有文字的情况下，也曾使用石块进行记事。据民国《凤山县志》记载："苗瑶生年纪法，山瑶峒壮，不识汉字，生人登记年

① 布留尔.原始思维[M].丁由，译.北京：商务印书馆，1981：200.
② 博耶.数学史[M].秦传安，译.北京：中央编译出版社，2012：5.

岁之法,每人备一竹筒,每年十二月三十日夜,检(捡)一小块(石头),投入筒内,以纪年岁,名曰筒记。欲知年龄,将石倒出数之。"①这些少数民族利用石块可以长期保存的特性,来记录年龄等需要跨越较长时间的事物。

除了手指和石头外,人们用来记事的物品还有很多。比如广西十万大山一带的山子瑶流行投米记事,《瑶族文化变迁》中提到"十万大山山子瑶的每个村社都有一个共同的香火,村社的共同香火设在村老家,凡村社中有人出生、嫁进、迁入,村老便烧香祭告祖先,并往共同的香火中投一粒米;如有人死亡、嫁出、迁出,村老再烧香祭告祖先,从共同的香火中取出一粒米;村中有多少个人,便有多少粒米"。②

木棒或竹棍也是常见的记事物品标识。相比石子,它们更加轻便,更易于记数。我国黑龙江的赫哲族曾用木片来记时间。他们用绳子将 30 块小木块串起来平挂,每过一天便从一边向另一边移动一块,直至木块移完,一个月便过完了。而在云南的独龙族,当家族间或家族内成员间发生纠纷时,家族长便找来一些小竹片,让双方各自诉说理由,每说完一条理由便可得到一块小竹片,最终以获得竹片多者为胜。③

时至今日,物品记事仍在我们的生活中占据着重要的地位。现代人仍会使用手指和手边可以利用的物品进行计算和标记,在没有自己文字的民族与部落中,物品记事甚至是其主要的记事方式。

最先被人们用以记事的物品是手指以及石块、木棒等,主要起着记数与计算的作用。而当所使用的物品与人类记忆之间建立起某种联系时,该物品便可用来记录特定的事。

英语中的"计算"一词"calculate"来源于拉丁词"calculus",而这个拉丁词的意思是古罗马人用来记数与计算的小卵石。可见古罗马人使用石子最主要的功能是进行记数与计算。

通常,以物品进行记数与计算并不需要建立所用物品与计算对象之间的直接联系。比如我国云南地区"景颇族在火塘边用小块木炭及小石子,进

---

① ② 玉时阶.瑶族文化变迁[M].北京:民族出版社,2005:187.
③　龚友德.原始信息文化:少数民族记事表意方式[M].昆明:云南人民出版社,1996:17.

行加减乘法的运算"①,其所计算之物与所使用的小块木炭及小石子并无必然联系。

这些用于记数与计算的物品标识,随着人类社会的逐步发展而演变为某些专门的计算工具,比如我国古代所使用的算筹。1971 年,在我国陕西省千阳县的一座西汉墓中出土了骨质算筹,该墓随葬器物较少且粗糙,唯独算筹被裹在一丝绢囊内,珍贵地系在墓主人腰部,且筹棍以兽骨精磨而成,或许表明墓主人生前职务与算筹有关。可见西汉时期算筹在社会中已经有着重要的作用与价值,且制作已十分精致。《老子》中有"善计,不用筹策",《汉书·五行志》曰:"筹,所以纪数",西汉末年扬雄在其《方言》中称"策"为"木细枝",由此推断"筹"或曰"算筹"至少在春秋时期便已为人们所普遍使用,而这一工具的形态最初很可能来自于不加人工制作的细木枝,即扬雄所言之"策"。而随着其应用的增多,除了使用木与竹,人们也开始使用骨、玉甚至是铁来制作更加规范耐用的算筹。

用来记数与计算的物品标识可以看作是一种筹码,被用来记录数字,却无法记录具体的事件,因此,人类使用某些特定的与事件相联系的物件标识来进行记事。比如美洲印第安人会收集敌人的头皮来记录自己杀敌的数量,一些非洲的原始猎人会通过积累野猪的牙齿来记录杀死野猪的数目。②在这里,物品不仅起着记数的作用,还能充当记事的媒介,当看到野猪的牙齿时,自然会想到猎杀野猪而非别的事件。

这样利用具体物品标识来进行记事的方式,在我国少数民族的原始记事方法中也普遍存在。比如汪宁生在《从原始记事到文字发明》中列举了云南盈江景颇族的记事方法,当地人出具的"欠条"并非用文字写就,而是用三小片牛角来代表三头牛,三枚铜钱代表三个蟒锣,两根红绸条代表两块红绸子,三根花布条代表三块花布,以及一根刻成枪形的木片代表一支铜炮枪。③负债人将这些用来代表所欠之物的物品拴成一串交给债主,便成为双方共同遵守的债务契约。使用物品记事时,物品与所记之事之间存在着某种相

① 汪宁生.文化人类学调查——正确认识社会的方法[M].北京:文物出版社,1996:181.
② 蔡天新.数学与人类文明[M].杭州:浙江大学出版社,2008:4.
③ 汪宁生.从原始记事到文字发明[M]//汪宁生.民族考古学论集.北京:文物出版社,1989:12.

似性或象征意义，以便帮助人们进行事件的记忆。

(二) 符号记事

除了使用物品记事外，符号也是史前时期人们常用的记事方法，比较常见的是契刻记事与结绳记事。

1.结绳记事

结绳记事，即用绳子打结来进行记事，是一种实物符号记事的方式。由于结绳所用绳子各异，所结的结大小、形状、颜色、位置以及打结的方式等都不尽相同，因此可以利用差异，在结绳与所记事物间建立不同的联系，从而记录不同的事物。

结绳记事在文字尚未出现的时期有着广泛的使用。《周易·系辞》里面说"上古结绳而治，后世圣人易之以书契"，《老子》中有"使民复结绳而用之"，可见在我国上古时期，文字尚未产生，而结绳的方式便已被普遍使用，后来随着文字的产生，结绳的主要功能才被文字所取代。

在世界的其他地区，结绳也是记事与计量的重要方式。在一条绳上相隔一定距离打上一个绳结，可以有效计量长度。古埃及的测量员被称为"拉绳者(rope stretcher)"，打结的绳子是古埃及人用来丈量土地的重要工具。新王国时期(公元前 1550～前 1070 年)的埃及墓室壁画描绘了墓主人监督测量员使用打结的绳子来丈量土地的情形。[①]可见，在距今三千多年前的古埃及，结绳已被广泛应用于测量之中，且出现了专门以结绳丈量土地的职业。

绳与结的易得与多样使得结绳可以演变为一种复杂的记事体系。印加人曾在南美洲建立起一个庞大的帝国，这个帝国并没有自己的书面文字与数制，却发展出一种独特的记录系统——奇普(quipu 或 khipu)，即结绳记事。印加人用打着各种大小形状不同的结且颜色各异的绳子来进行统计和记事。"结头的形状和数量表示数目。距主绳最远的结是个位数，再上一结

---

① LACOVARA P.The world of Ancient Egypt：a daily life encyclopedia[M].Westport：Greenwood，2016：105.

是十位,然后是百位和千位,越是大数越接近主绳。"于是,奇普利用结的多样性甚至可以表示相当大的数目。同时,绳子的不同颜色也用来区分所代表的不同事物,比如"褐色表示马铃薯,白色代表银,黄色代表金,黑色表示时间(经过多少个夜晚),红色表示士兵"[①]等。

结绳记事的方法也在我国的一些少数民族中流行,宋兆麟等的《中国原始社会史》记载:"佤族能用结绳记录复杂的债务,方法是:结绳一根,绳的上端有三大结,中间有一大结、一小结,下端又有三大结。上端三大结,表示借出三元滇币;中介一大结一小结,表示半年利息是一元半滇币;下端三大结,表示借出已有三年半了。"[②]利用大小位置不同的结,便可以将债务的多少、利息和时间等必要因素记录下来。

图 2-1　结绳记事

记数记事是结绳的基本功能,无论是古代埃及用来代表和测量长度的绳结,还是印加人用来代表不同事物与数目的基普,以及佤族人用来记账的绳结,都反映了结绳在相当长的时期和相当大的范围内发挥着记数记事的作用。

利用结绳来进行记数,比较常见的记数内容是时间和账目。一些少数民族用结绳的方式来计算天数,西藏的僜人在举办宴会时,距离举办宴会有多少天便在绳上打多少结,再将绳送给亲友。亲友得到绳后,每过去一天便割去一个结,结割完时便去赴宴。[③] 缅甸迪登地区的钦族,在人死之后会停放一段时间才安葬入土。他们会将准备停放的天数用一根打上相应数量的

---

① 刘文龙.古代南美洲的印加文化[M].北京:商务印书馆,1983:47.

② 宋兆麟,等.中国原始社会史[M].北京:文物出版社,1983:391.

③ 汪宁生.从原始记事到文字发明[M]//汪宁生.民族考古学论集.北京:文物出版社,1989:17.

绳结表示，然后每天解去一个，直至绳结全部被解开，便是下葬的日子了。①

除了记天数，结绳还被用来记账。云南的哈尼族过去在买卖土地时，用同样长短的两根打结麻绳作"账目"，田价多少两银子就在绳子上打多少个绳结，每个绳结代表一两银子，若两绳结之间的距离相等则表示单位相同。按价格将两根绳子打好结后，买卖双方会各执一根。②

人们还往往将绳子或绳结的特性与记忆相联系，以便记忆某事件。比如用打在绳子上端的绳结表示数目，而用打在绳子下端的绳结代表时间。印加人用与所记事物颜色相似的绳结来辅助记忆不同的事物，也是结绳用于记事的典型代表。

当结绳被用于人们的交往活动之中时，它还往往充当一种"凭证"与"信物"。在文字尚未产生之时，由于口语具有不确定性，结绳便被用作约定的物证。《周易郑康成注》里有"结绳为约，事大大其绳，事小小其绳"，《周易正义》引《虞郑九家易》也说"古者无文字，其有约誓之事，事大大其绳，事小小其绳。结之多少，随物众寡，各执以相考，亦足以相治也"。可见，彼时古人已用绳结的大小与多少来表示事之大小与物之众寡，并将带有这样信息的结绳用作约誓的凭证，这正与云南哈尼族过去买卖土地所用的相同两根打结麻绳相类似。

我国独龙族、佤族等地区，互赠结有天数的结绳以示邀约，这里的结绳也可视为一种带有约定性质的信物。

上古神农氏时代，结绳记事还作为一种治理社会的方法，用来管理事务。许慎在《说文解字序》中提到："及神农氏，结绳为治，而统其事。"上古结绳如何为治，今人已无从得知，但留存至今的古代印加人的奇普，却展现着结绳作为社会管理工具的面貌。

由于没有文字，古代印加人的奇普被用于国家管理之中。Gary Urton 将奇普与信息时代计算机技术中广泛采用的二进制相联系，认为它是一种同样强大的信息编码系统③，尽管至今尚无人能完全破译奇普，但其复杂性与

---

① 龚友德.原始信息文化：少数民族记事表意方式[M].昆明：云南人民出版社,1996:51.

② 龚友德.原始信息文化：少数民族记事表意方式[M].昆明：云南人民出版社,1996:55.

③ URTON G.Signs of the Inka Khipu[M].Astin：the University of Texas Press,2003:1.

强大的记事能力可见一斑。印加人将奇普用于帝国管理的方方面面，如进行财产、人口的普查。他们用数条不同颜色的绳子，并列地系在一条主要的绳子上，依据所打结或环在哪条绳上，什么位置和结、环的数目，来记录不同性别、不同年龄的人口数，据说他们还能用结绳记一些历史传说。

2.契刻记事

契刻记事是指在木头、骨头、石头以及陶器上面刻上符号用来记事。爱斯基摩人和日本阿依奴人都有用刻木的方法传递信息的习俗。[①] 人类是从何时开始使用契刻的方式来进行记事的，我们不得而知，但诸多考古学发现表明，至少在旧石器时代，人类已经掌握了契刻记事的方法。斯蒂文·费希尔指出"凿痕作为记忆术使用甚至可以追溯到直立猿人时期。在德国比尔钦格斯莱本出土了至少412,000年前的艺术品，这些骨头上有规则雕刻的线条"[②]。

原始人类在木头上的契刻由于太过久远，无法留存至今，但一些骨头石片以及陶器上的契刻则在历经漫长历史后得以重见天日。1960 年，比利时地质学家、探险家德柏荷古在今刚果境内发现了著名的伊尚戈骨骸。在这些距今万余年的狒狒骨骸上，保存着规则的一连串刻痕，被认为是石器时代非洲人用来简单记事的短棒。[③] 而这并非所发现的最古老的契刻记事遗存，在位于斯威士兰和南非边境的勒邦博（Lebombo）山的一个洞穴中发现的刻有 29 个槽的狒狒腿骨，距今已有大约 3.7 万年之久了。[④]

我国原始社会时期的人类也已掌握了这一记事方法。1976 年，在我国青海乐都柳湾原始社会墓地出土了大小、形状基本一致的 40 余枚骨片，在骨片的中部一边或两边刻有三角形锯齿，数目多少不等。这些骨片都是用骨料切割、磨制，最终刻上锯齿的。这些骨片形状较为规则，且是切割磨制后刻上锯齿的，可见是有着专门的功用的。虽然这些锯齿的意义我们如今已无法解读，但考古人员推测"这些骨片大约是用作记事、记数或通讯

①　李怀国.世界上古文明史[M].沈阳：辽宁大学出版社，2000：38.

②　费希尔.书写的历史[M].李华田，等译.北京：中央编译出版社，2012：6.

③　皮寇弗.数学之书[M].陈以礼，译.重庆：重庆大学出版社，2015：5.

④　斯图尔特.数学的故事[M].熊斌，汪晓勤，译.上海：上海辞书出版社，2013：4.

联络用的"①。

在没有文字的时代或一些没有文字的民族中，契刻记事是记事的重要方式。《魏书·序纪》在记录鲜卑族拓跋氏起源时说："世为君长，统幽都之北，广漠之野，畜牧迁徙，射猎为业，淳朴为俗，简易为化，不为文字，刻木纪契而已。世事远近，人相传授，如史官之记录焉。"可见彼时在并无文字的鲜卑族，"刻木纪契"承担着重要的记事任务，而对远近史实的记录则只能靠"人相传授"的口语传播。

契刻记事在许多少数民族中是一种较为普遍的记事与传播方法。契刻之物不仅用来记事，还用来传递信息，以契刻的符号来代表不同的内容。假若所契刻的符号是约定俗成的或是传受双方有着共同理解的，则通过传递所契刻之物便可传递特定信息。比如拉祜族用于通讯的刻木上有一些道口，一个道口表示一事，大口表示有大事，小口表示有小事；如在刻木上再加上三根鸡毛，则表示希望对方像鸟一样飞来，有重要的事情商量。②

契刻记事由于可以使用不同的载体和不同的契刻符号，因此可能比物品记事与结绳记事有着更加丰富的记录内容与更多样化的用途。吕思勉指出："古者契之为用甚广，官府治事，民间信约，皆必用之。"③随着契刻的发展，除了用来记数与记事，契刻还往往被用于传递信息以及作为凭证等。

与物品记事相似，契刻记事最基本的功用是记数。一些人对勒邦博山洞中发现的狒狒腿骨上那29笔刻痕进行猜测，认为其可能与月相有关。无独有偶，在前捷克斯洛伐克地区发现的一根狼骨上有着5道一组，共计57道的刻痕，则可能为两个月的月相记录。④虽然无法确定这些契刻痕迹究竟代表什么，但可以猜测或许正是一种记数方式，以一道刻痕记录一日，而加起来则记录一次月相的盈亏。

汉代刘熙的《释名·释书契》有言："契，刻也，刻识其数也。"明确指明了

① 青海省文物管理处考古队，中国科学院考古研究所青海队.青海乐都柳湾原始社会墓地反映出的主要问题[J].考古，1976(6):376.

② 龚友德.原始信息文化:少数民族记事表意方式[M].昆明:云南人民出版社，1996:60.

③ 吕思勉.中国文字小史[M].北京:北京理工大学出版社，2016:15.

④ 斯图尔特.数学的故事[M].熊斌，汪晓勤，译.上海:上海辞书出版社，2013:5.

在我国古代，记数是契刻记事的一种基本功能。一些少数民族用木刻记事，比如独龙族人借钱后会打"木刻"，根据借出的钱数在木刻上刻相应数量的缺口，而借者还了多少钱，再在木刻上削去多少缺口。①

契刻不仅用来记事，还可像信件一样传递某些特定信息。锡兰（斯里兰卡）的僧伽罗人将刻有 1 至 3 个刻缺的蔓藤用布包起来送交受者，以表示唤请之意，刻缺越多代表事情越紧急。澳洲土人用一种通信木条，由使者携带，行于各部落之间，用于传达消息以及作为出使凭证。②

《大金国志》记载女真人："税赋无常，随用度多寡而敛之。与契丹言语不通，而无文字，赋敛科发，刻箭为号，事急者三刻之。"③这与僧伽罗人的刻蔓藤传信和拉祜族人的刻木通信如出一辙，但所传递信息不再限于私人间的交流，而扩大到国家赋税征收等重大事务中。

随着契刻记事的发展，契刻之物开始越来越多地用作人们社会、经济交往中的凭证。"契"也从广义的契刻记事逐渐演变为一种特定的凭证。

南朝的《玉篇·大部》解释"契"字说："契，券也。"《周礼·天官·质人》有"掌稽市之书契。"东汉郑玄注云："书契，取予市物之券也。其券之象，书两札，刻其侧。"此"书契"可以用于"取予市物"，可见是一种市场经济活动的凭证。

契用于经济活动，作为一种民间的信约凭证，往往在人们的经济交往中充当重要角色。《墨子·公孟篇》有"是数人之齿而以为富"，《列子·说符篇》记载："宋人有游于道，得人遗契者，归而藏之。密数其齿，告邻人曰：'吾富可待矣！'"俞樾在《诸子平议》中说："齿者，契之齿也。古者刻竹木以记数，其刻处如齿，故谓之齿。"可见，古代以契作为某种财务凭证，其上所刻之"齿"则代表着一定的数量。这与结绳记事中的结之多少有着相似的意义："又以齿之数，别所得之数，仍有结之多少，随物众寡之意。"④无怪古人拾到齿密之契时，会如此喜出望外。

① 姚淦铭.汉字文化思维[M].北京：首都师范大学出版社,2008：42.
② 林惠祥.文化人类学[M].北京：商务印书馆,1991：365.
③ 宇文懋昭.大金国志[M].济南：齐鲁书社,1999：287.
④ 吕思勉.中国文字小史[M].北京：北京理工大学出版社,2016：15.

以契作为凭证的方法还保留在一些少数民族中。"云南红河哈尼族农民给地主交租，按租金多少在木片或竹片上刻缺口，然后一剖为二，地主和农民各执其一。每一缺口的代表数不一，一般是一缺代表一秤（50斤谷子），有时还代表更大的数。"①可见其用法与古人并无太大差异。

二、信号类标识

实物标识让人们可以将信息记录并保留下来，一定程度上突破了时间的束缚，但空间仍是阻碍，信息的传递仍然无法突破人声所能抵达的范围。然而随着社会的发展，远距离传递信息的需求日显，于是信号类标识越来越多地被发明出来。

（一）视觉信号

1.烽燧

烽燧也叫烽火。《墨子·号令》记载，"与城上烽燧相望，昼则举烽，夜则举火"；唐代张守节《史记正义》也有"烽燧二音，昼日燃烽以望火烟，夜举燧以望火光也"，即白天放烟，夜间举火，作为国防军事的警报信号。

由于烟可以升腾入高空，为远处的人们所看见，因此烽燧常被用作一种警示或求救信号。原始人会燃放烽烟告知外出的族人有危险，而迷路或被困时，燃起烟火也是一种常见的求救方式。但在古代，烽燧更常见的作用是军情预警，且常配合旗帜、金鼓等共同使用。而除了警示外，烽燧也可用于报平安，张籍《凉州歌词》有云："巡边使客行应早，每待平安火到来。"

早在旧石器时期，人类就已经掌握了取火用火的方法，而由于其昼可见烟、夜可见光的特性，逐渐被人们用以警示和传递信息。《伊利亚特》第十八卷描写被特洛伊人攻击的守城者"点起一堆堆接连告急的柴火，光焰在高处

---

① 李梵.汉字简史[M].北京:中国友谊出版公司,2005:26.

闪亮,以便让邻近岛屿上的人们看见,或许会驾船前来,打退敌人的狂攻"①。可见,在公元前一千多年的古希腊,火已经被用于战争中求救的信号。

而在古代中国,烽燧也被广泛应用于军事信息的传递。早在西周时期,为防止边域敌人来犯,骊山一带便建造起烽火台。史书中所载关于烽燧最有名的故事却是一个反例,《史记·周本记》中记载:"褒姒不好笑,幽王欲其笑万方,故不笑。幽王为烽燧大鼓,有寇至则举烽火。诸侯悉至,至而无寇,褒姒乃大笑。"昏庸无度的周幽王为博得美人褒姒一笑,点燃了战时用于传信集结诸侯的烽火,却也埋下了亡国的祸根。

烽火较于人声传递信息虽远,但也有限,于是为了更远距离地传递信息,人们会每隔一定距离建造烽火台,依次点燃烽火传递信号,并由此逐渐形成一个独特的通讯系统。烽火通信的发展与长城的修建紧密相关,"周初只是设立烽火台,进入春秋战国后,烽火台在国界上演变为连绵不绝的长城,形成防御性城堡和通信系统兼而有之的带状设施"②,如今依然逶迤的巍巍长城,正是古代信号标识应用的见证。

在我国古代很长一段时间里,烽燧始终是军事信息传递的重要方式,并在应用中,逐渐形成特定的规范。北宋的《武经总要》中称烽燧为"军中之耳目,豫备之道不可缺也",还明确记载了唐代烽燧举放的有关规定:"凡有贼寇入境,步兵在 500 人以下者,放烽一炬。若是骑兵,在 500 人以上 3,000 人以下者,放烽 2 炬,3,000 骑兵以上放 3 炬。凡是烽火,一昼夜须行 2,000 里。"明朝法令规定:"令边俱举放烽炮,若见敌一二人至百余人,举放一烽一炮,千人以上三烽三炮。"可见,烽燧之数目被用以区分敌军之多寡。

随着现代通信技术的发展,烽燧这一传统传递信息的信号标识已大多成为历史的记忆。但在今天的某些地方,烽燧这一通信方式却依然作为一种传统而存在着。比如在梵蒂冈进行教皇选举时,如果圣-皮埃尔广场出现白烟就代表教皇选举会已经选定新的教皇,相反,如果是黑烟则表示红衣主教最后投票依然没有结果,他们继续商议。③

---

①　荷马.伊利亚特[M].陈中梅,译.南京:译林出版社,2011:432.

②　闵大洪.传播科技纵横[M].北京:警官教育出版社,1998:17.

③　让纳内.西方媒介史[M].段慧敏,译.桂林:广西师范大学出版社,2005:14-15.

2.旗语

使用旗帜传递信息的做法由来已久。传说雅典国王的儿子忒修斯为免除国家向米诺斯王年贡 7 对童男童女之苦,自告奋勇前往克里特岛除掉牛首人身的怪物米诺陶。他临行前与父亲约定,若成功而返,则在船上挂上白帆,如若失败,则挂上黑帆。后来,忒修斯成功返航,却过于欣喜而忘记了与父亲的约定换下船上的黑帆。日夜盼望儿子归来的国王看到船上的黑帆,悲痛不已坠海而亡。为了纪念这位国王,人们便以他的名字将该海命名为爱琴海。传说虽然只是传说,但却间接印证了古希腊人已使用布面上的不同颜色来远距离传达不同的信息。

在古代中国,与烽燧一样,旗帜在人们的信息传递,尤其是军事信息传递中也有着广泛应用。《六韬》记载,"人执旌旗,外内相望,以号相命,勿令乏音",说明在我国古代,旗帜已被用于军队作战之中。

与烽燧一样,旗帜也可以被用来传递紧急军情或警示,《六韬》在论述行军宿营所要准备的器材时说,"昼则登云梯远望,立五色旗旌;夜则设云火万炬",可见白天在高处以五色旗帜作为警示敌情的工具,与夜间使用火是一样的。

旗帜还多用于作战之中。首先,它可以起到标识与区别的作用,《列子》记载,黄帝与炎帝的"阪泉之战"中,就以雕、鹰、鸢等为旗帜,这时的旗帜作为军队的标识多以部落图腾等图案为内容。同时,旗帜也被用来发号施令和传递信息。《军政》曰,"视不相见,故为之旌旗",在作战中,人员众多往往难以传达作战信号,而以士兵都熟知的旗语进行指挥,则可统一作战行动,便于军队及时改变战术。与烽燧的表现形式较为单一不同,旗帜可以有各种颜色、图形甚至材质,从而传达更多样的信息。《墨子·旗帜篇》记载了守城时不同旗帜的使用方法:"守城之法:木为苍旗,火为赤旗,薪樵为黄旗,石为白旗,水为黑旗,食为菌旗,死士为仓英之旗,竟士为零旗,多卒为双兔之旗,五尺男子为童旗,女子为梯末之旗,弩为狗旗,戟为旌旗,剑盾为羽旗,车为龙旗,骑为鸟旗。凡所求索,旗名不在书者,皆以其形名为旗。城上举旗,备具之官致财物,之足而下旗。"可见守城士兵在需要不同的物料之时会挂起不同颜色和图案的旗帜,如果所需之物没有现成的旗帜符号就以其形状名称做旗。

(二) 听觉信号

1.金鼓

《六韬》中载:"人操炬火,二人同鼓",可见,与烽燧一样,金鼓在古代的战争中也起着重要的作用。金鼓是何时被用于传递信息已不可考,但《山海经·大荒东经》记载黄帝得夔兽,"以其皮为鼓,橛以雷兽之骨,声闻五百里,以威天下",可见在上古时代,人们便已用兽皮制鼓,并用来传递信息。战国时代的兵书《尉缭子》有"鼓之则进,重鼓则击;金之则止,重金则退"的记载。作为传递信息的信号标识,金鼓在战争中发展出特定的意义,并最终形成一套象征意义体系。

在战争中,金鼓常被用于鼓舞士气和发出指令讯号。《左传》曹刿论战有"夫战,勇气也。一鼓作气,再而衰,三而竭",可见鼓声在战时能够激发战士斗志,鼓舞士气。而鼓作为战时信号,常与钲配合使用。《荀子·议兵》有"闻鼓声而进,闻金声而退",鼓声代表着进攻的号令,而钲声则意味着撤退,即所谓"鸣金收兵"。

除了战场上的号令发布,金鼓与旗帜一样,也被用于战时守城。《墨子·号令》有"昏鼓,鼓十,诸门亭皆闭之。……晨见,掌文鼓。"可见,开闭城门均需以鼓为令,又有"寇至,楼鼓五,有周鼓,杂小鼓乃应之。小鼓五后从军,断"。当有敌人前来进攻时,守城士兵会在城楼击鼓五次,再敲响周边的鼓,再敲小鼓应和,若小鼓敲过五次后集合的,则处斩首。此处的各种鼓具有鸣示敌情和号令集合的作用。

在战争中,金鼓所传达的往往都是进、退、集合等简单号令,但在一些地方,鼓声还可以用来传递更为复杂的信息。在非洲的一些地区,人们用鼓声传递信息,一个村庄接着一个村庄地传递,一个小时里消息就可以传递一二百公里,"他们的传讯系统,速度比世界上最好的信使骑着最快的骏马在最好的道路上通过驿站层层接力还要快"①。更甚者，他们的鼓语不仅可以用来通知和警报，还可以用来"祈祷、吟诗甚至讲笑话"，"鼓手们并不是在发送信号，而是在说话：他们说的是一种特殊的、改造过的语言"②。可见，若为鼓声这一看似简单的信号标识配以适当的符号象征体系，其所能表达的含义也可以复杂多样。

2.木铎

"'铎'大约起源于夏商，是一种铃铛，有舌可摇击发声。舌分铜制与木制两种，铜舌者为金铎，木舌者即木铎。"③《周礼·地官·鼓人》有"以金镎和鼓，以金镯节鼓，以金铙止鼓，以金铎通鼓"，汉郑玄注《周礼》道："文事奋木铎，武事奋金铎"，可见金铎大多用于战时，或作为乐器，或振铎以"通鼓"。金铎在旧时打仗时就经常与鼓连用。先由司马司振铎发出号令，再由军将以下闻之击鼓，于攻战时传递军令，鼓舞军心。而木铎相比响亮的金铎，其声音更温和，除了战时，还经常用于日常信息传播，因此多在宣布政教法令时使用，来辅助政令文告的宣讲发布。

《尚书·夏书》记载："每岁孟春，遒人以木铎徇于路"，可见在夏朝，木铎就已经形成一种政教制度。《周礼·天官·小宰》有"徇以木铎"，郑玄注曰："古者将有新令，必奋木铎以警众，使明听也"。到了商周时期，由于政府行政人手不足，机构组织较为简单，在有了新的政令需要传达时，便会派一类叫作遒人的官员随身携带木铎，走街串巷，用这个类似拨浪鼓的木柄金属铃铛，引起大家的注意，以便发布政令。《周礼·秋官》就记载有司烜氏"中春以木铎修火禁于国中"，用木铎来宣传消防禁令，提醒百姓小心火烛。

后来，随着政府组织的日益壮大与完善，"木铎"遂成为一种古礼。到了明朝洪武年间，朱元璋曾下令复此古礼，"洪武三十年（1397年）九月，朱元璋命户部下令天下，每里各置木铎一个，选年老或瞽者，每月六次，持木铎沿途宣诵圣谕"（《明太祖实录·卷二十五》），一来为布施政令，二来为了养成

---

① 格雷克.信息简史[M].高博，译.北京：人民邮电出版社，2013：13.
② 格雷克.信息简史[M].高博，译.北京：人民邮电出版社，2013：19.
③ 陈彤旭.比较传媒史[M].北京：世界图书出版公司，2014：126.

尊老重贤的社会风气。

除了上令下达，木铎还被用于采集民风民意，使其兼具下情上达的功能。许慎《说文解字》有"古之遒人以木铎记诗言"，到了汉代，学者明确赋予木铎采诗的功能。班固《汉书·食货志》有"孟春之月，群居者将散，行人振木铎徇于路以采诗，献之太师，比其音律，以闻于天子。故曰：'王者不窥牖户而知天下。'"专门负责采诗的乐官摇着木铎，在民间收集歌谣，以此来帮助统治者了解民情。由于民间诗歌多反映舆情民意，因此统治者不出门便可知天下民生之疾苦。

木铎由于常被用于宣布政教法令，后来便逐渐被赋予了新的象征意义，延伸为宣扬教化的人。《论语·八佾》有"天下之无道也久矣，天将以夫子为木铎"。孔子周游列国时，被卫国的一个小官员以木铎为喻，认为天下黑暗太久，而孔子正是老天爷派来教化民众，以驱散世道黑暗之人。直至今日，用以传播的木铎在现代社会已无迹可寻，然而其引申之意却常被用于教育领域和新闻领域，寄寓用教育、新闻来针砭时弊，匡正天下。《申报》就曾以木铎作为商标，而北京师范大学也以木铎为校徽标志。

三、标识的媒介特征与形成机制

（一）实物类标识的媒介特征与形成机制

1.跨越时间的视觉标识

哈罗德·伊尼斯在《传播的偏向》将传播媒介分为两类：时间的偏向与空间的偏向。[①] 时间偏向型的媒介可以在一定程度上突破媒介的时间束缚，从而得以在历史中延续；而空间偏向型的媒介则在突破空间束缚上占据一定优势，可以在同一时间维度内克服空间的阻碍。显然，实物类标识作为一种媒介，其偏向性属于前者。

我国古代墓葬中出土的契刻骨片以及保留至今的印加帝国结绳记事的

---

① 伊尼斯.传播的偏向[M].何道宽，译.北京：中国人民大学出版社，2014:6.

奇普,它们所传递的都是非常久远的信息,但却能为生活在现代的我们所得知。因为骨片与结绳都具有明显的时间偏向性,虽然与石块和骨片比,结绳突破时间束缚的能力相对较弱,但相对于稍纵即逝的口语,使用实物标识来记事,能大大提升信息的保存能力。

与口语的另一显著差别表现在实物标识乃是一种视觉符号标识。相对于听觉符号,它占据一定的空间,以一定的实物形式表现出来。通常,这些实物都呈现出天然易得的特点,无论是石子、木块还是绳子,都是自然界随处可见之物,未经加工或只进行简单的加工。其所采用的造符方式,比如契刻与打结,也是人人都可为的方式,因此具有较高的使用性。对于口语来说,这些实物标识大多并不具有约定俗成的含义与符号系统,所以其释义也更加具有主观性。

2.形成机制

如同没有人能说清楚口语是如何产生的一样,人类是何时何地开始使用实物标识的,我们也无从溯源。但考古发掘证明,距今数万年前,散落于世界各地的人们已分别开始使用一定的实物标识,可见实物标识的使用并非某种突然的发明,而是在人类生产生活的实践中逐步形成的。

从氏族、部落到国家的形成,人类组织的规模在不断扩大;从采集、狩猎到饲养、种植,人类的生产活动在不断丰富。随着交往的增多与生产生活的发展,人类记忆能力的有限和不足成为日益凸显的问题。无论是与人的约定还是时令的变换,是庄稼的收成还是作战的功绩,人们要记的东西越来越多。于是,原始人类将抽象的信息转化为具象的物品或符号,作为一种记忆的辅助。同时,实物标识相对于口语乃是一种视觉符号,对信息的传达和提取更为形象直接,当语言不通时,也被用以表情达意。

经济活动的发展也使得实物标识变得越发重要和普遍。古罗马人用来计算的小卵石,我国古代用于计算的算筹,它们的出现并逐渐成为一种普遍使用的计算工具与人类日渐发展起来的经济活动相适应。经济活动不仅生发了对计算的需求,对"确定性"的要求也较高,然而口语稍纵即逝,具有很大的随意性与不稳定性,人与人之间的口头约定往往容易被遗忘和更改,可信度不足。于是,作为契约凭证的实物标识由此也发展起来。

3.局限

作为时间偏向型媒介,实物标识往往需要通过占据一定的空间来实现对时间的超越。"信息的传递如果不是即时的,那么它就需要一定的空间来记录和保存。"①为了在时间维度上延续,实物标识付出了空间成本。木刻与结绳无一例外占用着空间,当达到一定数量时,会造成不小的空间压力,且难以避免磨损与遗失。

除了需要付出空间成本外,实物标识的制作也比较烦琐。结绳的编制需要时间,在木头和骨头上契刻也需要花费功夫。然而与所耗费的功夫相比,其所能够表达的意思又实在有限。

实物标识虽然被用来记录与传递信息,但却并非语言。费希尔称,"结绳记事并不包含书写,它只是一种记忆的提示。绳结的目的是用来沟通,但它们并不是在一个耐磨的平面之上人工书写的字形符号,而且它们也不是结构严密的语言。"②实物标识在使用时,通常需要借助记忆术。与文字符号的约定俗成不同,实物标识大多没有固定的意义,而是根据使用者自身的记忆方式。时至今日,我们依然无法破译印加人结绳记事的奇普,其问题正在于"每位结绳记事者编制基(奇)普时使用各自不同的颜色、绳结形状和细绳排序。只有编制基(奇)普的本人才能说出道道来。"③因此,实物标识通常作为个人或群体记事的工具,其传播也往往局限在具有相同解读方式的小范围内。

(二)信号类标识的媒介特征与形成机制

1.媒介偏向与视听特性

所谓"烽可遥见,鼓可遥闻",无论是烽燧、旗帜还是金鼓、木铎,它们的

---

① 崔林.媒介史[M].北京:中国传媒大学出版社,2017:5.
② 费希尔.书写的历史[M].李华田,等译.北京:中央编译出版社,2012:6.
③ 萨默维尔.印卡帝国[M].郝名玮,译.北京:商务印书馆,2015:90.

特点都在于"遥"，使用目的都是为了能让处在不同地方的人们在较短的时间内尽快获得某一信息。它们使得信息可以在一定程度上突破空间的束缚，传向人声所不能及之处，因此在媒介偏向上属于空间偏向型媒介。

由于人类目之所及、耳之所闻能力有限，位于都城的人无法望到边疆的烽火，因此有时不得不在空间上进行传递与接续，从而造成时间的损耗，这也正反映出媒介对空间的突破要以一定时间为成本，跨越的空间越远，所要消耗的时间成本也越高。

烽燧、旗帜与金鼓、木铎虽从媒介偏向来说，都属于空间偏向型媒介，但二者又有着显著的差别，前者作为一种信号标识，主要依靠人的视觉进行识别，而后者则需要利用人的听觉。视觉信号标识想要被人看到，必须没有外物遮挡，通常情况下是使标识的位置足够高，比如烟可以升至高空，旗也通常被置于高处，但即便如此，仍然可能存在无法传播的情况，比如恶劣的天气会影响烟的上升，从不同的角度，旗帜可能会被遮挡等。同时，视觉信号标识在唤起人们注意上也逊于听觉信号标识。人的视野是有限的，很可能会忽略掉特定的标识，即使是烽火，也须有专人日夜守望着。但听觉类信号标识则具有一定的空间穿透能力，可让人在不见声源时即可获得声音信息。不过，相较于视觉信号标识，听觉信号标识更难以保存，声音通常只延续很短的时间，其所传递的信号没有任何实物形式，因此在战争中常常旗鼓同用，使视听觉信号同时发挥作用以弥补彼此的不足。

2.形成机制

正如计算机的发明一开始是用于军事一样，古代发明的很多信息传递方式也是为军事服务的，信号类标识大多与战争和国防相关。

战争是一种古老的人类组织活动，《淮南子·兵略训》有"喜而相戏，怒而相害，天之性也。人有衣食之情，而物弗能足也。故群居杂处，分不均，求不澹，则争；争则强胁弱，而勇侵怯。人无筋骨之强，爪牙之利，故割革而为甲，铄铁而为刃"，认为战争源于人们对物质的需求与物质匮乏之间的矛盾。此外，关于战争起源，历来还有游戏说、天性说等多种说法。无论源出于何，战争并非个人行为，而需要一定的组织与统一协作，从古代留下的《孙子兵法》《孙膑兵法》《六韬》《尉缭子》等一系列兵书也可看出战略在战争中所发挥的重要作用。然而限于特定的传播环境，口语信息很难被传递和接收，且过于烦琐，于是能够适应战争环境的传播方式——各种信号标识便开始广泛应用于战争。

《军政》曰："言不相闻，故为之金鼓；视不相见，故为之旌旗。"上古时期，战争已具相当的规模，史书中有关于阪泉之战和涿鹿之战的详细记载，表明鼓与旗帜已经在战争中发挥重要作用。

与实物类标识不同，信号类标识的传播范围更广，因此相对于人际传播而言，信号类标识更多被用来传递需要"周知"的信息。随着人类组织规模的壮大，统治与管理的需求日益提升，在口语传播范围有限，管理机构人员也有限的双重限制下，信号标识被统治阶层利用，以实现更大范围的传播效果。

3.局限

信号标识的传播有着显而易见的缺陷。首先，尽管其一定程度上突破了空间的束缚，但从实际传播效果上看，传播距离仍然有限，要想传递边疆的军情，不得不使用多座烽火台相继传递。而金鼓、木铎尽管比人声传播得更远，却也仅能抵达一定范围内的人，且随着距离的变远，其声音便减小，信息的保真度下降。

其次，信号标识在传播时需要耗费相当大的人力物力，其使用范围十分有限。为了宣布政教法令，古代帝王专设遒人这一职务"以木铎徇于路"；而烽燧的燃放也必定消耗众多燃料与人力，唐代每一烽燧配备的人数"少则六人，多者至九人，约为六至九人之间"[1]，还要储备"柴藁、木柴、牛羊粪，每岁秋季前戍卒烽子别采艾藁、茎叶、苇条、草等相杂'为放烟之薪'"[2]，且烽火台的筑建等也是耗时耗力的工程，因此，这样的传播仅用于紧急的军事国防以及官方施令等，所传递的信息也多为军情、战时讯号与国家政令，无法为民

---

[1]　程喜林.汉唐烽燧制度研究[M].西安：三秦出版社，1990：201.
[2]　程喜林.汉唐烽燧制度研究[M].西安：三秦出版社，1990：197.

间所用。可见,在日常传播中,此类信号标识所发挥的作用十分有限。

并且,与此类信号标识的传播耗费相比,其传递的意义却十分有限而模糊。通常情况下,此类信号标识的意义需要提前约定。比如击鼓为进,鸣金为退,若不提前告知,兵士便无法理解鼓声与钲声的不同意义。同样的,烽燧既可用来警示敌情,又可用来报平安,若不知不同数量与种类烽火的具体含义,也无法得知其中所包含的信息。而旗语则更加复杂,不仅是不同图案与颜色,就连挥舞的不同方式也代表着不同的意思。在军事实践中,这样的特性可以被用来保密,但就日常传播而言,却是个很大的问题。

四、标识与人类文明

(一) 从蒙昧走向文明

摩尔根将人类社会划分为蒙昧时代、野蛮时代和文明时代三个时代,早在蒙昧时代的低级阶段,音节清晰的语言便已产生,而标音字母的发明和文字的使用则开启了文明时代。在蒙昧时代的低级阶段向文明时代迈进中,人类的交流范围日益扩大,传播内容日益丰富。同时,蒙昧时代与野蛮时代的人类,已掌握了制造弓箭等器具、制陶、种植谷物、饲养家畜等技术。虽然与文明时代人们创造的丰富璀璨的文明成果相比,这些似乎显得有些微不足道,但人类文明进步不是一蹴而就的,而是一个不断积累的过程。人类的发明与创造,都是在累积了足够的经验后,逐渐产生的。文明时代的文明成果,"是在此以前的野蛮阶段的各种发明、发现和制度的基础上建立起来的,而且也大量地吸取了野蛮阶段这方面的成就。文明人的成就虽然卓越伟大,却远远不能使人类在野蛮阶段所完成的事业失色"。摩尔根充分肯定了野蛮阶段的人创造的文明要素,并认为"从相对重要性而言,他们的成就超过了后人的一切事业"[①]。

---

① 摩尔根.古代社会(上册)[M].杨东莼,等译.北京:商务印书馆,2012:30.

1.文明的细流

所谓"不积跬步,无以至千里;不积小流,无以成江海"(《荀子·劝学》),人类文明的大海,源于生产生活实践中经验的一点点累积。在文字时代到来之前,人类经历了漫长而艰辛的发展,在恶劣的自然环境与落后的生产能力下,不断寻求着自身的生存与繁衍,而协作在其中发挥了重大的作用。恩格斯说:"社会本能是从猿进化到人的最重要的杠杆之一。最初的人想必是群居的,而且就我们所能追溯到的来看,我们发现,情况就是这样。"①人类以群居的方式进行分工与协作,从而最大限度地寻求生存与发展,而交流协作则离不开媒介的作用。

为了交流信息,原始人们发展出了简单的手语以及口语等方式,但其缺点却显而易见:无论是手语还是口语,其信息载体都是使用它们的人。人的实践日益丰富与多样,但记忆却极其有限,现有的媒介都无法将人类经验记录下来,以在时间维度中延续。于是,在文字产生之前,一些可被保存下来的实物类标识承担起了这一任务,它们被用作辅助记忆的符号,成为承载着某种经验的标识。这加速了人类经验的积累速度,也促进了人类文化的发展。

人类文明的发展是多种因素综合作用的结果,但标识在其中,尤其是在文字产生之前,无疑发挥着相当大的作用,它的应用出现在人类社会的方方面面。在经济活动中,标识被用于记数和计算,它的应用与生产力的进步、私有财产的产生紧密相关,与经济发展之间有着相互的作用力。一方面,经济活动对计算产生了需求,标识于是被赋予这样的功能;另一方面,标识的应用与发展方便了人们的记数和计算,商品交换于是日益频繁,商业更加发达。而随着商业的进一步发展,新的信用关系出现,于是除了计算,标识也在经济活动中越来越多地被用作信用凭证。

标识与国家的产生发展也密切相关。从氏族部落到国家产生,人类组

---

① 恩格斯.恩格斯致彼得·拉甫罗维奇·拉甫罗夫(11月12—17日)[M]//马克思恩格斯全集,第34卷.北京:人民出版社,1972:164.

织的规模在迅速变大,在缺少大众传媒,甚至信息传播范围极其有限的时期,如何维系规模远大于氏族部落的共同体,施布政令,防御外敌,都向辐射范围更大的传播媒介提出了迫切需求。信号类标识正回应了这一需求,被应用于政令施布与国防军事之中。由于其具有突破空间的特性,在文字产生之后,这样的信号标识并没有随之消失,而是继续发展甚至形成复杂的符号体系,直到电气时代的到来。

2.历史的百科全书

对现代人来说,那些穿越千年甚至万年的标识,不仅是人类祖先智慧的结晶,而且是我们了解远古人类生产生活方式的宝贵材料。人类或许用口语传递了大量的信息,创造了丰富的神话与歌谣,但这些终究随着个体的消逝而无迹可寻。然而那些契刻在兽骨与石块上的线条、陶片上的标记,却一直保留至今。

我们或许无法准确解读骨片石块上的契刻以及陶器上的符号,但它们却向生活在现代的人们展示了丰富的远古风貌。相信随着时间的延展和科学的进步,人类对于这些标识进行识别和读取的能力会不断增强,这部历史的百科全书终将向以后的人们传递更为翔实而有趣的大量信息。

(二) 文字时代的到来

文字的产生是媒介发展史上的一次飞跃,然而这飞跃并不是一蹴而就的,而是在从口语到文字发展的过程中经历了漫长的过程。

1.从听觉到视觉

麦克卢汉认为"媒介是人的延伸",在没有文字的部落文化中,"经验由占主导地位的听觉生活来安排,听觉生活压制着视觉价值"①。相对于口语而言,文字较为偏向人类的视觉感官,对于传递获取信息主要靠听觉的原始人类来说,想要一下子发展出主要依靠视觉的表意符号是不现实的。从听

---

① 麦克卢汉.理解媒介[M].何道宽,译.北京:商务印书馆,2000:123.

觉到视觉的转变中,标识发挥着重要的作用。

"符物和印痕语标的制作和使用促进了手和眼睛的协调,为细腻的肌肉动作技能准备了必要的条件。更重要的是,符木尤其符物开启了视觉偏向,而视觉偏向是一切书面标记的特征。"①标识是人类以视觉方式传播和存取信息的重要尝试,标识的使用使人们不再单纯依靠口语,而开始学会识别和运用标识,建立标识与意义之间的人为联系。在口语传播中,由于原始人类已经发展出了共同的语言,因此通过听觉获取的声音信息与意义之间并不存在识别困难,而对视觉符号的使用与解读,人类才刚刚起步。视觉标识成为人们将所见与意义之间建立人为联系的开始,直至文字的产生。

2.从标识到文字

"新媒介并不是自发地和独立地产生的——它们从旧媒介的形态变化中逐渐产生。"②文字作为一种新媒介也并不是突然产生的,而是经历了一个相当漫长的发展演变过程。当人们开始从大自然中寻找和制作实物标识时,便开启了视觉符号与记忆或者说意义建立联系的过程,而长期以来在口语环境中的视听平衡也自此被打破。

意义与符号之间联系的建立是一个过程。起初,人们以一件物品,可以是一块小石子或一个小木棒代替一头牛,所使用的仅仅是数量上的对应。而当人们会用绳结的大小区分事情的缓急时,便进一步将事物的特点与标识的特点联系起来。此后,一些更为复杂的图画或画符出现在中国史前时代的陶器兽骨上,出现在公元前四五千年巴尔干半岛的陶器和黏土制品上,出现在诸多地区的岩壁上。这些符号脱离了物品的形态,而在二维平面上呈现,脱离了契刻的单一线条形式而呈现出更加多样的形象。最开始,可能是具体的图画,而随着人们使用的增多,更具抽象意味的画符更常为人们所使用,这些画符已开始逐步具备抽象符号特征,也正因其抽象,其所代表的意义现今大多已不可考。但这样的变化表明原始人类抽象能力的提升,也

---

① 洛根.字母表效应:拼音文字与西方文明[M].何道宽,译.上海:复旦大学出版社,2012:15.
② 菲德勒.认识新媒介:媒介形态变化[M].北京:华夏出版社,2000.

为文字的产生创造了日益适合的感知环境。随后,由图画向文字的演变速度大大加快,画符逐渐发展为用于书写的象形表意符号。

这些象形表意符号又经历了相当大程度的简化和抽象化,于是,在大约五六千年前的美索不达米亚,最早的文字出现了。苏美尔人用芦苇做成笔尖呈三角形的笔,在湿泥板上进行书写,由于笔尖的形状,写出的线条大多呈三角形,因此被称为楔形文字。楔形文字完成了从图形符号到文字的转变,并迅速发展成熟,它不仅可以指具体的人和事物,还可以通过特定的组合,表示抽象事物。

在人类走向有文字记载的文明的过程中,标识在时间和空间两个维度实现了对口语的突破,它伴随人类由蒙昧走向文明,并在长期的变化发展中,为文字的诞生做了必要的准备和铺垫。施拉姆说:"当时的人把文字的发明视为理所当然。然而,回头看来,那的确是惊天动地的大事。"[①]不管是理所当然,还是惊天动地,在人类传播进入文字时代之前,已经经历了漫长的探索和艰辛的尝试。

---

① 施拉姆,等.传播学概论[M].何道宽,译.北京:中国人民大学出版社,2010:12.

第三章　岩画：史前符码与图像起点

　　2016 年 7 月,在土耳其伊斯坦布尔召开的第 40 届联合国教科文组织世界遗产大会上,中国广西左江花山岩画成功入选世界文化遗产名录。两千多年前被壮族先民骆越人绘制在左江沿岸 200 多米悬崖上的花山岩画,成为中国首个入选世界文化遗产的岩画类遗产。根据当时的统计,《世界遗产名录》收录的 1,052 项全球世界遗产中,岩画项目共有 37 项。左江花山岩画文化景观申遗成功后,成为我国第 35 项世界文化遗产、第 49 项世界遗产。

　　沿着广西左江及其支流明江一路顺流而下,重峦叠嶂的青山、碧波荡漾的绿水、平坦开阔的台地,以及灰黄色悬崖绝壁上醒目的赭红色岩画,共同构成了左江花山岩画文化景观。两千多年前,壮族先民骆越人就在这块"世界上最大的岩画画板"上绘制出了诡秘而恢弘的祭祀文明。

　　当我们回望人类漫长的媒介变迁史,会发现沉睡在历史深处已被人淡忘的石头,竟然是史前文明的重要载体。大约在四五万年前,这些坚硬而冰冷的岩体表面,经过人类之手获得了新生。人们把大量的形象、符号、线条镌刻在石头上,使其成为人类最早期信息传递的媒介之一。这些岩石上的"图案"替脆弱的生命记录下永恒的印迹,留住了人类许多曾经的故事和希冀。后来,人们将这种石头上的艺术称为"岩画",它是人类史前文明的重要符码,也成为人类系统化图像传播的起点。

一、岩画的发现

联合国教科文组织关于世界遗产中的岩画曾这样写道：

> 迄今为止，超过10万年史前的艺术作品已被发现出来，并记录下来了。它们包括世界各地博物馆、画廊和私人收藏的小雕像，雕刻过的石头和骨头，有着装饰的兽角和木头。然而最大量的艺术品分散在五大洲的70万个岩画点，估计约有2,000万个或更多的形象和符号。到现在为止，我们所知的史前艺术品99%是岩画，其全部数量可能远远超过上面所估计的。①

据不完全统计，世界上记录下的岩画已超过了2,000万个图像，保存在世界上的岩画图像要超过5,000万个。目前历史最悠久的岩画存于印度中部的大礼堂洞窟（Auditorium cave）中，考古学家在这里发现了11幅岩画，其中2幅是从掩盖着阿舍利文化沉积物中挖掘出来的，估计拥有超过29万年的历史。②

目前世界范围内发现的岩画遍及世界五大洲，150多个国家和地区，主要集中分布于欧洲、非洲、亚洲的印度和中国。其中，最早出现的地区有非洲、亚洲和欧洲，之后要数大洋洲，大约在2万年前左右出现，1.7万年前出现在巴西，1万年前到达南美洲大陆的最南端。这些岩画大都依附于山崖或洞穴的庞大石壁，和千年不化的岩石一起穿越时间，与天地同寿而不朽。

欧洲的岩画集中分布于地中海沿岸等地区，早期岩画内容以狩猎为主，晚期岩画内容以复杂经济活动为主。欧洲岩画中最为知名的是法国的拉斯科克斯和西班牙的阿尔塔米拉的洞穴岩画。不过，据目前考古发现，在欧洲大陆上发现的最早的岩画图形出现在法国弗拉斯（Ferrassie）洞穴中，洞穴中埋葬着一个穴居人的孩子，上面盖着一块刻有18个凹穴图案的石灰石石

---

① 陈兆复,邢琏.世界岩画 I · 亚非卷[M].北京:文物出版社,2010:15.
② 陈兆复.符号岩画引论[J].三峡论坛,2010(2):90.

板。① 而欧洲最早有关岩画的文字记载始于 17 世纪挪威的阿尔弗逊对瑞典岩画的记录,位于瑞典西南海岸的波罕斯浪,这是瑞典最早发现的岩画点,也是北欧最主要的岩画点之一。

非洲岩画艺术风格多变,内容多种多样,包括古代水牛、牧养公牛、马、骆驼,等等。有学者依据非洲岩画的内容、刻法的不同和各异的颜色推测,当时中部撒哈拉山区必定是非常富饶的果园,有着许多湖泊和森林,以及热带森林中特有的植物。不仅如此,研究学者们还通过岩画追踪当时居民生活的变迁,可以说岩画揭示了撒哈拉地区生态学上和人类生活上的巨大变化。

亚洲的岩画以印度和中国为代表。印度岩画主要分布于印度中部文迪亚山脉的丘陵地带,主要记录了人和动物的轮廓、狩猎奔跑等各种剧烈运动、农耕时代的部落生活情景。中国的岩画按地域可分为东北森林草原的渔猎民岩画艺术、北方草原山地的千里画廊、西北高原岩画和山地岩画、西南山地岩画、东南沿海岩画,等等。按内容划分则主要包括南方、北方两大系统,北方地区的岩画内容多为动物、人物、狩猎活动及各种符号;南方地区的岩画中则多有表现采集、房屋、村落、宗教仪式等情景的内容。

(一)欧洲岩画的发现

在不少的记述中,岩画的发现过程往往十分偶然而又令人惊叹。其中最具代表性的是法国拉斯科洞穴岩画的发现过程。传播学者韦伯·施拉姆在《人类传播史》中详细转述了这一过程:

> 在四具强力电筒的照明下,少年们见到了无法形容的美丽画面。沿着白色的石灰岩有着一只接连一只的动物,一直延展到视野所及最远的地方。它们有的是黑色,有的是红色或黄色,个个呼之欲出,好像是昨天才画上去的一样,举目所见尽是一望无际的骏马、雄鹿与野牛。主洞穴的圆顶石壁上则俯卧着四只墨黑色的巨型野牛,足足有正常大小的四倍那么大,它们弯曲的利角似乎正顶

---

① 陈兆复.符号岩画引论[J].三峡论坛,2010(2):90.

着洞穴圆顶的最高点。洞穴的另一侧绘有一排麋鹿的头，那是鹿群渡河的画面，另外还有奔驰的长毛马和两头山羊以头部互顶的壁画。洞穴里另外有一幅巨兽图形，画的是一只前所未见的动物，它有肥胖的头部，白底带有黑色斑点的身躯，和前额两只直立向前的尖角。

……

少年们当时已经十分确定，他们所发现的不仅是一处货真价实的史前洞穴遗迹，而且是派里格地区发现的所有史前遗迹中最有价值的一个。①

这是 1940 年 9 月 13 日，四个少年在法国南部的拉斯科洞穴中看到的景象。

不过，在岩画发现史上，更具代表性的是西班牙阿尔塔米拉洞穴岩画的发现和认定过程。在《外国岩画发现史》中，陈兆复说：洞窟艺术的发现史，是具有浪漫色彩的。开始时科学界持怀疑态度，后来又逐步地被证实是可信的，这个几乎长达一个世纪的过程，构成了对史前艺术史认识的浪漫篇章。原因之一就是我们对旧石器时代的文化知道得很少，所以才出现阿尔塔米拉洞窟发现后又被怀疑以至于遗忘的事情。②

1879 年的夏天，西班牙的一位索图拉伯爵第一个发现了壮观的阿尔塔米拉洞窟崖壁画，并把这个洞窟崖壁画的年代确定为遥远的旧石器时代。遗憾的是，他的这个具有历史性的发现，被无理地拖延了 20 多年以后，才被世人所承认和接受。

阿尔塔米拉在西班牙的桑坦德附近，这个西班牙遗址的发现具有双重的意义，它既是旧石器时代的洞窟艺术，又是前世纪中叶第一次被发现的。当时洞口完全被泥土的坍方所堵，人们曾在此洞挖出过一只钻进去的狐狸。1875 年，索图拉伯爵着手发掘阿尔塔米拉洞窟，在洞窟的后壁上发现了黑色绘画。他认为这是与洞窟中的旧石器时代堆积物属于同一时期的作品。4

---

① 施拉姆.人类传播史［M］.台北：台湾远流出版公司，1994：21-22.
② 陈兆复，邢琏.外国岩画发现史［M］.上海：上海人民出版社，1993：15.

年之后，索图拉伯爵和他 5 岁的小女儿又参观了这个地方，伯爵考虑是否有必要再在这里进行一项小规模的发掘。他们进入洞口，看到的是前洞堆满了从窟顶掉下来的大大小小的石块。左边一个小洞窟只有 1 米来高，于是伯爵决定从这里开始挖掘，希望能发现一些史前人类的遗物。过了一会儿，小女儿对她父亲的工作感到厌倦了，拿着一支蜡烛好奇地东瞧西望。小女儿在洞窟中闲逛，走到一处窟顶很低、大人们没有注意到的地方。当她抬起头仰望窟顶的时候，她突然惊呼"野牛，野牛！"这偶然的一瞥，竟发现了沉睡在这个洞窟里达万年之久的原始艺术的瑰宝。这就是今天极为著名的彩色窟顶崖壁画。

1880 年，索图拉在《桑坦德省史前遗物简介》中发表了阿尔塔米拉洞窟崖壁画，认为其年代属于旧石器时代。这些发现和见解在当时的史前学家中引起轩然大波。有的学者宣称"这是艺术的童年，但不是儿童的艺术"，也有些人则拒绝承认，扬言说伯爵是一个骗子，他从马德里雇佣画家伪造出这些崖壁画来。1882 年，在柏林的人类学协会已讨论了阿尔塔米拉洞窟崖壁画，会上对壁画的真实性问题进行了辩论。

阿尔塔米拉洞窟崖壁画的发现受到人们普遍的怀疑，或是怕引起麻烦而被搁置一边，只是一些有远见卓识的学者不这样看，他们承认壁画的真实性，并坚持认为这是旧石器时代的艺术作品。

1902 年，对阿尔塔米拉洞窟崖壁画一直持怀疑态度的史前学权威卡特尔哈克也修正了他的观点，他在《人类学》杂志上发表文章，题为《绘画装饰的洞窟：阿尔塔米拉，一个怀疑者的忏悔》。在这篇文章中，他详细地叙述了自己对洞窟艺术真伪问题转变看法的过程。至此，一般人的怀疑也都消除了，洞窟岩画被人们看作是人类在欧洲第一次显露艺术才华的伟大作品。

19 世纪下半叶在欧洲发现的洞窟崖壁画，在岩画研究工作中有着重大的意义。无论是在西班牙、法国还是意大利，洞窟艺术的发现史起伏跌宕，一直延续了一个世纪。关于洞窟艺术的年代是否属于冰河时期，曾经有过长达一个世纪的争论，专家们经过长期的野外考察和研究，终于得出肯定的结论。开始时科学界持怀疑的态度，后来又逐步证实是可信的。这个长达一个世纪的过程，构成了史前艺术发现史的浪漫性篇章。1988 年召开的达

尔文会议说明岩画研究现在已作为一个独立的学科出现于学术界。岩画
学，人们可以这样称呼它，即使它与史前学有着某种联系，但它不再只是考
古学的一个分支了。①

(二)中国岩画的发现

在如满天星斗般遍布世界各地的岩画中，中国岩画以数量多、内容丰
富、题材广泛而著称。而关于岩画最早的文字记载要追溯到两千多年前的
《韩非子》，在这部古典文献中，有在中原地区创作岩画的记载。有岩画专家
称，中国最早有关岩画的较为翔实的文字记载至少比欧洲早了上千年，是世
界上最早发现和记录岩画的国家。盖山林考证出，中国岩画的发现见之于
古典文献是非常早的。

在公元前3世纪战国时期的著作《韩非子》中就记录了凿刻脚印岩画的
事。到公元5世纪的北魏时期，地理学家郦道元所著的《水经注》是目前中
国古书中有关岩画记载最早、最为翔实的一部。② 1,400多年前，中国伟大的
地理学家，北魏郦道元到今内蒙古银山地区考察黄河。他在黄河西岸一个
名叫"石迹阜"的地方，看到山石上刻有鹿与马的蹄印图案，于是在《水经注》
中记下了他的考察发现。③ 而在此之前的《史记》和在此以后的一些历史著
作、地方志书中，也都有过零星的关于岩画的记载。④

在《中国岩画发现史》中，详细描述和记录了广西花山岩画的发现过程：

> 花山崖壁画真正的科学发现，却是50年代的事。
>
> 1954年1月，当时的省文化局曾通知博物馆派人前往花山调
> 查，拍摄照片。1956年8月，广西少数民族社会历史调查组成立
> 后，由广西民族学、历史学、考古学的科学工作者们，和中央民族学
> 院的师生组成了正式考察队，9月23日至10月1日，前往宁明县
> 明江一带的岩画点进行调查、摄影和临摹。这次调查是有史以来

---

① 陈兆复,邢琏.世界岩画Ⅱ·欧、美、大洋洲卷[M].北京:文物出版社,2011:12.
② 蒲天彪.青海省海西州岩画地震灾害调查与保护研究[J].四川文物,2011(04):85.
③ 盖山林.郦道元与岩画[J].西北大学学报,1983(01):68.
④ 蒲天彪.青海省海西州岩画地震灾害调查与保护研究[J].四川文物,2011(04):85.

对左江流域崖壁画的第一次科学考察。在明江下游沿岸共发现了7个岩画点。另外，调查人员在宁明县珠山等地岩画点附近的岩洞中，挖掘和采集了有肩小石斧、铜斧、网坠、骨针、石质装饰品、紫贝和粗绳纹硬陶片等文物。

　　这次调查结束后，1956年10月5日，在省政协礼堂将崖壁画临摹图及调查所得文物举办一次小型展览，并邀请各界人士召开一次报告会，据1956年10月7日《广西日报》载，"调查主持人、中央民族学院教授杨成志对前去参观的各界人士作了报告，他说：壁画的场面很大，分布在宁明县明江两岸的花山、珠山、龙峡、高山、拱山等几座右山的峭壁上，绵延达三十余公里。由宁明县城沿明江顺流而下约十公里即陆续看见，每处画有一、二人到数十人不等，以花山的壁画上人物最多。花山石壁高约260公尺（米），宽约300公尺（米）。石壁下部约6,000平方公尺（米）的面积里，现尚清晰可见的约有一千多个人物形象，其中位置最高的一个，离河面90公尺（米），人物的形象大小不等，大的约三个人大，小的也有约半个人大，像武士形状的正面男人最多，侧面人物有的排列成行，有的像集体舞蹈。又有像狗的动物形象，和各种像铜鼓面形或盾牌形的圆圈。由这些不同的形象看来，或许是与作战时集体会师或举行庆祝大会和舞蹈的表现有关。这种富有原始风格、表现生动的古代连环画，色彩全系土红，鲜艳突目，线条也粗犷有力，在那样高的悬崖峭壁上，画了这样内容丰富、高大清晰的壁画，高度地表现了当时僮（壮）族人民的集体智慧。"①

　　这些报道发表后，引起全国学术界的注意，因此，花山崖壁画就成了我国著名的岩画点之一。

---

① 　陈兆复.中国岩画发现史［M］.上海：上海人民出版社，1991：57-58.

二、岩画的内容特征

在数量巨大、类型繁多的岩画中，根据岩画类型学一系列材料，研究者发现了这些史前图像中普遍反映的一些内容。"从最初的狩猎-采集者开始，岩画描绘出日常生活、信仰和不同发展阶段人类的重大社会现象，它们也透露出流行的观念和交流的动机。"①从总体上看，岩画所记录的内容大体分为自然物、猎牧、生活、生殖崇拜和神祇符号五大类。这些内容一方面记录了当时特定的社会生产、生活方式，另一方面也反映了人类的精神世界与图腾崇拜。

（一）记录经济生活、社会制度

岩画最主要的功能，是记录当时的社会生活万象。有些学者根据岩画表现内容的不同，将岩画发展分为四个主要的历史时代：以描绘捕猎巨大动物为主的早期狩猎岩画、狩猎者和工具同时出现的后期猎人岩画、出现牛羊等农牧元素的牧人岩画，以及按公式设计的图样化岩画，即混合经济时期岩画。

具体到不同地区，岩画所记录和表达的内容是不一样的。在欧洲，岩画的序列一般被划分为两个按年代编排的文化期，前一个时期是法兰克-坎塔布利亚的"狩猎者"岩画艺术，后来则是人们在混合经济时代生产的岩画艺术。在我国，以内蒙古岩画为代表，这些岩画中的动物有数十种之多，有的动物如披毛犀、鸵鸟、河套大角鹿，在距今 1 万年前便已从内蒙古地区消失，内蒙古岩画可以证明这些动物早在旧石器时代晚期即已被人们记录刻画下来。从众多动物图案中，我们可以得悉古代的内蒙古地区曾经是许多野生动物的乐园。人们还可以知道，随着生产技术的进步，野马、猪、犬、野牛逐渐被驯化，而且马和犬还成为猎人的得力助手。②

① 陈兆复.中国岩画发现史[M].上海:上海人民出版社,1991:57-58.
② 王大方.草原文明的神奇画卷——内蒙古岩画[J].内蒙古社会科学,1995(5):51.

　　岩画不仅仅反映了当时人类的社会生产方式，也记录了人们生活的各种细节，包括衣着头饰甚至婚姻制度及其由来都有涉及。比如中国岩画中的人物形象装饰，除了服饰、尾饰、头饰外，还有一些身体其他部位的装饰，如文身、耳饰、鼻饰，等等。① 此外，考古发现中国新石器时代（距今10,000—4,500年）的一批岩画就是当时的婚姻法文本。这批岩画包括新石器时代早期的天地映射模式，具有天上自然上帝北斗（婚姻神）、日、月和地下人类上帝北斗（婚姻神）、男、女的映射结构。② 据说，中国先民发现了北斗阴阳合历自然规律，并将之作为宇宙的基本规律，他们认为人应亦同此理，故按照这一规律制定了婚姻法度。

　　除此之外，生活在草原上的先民很早就注意观察天体的运行规律，并将这些规律刻绘在岩石上。以我国内蒙古赤峰白岔河岩画为例，这些岩画中分布着多幅或成组的日月星宿图，每幅画面上都刻绘了几十个星座图案。这些星座大多为圆环状，太阳上绘有光芒线，并且有眼、鼻、口，形成拟人化的太阳图案，有的星座还绘上兔耳和眼、鼻，是古代万物有灵观念的表现。③

（二）反映精神生活、图腾崇拜

　　除了自然世界的面貌和社会生产生活的图景，岩画还大量记录和反映了史前人类的精神世界。尽管早期人类对于自然有着大量的第一手知识，但是，他们对于自然界运行规律并不知其所以然，对自然物的利用还处于原始的阶段，更多的时候只能祈求于超自然的力量。正如维柯所说，"这些原始人没有推理能力，却浑身是强旺的感觉力和生动的想象力"④。以我国古代北方的草原岩画为例，这些内容丰富的岩画是这个地区有文字之前人类文明的主要记录方式，它揭示了史前人类的经济生活、社会活动、宗教信仰、天道观念、美学思想、世界观、欲望和野心、恐惧和追求，以及创造性和思维方式。有学者认为，通过研究这些岩画的题材内容和作画特点，可以清楚地

① 童永生.中国岩画中人物的服饰形式及特征考释[J].创意与设计,2015(4):39.
② 李憻.中国远古婚姻与岩画婚姻法文本[J].寻根,2015(5):15.
③ 王大方.草原文明的神奇画卷——内蒙古岩画[J].内蒙古社会科学,1995(5):50.
④ 维柯.新科学[M].朱光潜,译.北京:人民文学出版社,2008:158.

显示北方草原史前猎人的原始思维。①

历史学家发现，图腾崇拜是史前人类精神世界的普遍现象，因为大多数原始部落相信，通过把某一种有用的动物或植物作为本团体的图腾，通过树立种种偶像、象征和跳起模仿性舞蹈，可以使各种动物大量繁衍、食物来源丰盛。同时，只要严格遵守有关图腾的种种规定，他们的团体就能壮大，食物的来源就能确保。② 在史前人类看来，这一切全靠某些神力的支配，而与这些神力有着特殊联系的巫师、巫医就成为大量岩画的内容。比如法国三友洞里的"巫师"岩画，是最早描绘巫师的岩画作品，被称为旧石器时代"可怕的杰作"，画上是一个身披鹿皮、头顶一对牡鹿角的男子，脸像猫头鹰，长着两只狼耳朵，上肢似熊臂，拖着一条马尾巴。在我国岩画艺术题材中，以祭祀为主题的岩画创作也是非常广泛且至关重要的一部分。比如云南壤达来岩画有一"五人舞"图像，绘于一块凹面的岩石上，五人围着一个圆圈，脚紧贴着圆的边缘，手臂一上一下地曲臂做出优美的舞蹈状，相对而舞的五人中有四人均将身体部位涂实染红，唯有一人的身体部位是用线条勾勒镂空而成的，此人正是实施祭祀法术的巫师。③

岩画记录的这些祭祀活动，真实而充分地反映了远古时期人们的宗教信仰意识与当时人们的思维方式。其中很明显的是，史前人类对令人费解的超自然力量的恐惧和对人类能够控制它们的祈盼，已经成为岩画的重要内容。比如在我国贺兰山岩画中，总有一个跳跃的生命和呼唤的灵魂在支撑着、维系着，这就是贺兰山先民的太阳图腾崇拜。它由人面符号与太阳符号共同组成了一个完整的太阳图腾崇拜符号系统，这种符号系统是人类特有的能动地把握世界和认识世界的方法。④ 在大多数研究者看来，岩画中这些类似的神话图式具有原始性、形象性和真实性。也正因为如此，通过丰富的图像形式将远古人类的这些精神、意识和思考图形化、符号化、具象化，岩画成为一种对史前世界和社会图景具有深刻文化意味的视觉阐述。

---

① 盖山林.北方草原岩画与原始思维[J].文艺理论研究,1992(01):74.

② 斯塔夫里阿诺斯.全球通史[M].北京:北京大学出版社,2006:12.

③ 邓启耀.云南岩画艺术[M].昆明:云南出版集团公司,2004:139.

④ 李祥石.发现岩画[M].银川:宁夏人民出版社,2005:204.

三、岩画的媒介形态

作为原始人类最初的一种"文献"，岩画记录了史前人类的生产方式、民族迁徙、宗教信仰等内容，是人类历史上重要的文化遗产。"这种艺术的图像是一种普遍的人类遗产。全世界数百个著名的巨大的岩画点，装饰着数千个形象，它们包含着数千年的艺术创造。从最初的狩猎-采集者开始，岩画描绘出日常生活、信仰和不同发展阶段人类的重大社会现象。它们也透露出流行的观念和交流的动机。通过这种艺术，我们可以看出人类特性的本质：诸如知识、文化、艺术、想象和宗教，等等。"①

岩画研究者李祥石曾这样说："岩画是一个开放的文化系统，穿越层层的历史迷雾，可以看到朴素的哲学、宗教、艺术思想：生与死、灵与肉、人与神、天与地、情与理、爱与恨、文与画，大千世界一览无余。"②人类祖先以石器作为工具，用粗犷、古朴、自然的方法——石刻，来描绘、记录他们的生产方式和生活方式，使得岩画成为文字出现之前的重要史前媒介。无论从载体的时空性质，还是从传播符号的特征而言，岩画都已经成为一种成熟而复杂的媒介系统。

(一) 时空特性

人类是一种不满足于在既定时空中活动的文化生物。在族群不断扩张的过程中，人类需要打破原有空间的局限，将已有的知识传递到另外的地方，也需要打破时间的局限，把这一代人的知识传承到下一代去。在人类不断寻找自身以外的信息附着物，以突破时间和空间束缚的过程中，岩画作为远古人类的一种信息遗存，记录了丰富生动的史前文化史，反映了人类在史前期创造的灿烂"文明"。

联合国教科文组织关于世界遗产中的岩画曾这样写道："岩石上的绘画

---

① 陈兆复,邢琏.世界岩画Ⅰ·亚非卷[M].北京:文物出版社,2010:15.
② 李祥石.解读岩画[M].银川:宁夏人民出版社,2012:卷首语.

和图形,正如人们通常所说的'岩石艺术'(即岩画),它们产生在人类还不道如何读和写之前,是开始于智人出现的时候,它们提供了人类在文字发明之前极其重要的历史资料。"岩画作为远古人类的一种非语言符号,"书写"着所谓人类的史前文化史。

在《论艺术——没有地址的信》中,普列汉诺夫曾举过一个例子:德国科学家思巴恩在巴西河岸上看到土人画的一条鱼,于是按图索骥,在河中打到了类似的鱼。河岸上的图画穿越了时间和文化的区隔,向这个后来的陌生者传递了指向非常明确的信息,并直接导致了行动的后果,信息传播的效果非常明显。正如安德烈·巴赞所说:"倘若人们在我们对绘画的盲目赞叹中没有看到用形式的永恒克服岁月流逝的原始需要,'绘画便实在太无价值'了。"①

显然,在远古人类必然要面对的时间和空间这两种自然维度的限制之中,岩画主要克服的是时间这个维度。这些刻画在各种岩石上的图像,通过对一定空间形式的占用来完成对信息的记录和保存,使得后来的人们可以了解到成千上万年以前发生的事情。正是因为有了岩画这样一种古老的时间型媒介,现在的人们才有可能感受到远古时期人类的生产生活方式以及他们的精神世界。

当然,作为时间型媒介,岩画要实现对时间的跨越,这些符号形式就必须要占据一定的空间。无论是山崖上,还是洞穴中,很明显,岩画都是通过对一定空间形式的占用来实现在时间维度上的超越的。作为史前图像的载体,岩画所附载的这些崖壁一旦被自然风化或是被人为破坏,那么千万年以后的人类就不可能了解到如此丰富的史前信息。因此,一些著名的洞穴岩画(如法国斯科拉洞穴岩画等)在被发现后,由于参观者的进入导致岩画受损,如今已经采取封闭的措施加以保护。自左江岩画在 20 世纪 50 年代被发现以来,如何对这些文化遗产进行保护,一直以来都是考古、历史、文化等诸学科的学者要面对的重大难题。

岩画克服了口语难以保存、稍纵即逝的局限,为信息找到了人自身之外

---

① 巴赞.电影是什么?[M].崔君衍,译.北京:中国电影出版社,1987:7.

的实体依附,使得人类在史前期的精神遗产不被时间的洪流磨灭。正是石头这样一种足以对抗时间的媒介,现在的人们才有可能跨越成千上万年的时间鸿沟,重新去体会和感受人类在远古时期的生活方式,并深入了解他们如何进化为复杂的社会系统的。正如盖山林所说,这部刻在石头上的用图画写成的"史书",是人类由野蛮走向文明历程的图解。[①]

(二)非语言符码

在文字发明之前,诉诸视觉表达的岩画是远古人类留下的最重要的符号记录。在世界各地的林壑之间、山崖之上,先民们遗留下来的大量岩画,正是他们运用视觉形象同自然、人以及超自然世界进行交流的符号。经过大量的比对和研究,学者们开始认识到岩石上的图像有一定的规则性、体系性,它们具有某种"符号性"。

在岩画创作过程中,远古时期的人们运用与表达对象形似的线条组合来记录和传达信息。有学者试图在岩画创制和读取时的具体情景中还原岩画作为符号的构建方式,在他们看来,当人类试图对未在眼前的动物或无法分离的肢体动作进行表述时,不仅需要在记忆中还原实体的动物"物象",而且还需要用想象来虚拟动物的"影像",并将其图像化以表达意义,从而实现从实物的物象表达到描绘的图像表达的转换。显然,这是将表达对象符号化的一种努力。

当然,在对实在的对象进行描摹或是对精神世界中的概念和意义进行表达的过程中,尽管岩画艺术已经表现出远古人类在艺术创作上生动、朴素和富于幻想的特色,但他们这种符号化的努力仍然不可避免地带有某种幼稚和粗糙的痕迹,他们使用的符号形式总体上仍然停留在非语言符号的范畴,还没有进入自由而任意的文字符号的阶段。以符号学创立者索绪尔最早提出的符号结构加以判断,语言符号这一符号类别的基本特点在于能指和所指之间的组合关系是任意的。他对此的一个著名论断便是:"能指和所指的联系是任意的,或者,因为我们所说的符号是指能指和所指相联结所产

---

① 盖山林.北方草原岩画与原始思维[J].文艺理论研究,1992(1):74.

生的整体,我们可以更简单地说:语言符号是任意的。"①也正是在此基础上,他说:"完全任意的符号比其他符号更能实现符号方式的理想;这就是为什么语言这种最复杂、最广泛的表达系统,同时也是最富有特点的表达系统。"②与此对应,岩画中大量使用的图像符号的能指与所指之间的关系恰好与语言符号相反,其所指和能指之间的组合关系不是任意的,而是特定的,因此,这些图像符号总体上仍属于非语言符号的基本范畴。

以图像这种非语言符号为主要形式的岩画,除了能够与当时人类生活的现实图景进行直接对应以外,在媒介符号层面也已经提取和抽象出超越自然和现实本身的符号形制。由于口语具有稍纵即逝的特点,要想让它跨越时间和空间就必须找到一种外化的符号,而在文字尚未产生的时期,人们无法找到能与口语一一对应的精密语言符号,因此只能借助于具备一定抽象能力的非语言符号来表意。

实际上,岩画的图像符号系统远较我们想象的复杂。在世界各地的岩画点中,几乎都出现了由几何图形组成的抽象符号。这些符号有的是为了配合周围的那些具象的图形,其本身只是以抽象的方法表达某种意思,或记载某些事件。有学者研究发现,在我国的中原岩画系统中,以6对12凹穴组合为基本框架,上下固定有起止符号,周边分布奇数凹穴的这种图案,普遍存在于岩画中,虽然有的岩画内容庞杂,构图变化丰富,但仔细观察发现,它们仍然是由6对12偶数框架为支撑而衍生出来的复杂系统。③中原岩画不仅构成框架复杂,而且在隐含星象特征的同时记录星象变化时节规律。显然,中原凹岩画这种非语言媒介的发展经历了漫长的过程,其中蕴含了史前期人类的智慧。对现在的研究者而言,要想把这许许多多的岩画符号解析清楚,无疑是一个巨大的挑战。也正因为如此,英国图像学大师 E.H.贡布里希才在《秩序感》中说:"岩画研究中最令人感兴趣同时也是最使人难解的,恐怕就是岩画中那些抽象的符号图形了。"

---

① 索绪尔.普通语言学教程[M].高名凯,译.北京:商务印书馆,1980:102.
② 索绪尔.普通语言学教程[M].高名凯,译.北京:商务印书馆,1980:103.
③ 孙保瑞.中国上古农业文明的历史印迹——论中原凹穴岩画[J].农业考古,2015(4):281.

(三)媒介与环境

环境的选择对岩画的创作和传播都具有重要的意义。原始人类完全生活在大自然里,他们所有的生存条件必须依赖大自然的赐予,所以,岩画这种特殊的艺术与传播现象,有着与环境不可分割的联系。研究表明,根据表达内容的不同和作品功能的需要,岩画创作者刻意选择了作画的崖壁或岩石的环境条件和地理位置,并在特定的环境中形成自己的氛围和意境。①

环境的选择和岩画的功能是相互作用的。那些和周围环境协调一致的岩画,能够使其初始的功利目的得到更加完满的实现。这种实现的结果,又不断地影响着观看的人们,人们感受到岩画作品和环境在空间中的和谐一致,并且在狩猎、舞蹈、祭祀等活动中又不断地强化这种感受,促使作品和环境的关系达到一种共同建构的状态。

从现在已发现的岩画遗址看,只有那些零星作品的地点选择带有随意性、偶然性,而对于那些大型的集中的岩画点来说,对环境的有意识的选择,已成为制作时不可忽视的一个组成部分。不少岩画研究者记述自己到过的一些岩画点,都是环境优美、位置合适的所在,并由此而惊叹原始人的才能。不过,不同地域的岩画创作者在环境的选择上表现出不同的倾向,比如我国绝大多数的岩画点都立现在陡直的崖面、巨大的坡石或岩檐的遮蔽处,直至今日,还没有像欧洲旧石器时代的洞穴壁画那样,在任何很深的洞穴里发现过岩画。

在传播学者威尔伯·施拉姆看来,"洞穴艺术更可能的解释是为了教育:这些画作或许是成年礼中,部落将神话、图腾及意识传递给年轻族人的媒介。……正如同中世纪的城市与新英格兰的村庄一样,最早的人类聚落都会在其所创造最美而最神圣的事物四周,留下可以传诸后世的信息:绘有壁画的洞穴接近旧石器时代人类生活中心的程度,就好像教堂对其他世代的人类一般重要。"②在施拉姆等人看来,置身于黑暗洞穴之中的法国拉斯科

---

① 周琰.岩石上的初民精神——略论中国原始岩画的生态美学内涵[D].苏州:苏州大学,2008.

② 施拉姆.人类传播史[M].台北:台湾远流出版公司,1994:24-25.

洞穴岩画，其重要的传播机制就在于长者可以要求学生爬过深坑与狭窄的通道，看见栩栩如生的巨大兽类而铭记在心，从而达到教育的目的。显然，在拉斯科洞穴中，岩画是传播的核心，而洞穴本身也对传播效果有重要影响。如果将同样的岩画转移到其他洞穴里或洞穴外，则可能达不到同样的传播目的。

因此，在史前人类数万年前已经开始的视觉传播活动中，岩画自身所依附的载体——岩石、洞穴等，也传递出一定的信息。岩石、洞穴作为媒介，在承载岩画之外，其自身的位置、形式、材质等也传递出丰富的潜信息，为后人还原远古社会的生活提供了宝贵的素材。因此可以说，岩画这种媒介在万年以前，就向人类昭示了媒介发展的重要规律：媒介即信息。

四、岩画与人类文明

岩画是一种石刻文化，是史前人类在岩穴、石崖壁面和独立岩石上留下的彩画、线刻、浮雕等的统称，这些自远古时期开始就出现在岩石上的史前图像，是先民给后人的珍贵文化遗产。"岩石上的绘画和图形，正如人们通常所说的岩石艺术，它们产生在人类还不知道如何读和写之前，是开始于智人出现的时候，它们提供了人类在文字发明之前极其重要的历史资料。"[①]

自 19 世纪下半叶在欧洲发现洞窟崖壁画以来，学者们对岩画的发现、确认、研究、争论一直延续了一个世纪。1988 年，达尔文会议的召开标志着岩画研究不再只是考古学的一个分支，岩画学作为一个独立的学科出现于学术界。[②] 但即便如此，对岩画的研究仍然偏重考古、历史本身，无论是对岩画图像与载体的本体研究，还是在对岩画价值与意义的文化研究，目前都还十分薄弱。

(一) 史前文化的载体

岩画是在自然洞窟、崖壁岩阴，或在露天单个的巨石上进行绘、刻、雕制

---

① 陈兆复,邢琏.世界岩画 I·亚非卷[M].北京:文物出版社,2010:15.
② 陈兆复,邢琏.世界岩画 II·欧、美、大洋洲卷[M].北京:文物出版社,2011:12.

而成的艺术品。作为远古时期人类物质生产与精神活动的记录与反映，岩画可以与墓葬、居住地、祭祀遗迹等构成一种共同体，它们各自代表不同的文化因素，记录和反映了同一时段、同一地域人群的多种活动。① 左江岩画入选世界遗产，其重要原因之一就在于其所反映的图腾崇拜行为与周围的墓葬和遗址在时代上相近，可互为佐证，能够比较准确地反映当时人们的活动历史，因此具有重大的文化价值。

岩画是史前期人类留下的一份厚礼，它以绘画的方式记录和描摹了人类的原始生存状态，记录了史前人类在不同历史时期的生活习俗、社会经济、宗教信仰、文化艺术以及他们掌握的知识与技能。它既表现了创造者们的物质生活状况，又反映了人类内在的精神奥秘。岩画不仅仅是人类早期艺术创造力的丰富呈现，而且也包含着人类迁徙的最早证明。早在文字发明之前，它就成为人类遗产中最有普遍意义的一个方面。事实上，这些远古的岩画艺术，已成为原始时代的百科全书。

在岩画研究者盖山林看来，岩画代表着人类早期的艺术创造力，具有古朴、粗犷、凝练而又丰富多彩的文化内涵，堪称想象宏丽、言情浓烈、造型生动简朴、意境深邃的无声史诗。② 从洪荒的远古狩猎时代到现代的原始部落的岩画，通过直射或折射，表现了永不重复的远古现实，人类的太古文明、上古文明和中古文明为艺术史、史前史、人类学、民俗学、原始宗教史、美学、民族史等多学科的研究提供了无比丰富的形象化资料。比如，新疆的考古专家们对托克逊县柯尔加衣镇盘吉尔山岩画上所刻有的水系、井、泉进行专门考证后，认为其配置形式与坎儿井极为相似，盘吉尔山岩画由此也成为新疆在远古时代就有坎儿井的最有力的实物证据。甚至有学者认为，贺兰山岩画所承担的远古文化内容的重量，比贺兰山自身的物理重量还要重，它的岩石文化之主体，是早期汉字在大谐声阶段结合巫术变相表现出来的极其宝贵的文字文化。③

我们所熟知的丝绸之路的开路先锋正是岩画。从内蒙古的阴山岩画、

---

① 张亚莎.西藏岩画的发现[J].西藏大学学报,2006,21(2):72.

② 盖山林.我的岩画情结[N].光明日报,2000-04-07.

③ 高嵩,高原.岩画中的文字和文字中的历史[M].银川:宁夏人民出版社,2007:90.

宁夏的贺兰山岩画直到甘肃省的景泰岩画,是一条从中国西北向西南弧线走向的岩画带。贺兰山岩画中还有西夏人的西夏文题记和马匹羊只、放牧、脚印的岩画,匈奴人的动物和铜牌饰等岩画,这些都从一个侧面反映了丝绸之路沿线各族人民的生活场景。① 在有的学者眼里,阴山岩画是古代阴山地区自然与社会生活的百科全书,在他们看来,数以万计的阴山岩画,横向反映了当时社会生活的方方面面,纵向连贯性地记载了阴山地区千万年的历史。②

(二) 图像传播的起点

图像传播的概念和现象虽然在电子传播兴起后才得到普遍关注,但人类创制图像进行传播的历史却可以追溯到数万年前。实际上,相对于人类五千年左右的文明社会而言,长达数万年的史前社会是一个漫长的没有文字的历史阶段。在文字发明之前,人类曾使用过许多方法来帮助记事、表达思想和交流信息,其中,岩画正是以各种图画和符号来实现交流的重要传播形态,它是人类进行系统化图像传播的起点。

语言开端于交流,岩画同样开端于交流。人们的交流方式是多种多样的,在文字产生之前,作为视觉表达形式的图画是一种很重要的方式。在全世界各地的林壑之间、山崖之上,先民们遗留下来的大量岩画,都是他们以视觉形象表达自己感情、交流思想观念时的产物。

作为一种交流方式,历史学家倾向于认为岩画是一种有着实用目的的生存手段。"促使旧石器时代的画家们跑到山洞深处把他们狩猎的动物尽可能逼真地绘制出来的原因也就只能是,他们认为这样做能够使自己得到某种控制猎物的魔力。"③原始人类相信,通过将动物的形象画在岩壁上,他们便可以真的控制这些动物。

有学者则将那些旧石器时期描绘着动物形象的岩画看作是有着特定实

① 李祥石.发现岩画[M].银川:宁夏人民出版社,2005:186.
② 张志国.谈谈阴山岩画的文字意蕴[J].河套学院学报,2013,10(4):77.
③ 斯塔夫里阿诺斯.全球通史:从史前史到21世纪[M].董书慧,等译.7版.北京:北京大学出版社,2005:13.

际目的的巫术手段。在他们看来,岩画作为一种可以通灵的媒介,"处于生者和死者、人和神之间,一个社群和一片宇宙之间,在可见者和驾驭它们的不可见力量的两个群体之间"①。作为一种巫术手段,岩画所沟通的或许并非人与人,而是一个部落群体与一种不可知的力量,这种图像传播的方式反映了一个史前族群共同的理念与信仰。对史前期的人类社会而言,这些绘画正是一种载体,是用来同自然、人以及超自然世界进行交际的符号。

显然,对自然世界、社会活动或是精神世界的真实记录和模仿是岩画作为史前媒介的基本功能。岩画以绘画的方式来记录原始人的生存状态,反映了史前人类在不同历史时期的生活习俗、社会经济、宗教信仰、文化艺术以及他们掌握的知识与技能。它既表现了创造者们的物质生活状况,又反映了人类内在的精神奥秘。岩画中的许多图画,如果能够释读的话,是一个生动的完整的故事,尽管有的画很复杂、繁芜,但总是在叙述表达一件事或一个想法。② 也正因为如此,学者们认为岩石上的图画"可能是留存至今最早的人类传播事例",是前文字时期重要的文化载体,构成了早期人类表现他们自己和他们对世界看法的最重要的证据。

(三) 文字的孕育者

研究表明,岩画所处的"环境"不同,代表的意义也有所不同,但少数符号岩画已经形成固定的模式,代表了固定意义,不管出现在什么地方、什么环境下,它的意义都不发生变化。其中有一部分符号岩画由于程式化强,应用广泛,最终发展为文字,被认为是文字的"老祖先"。③

陈兆复先生认为,"史前的岩画是一种原始的语言,一种文字前的文字"④。世界上最早的文字都与绘画相关,是表意的象形文字,而早期的岩画中就出现了世界性的类似的符号与图形。岩画中数量巨大、排列组织有规则的符号和图形,为我们辨识它们提供了可能性,也为文字的诞生提供了可

---

① 德布雷.图像的生与死[M].黄迅,等译.上海:华东师范大学出版社,2014:17.
② 李祥石.发现岩画[M].银川:宁夏人民出版社,2005:71.
③ 崔凤祥,崔星.符号系统岩画考释[J].湖北民族学院学报(哲学社会科学版),2012(5):27.
④ 陈兆复.古代岩画[M].北京:文物出版社,2002:3.

能性。① 比如在具茨山岩画中，原始文字包括方形文字符号、圆形文字符号、线形文字符号、菱形文字符号。在大麦地岩画中发现符号1,500个，最引人注目的是其中有类似文字的图画符号，并且还发现了图画文字与符号混合使用的古文字。②

2015年10月30日，古文字领域专家尚德林来到银川贺兰山岩画遗址公园，看着贺兰山岩画的一幅幅"画"，他在脑海中迅速对应着迄今为止发现的最早的古汉字，"鹿"找到了对应的原型，"羊"找到了，"大"找到了……作为一位书法家，对汉字超乎常人的敏感让他意识到："岩画或可作为中国汉字起源的例证之一。"

在贺兰山岩画中有上百幅形似文字的符号，尤其是贺兰口的"文字符号"十分具有代表性。贺兰口一幅岩画的画面中一个像板刷一样的图案，可能是古代的祭器，是一种祭祀文化的产物。在象形文字中，"豆"字的写法和这个图案很相似。"豆"的象形文字就是一个祭器的形象，在古陶器中，就有称之为"豆"的陶器。这幅图在"豆"的上面有一个人面图案，这不是单纯的人面像，而是一个氏族部落的徽号，用"豆"祭祀这个氏族部落的徽号，实际就是祭祀氏族祖先。③ 在贺兰山岩画旁边还刻有西夏文题记"文字神文字"，西夏的党夏人面对远古时代的岩画，觉得难以理解，他们把岩画当成文字，视若神物，所以写下了"文字神文字""文字父母"这样的题记，可见岩画和文字的深厚渊源。

除了岩画中的这些形似文字的符号外，有些岩画在世世代代的传承中，向着文字的方向发展，不断简约与抽象，渐渐形成约定俗成的刻法，也便有了文字的意味。岩画学者李祥石把大麦地岩画称为"岩画文字"，这些岩画通过丽石黄衣测定，出现在距今七八千年前，远远早于其他文字；而且它不是随意镌刻的，如同其他众多岩画一样，是有感而发、有为而作，已经由作者赋予了表意的内涵。而且，"岩画文字"已具备了中国象形文字的具象性，在甲骨文与陶器刻画中找到大致对应的形象。"岩画文字"由两个以上的象形

---

① 陈兆复.符号岩画引论[J].三峡论坛,2010(2):89-92,149.
② 李祥石.发现岩画[M].银川:宁夏人民出版社,2005:209.
③ 崔凤祥,崔星.符号系统岩画考释[J].湖北民族学院学报,2012(5):30.

符号组成,有了文字的空间结构,基本上做到了象形字、会意字、指事字结合,构成文字的要素。① 除此之外,阴山岩画的模式化制作也与汉字中的象形、指事、会意构字之法异曲同工。因此在大多数岩画学者看来,岩画正是文字的重要孕育者之一。

20 世纪 80 年代初,在提交给联合国教科文组织的报告《世界岩画研究概况》中,E.阿蒂纳教授充满深情地写道:

> 在文字起源之前,岩画包含人类智力的表现,人类以岩画的形式解析环境和它的各种现象;岩画带有感情的和个人的色彩,并能接触到人类内部和外部之间的各种关系。由于文字所提供的历史记录,最多只是过去的5,000多年,所以对在此之前关于人们如何行为,他们的动机怎样,他们的宗教、观念和生活又是如何,我们只有少数的间接的认识。在一个广阔的文化延续中,彻底地研究岩画精致的细节和所包含的深刻的人类感情、信仰和态度,它能提供的历史记录超过了 4 万年。而且,岩画在每一个大洲都有发现,但世界的某些区域,文字的历史仅仅只有数百年。②

---

① 李祥石.发现岩画[M].银川:宁夏人民出版社,2012:209-210.
② 陈兆复,邢琏.外国岩画发现史[M].上海:上海人民出版社,1993:440.

第四章　文字(上)：抽象符号与文明伊始

瞧，所有职业都有上司，

除了书吏；书吏就是上司。

因此如果你了解书写，

那么它将对你更有利。

与我给你讲的那些职业相比，

每个职业都比另一个职业更悲惨。

——《职业的讽刺》①

这是埃及中王国时期一篇重要的说教文，父亲为了教育儿子努力读书，列举了铜匠、木匠、理发师、农民等 17 种不同职业的悲惨生活，来突出书吏这一职业的优越性。"书吏就是上司"，可见掌握了书写技能的人，在当时拥有至高的社会地位，足以体现文字之重要。

从距今6,000年前开始，世界几大古文明相继诞生了文字。文字的诞生是人类传播史上的里程碑，从此，人类从口语时代进入了文字时代。文字开启了人类的文明时代，时至今日依然是最为重要的传播方式之一。

---

① 汤普森.埃及史：从原初时代至当下[M].郭子林,译.北京:商务印书馆,2012:29.

一、文字的诞生与发展

（一）楔形文字

楔形文字，因其笔画大都呈三角形而得名。两河流域黏土丰富，芦苇茂密，生活于此的苏美尔人将芦苇秆削成三角尖头当笔，在黏土制成的潮湿泥板上刻写文字，然后将泥板烘干，以便于保存。由于芦苇笔有着三角形的尖锋，印刻在泥板上时，就会形成楔形，因此人们便称这种文字为楔形文字。

苏美尔文明是人类义明最早的摇篮，而楔形文字就是苏美尔人卓越的创造物。早在6,000多年前，两河流域便已诞生了古文字。

苏美尔文字的发明不是一蹴而就的，其发展和最终形成经历了漫长的演变过程。文明以及文字的产生都源于古代社会文明的进步和社会生产力的发展。公元前3,000多年前，苏美尔人依托两河流域肥沃的土地，建立起许多小型村社，农业、畜牧业、手工业逐渐发展起来。之后随着生产力的逐渐发展，两河流域又建造起了城市、国家、帝国，单靠口语已经无法应对迅速发展的生产活动以及随之而来的一系列复杂现象。于是，一些物品和符号标识被人们越来越多地用以计数和简单记事，从而成为文字的滥觞。

苏美尔人的楔形文字是由图画符号发展而来的，早期的苏美尔文字还多为象形或会意的文字，但其中已可见楔形符号的原型。为了提高书写效率，以及更加适合书写工具与材料，象形文字中原有的曲线笔画逐渐消失，文字符号进一步地简化抽象，日益规范、成熟的楔形文字于是产生。

楔形文字虽是苏美尔人的首创，但在其后的发展中却被使用不同语言的人所采用，并不断改进。阿卡德人征服了苏美尔人后，建立了巴比伦帝国，阿卡德人所用的闪米特语与苏美尔人的语言截然不同，但阿卡德人却借用了苏美尔人的楔形文字，将其改造来书写自己的语言。"由于符号从意义中解放出来，它们能用来记录任何语言。接下来的一千多年中，抄写员使用相同符号书写的不仅有苏美尔语，而且包括美索不达米亚的其他语言，如阿卡德语（Akkadian）、巴比伦语（Babylonian）与波斯语（Persian）。"①

在这一过程中，楔形文字也逐渐从一种表意文字向着表音的拼音文字发展。"成熟了的苏美尔文字基本上是一种表意文字，其中包括一些表音符代表的虚词。"②作为表意文字，尽管苏美尔人尽可能限制符号数量，但由于象形和表意符号代表着独自的发音和发音组合，相较于表音文字，其字符仍为数众多，已知的苏美尔字符约有1,800个。阿卡德人改进楔形文字后，精简了字符数量，而到了波斯帝国，在官方波斯语楔文中，楔形文字虽保留了原有的外形特点，却只使用41个极简音节符和几个表意符，而放弃了庞大的表意符号系统，成为一种表音的拼音文字了。公元1世纪左右，随着最后的楔形表意文字为拼音文字所取代，延续了3,000年的楔形文字最终消失于历史之中。

一千多年来，楔形文字沉默于历史长河之中，没人能够识读，直到著名的贝希斯敦石刻被发现。在伊朗一座一千多米高的山上，大流士一世为了赞颂自己，命人用埃兰文、波斯文和巴比伦文三种文字将其战绩刻写在悬崖之上。1835年英国人劳林逊发现了该石刻，经过8年研究，他终于破解了其中的古波斯文字，并最终通过对照楔形文字与波斯文字，破译了其中的楔形文字。

（二）古埃及文字

当楔形文字在美索不达米亚各地传播时，邻近的埃及也开始产生自己的文字系统。此时，埃及人与苏美尔人之间贸易频繁，文字的概念很容易从这个相对较近的地区传到埃及，因此两种文字系统之间的关系成为学界争论不休的话题。

"象形文字（hiéroglyphe）"一词源于希腊语，是由"hieros（神圣的）"和"gluphein（雕刻）"组成的复合词。与楔形文字不同，埃及的象形文字似乎并没有经过一个漫长的演变过程，它于公元前3,000年左右在尼罗河流域产

---

① 凯什岚斯基，等.西方文明史：延续不断的遗产[M].孟广林，等译.北京：中国人民大学出版社，2014:9.
② 吴宇虹，等.泥板上不朽的苏美尔文明[M].北京：北京大学出版社，2013:29.

生，一直沿用了3,500年。

埃及人最初发明文字是为了满足记事的需要。这种文字是由原始的图画文字演变而来的，多是古埃及人用简单的笔画形象地描绘下来的图形和符号。象形文字用于一切方面，记载历史、宗教仪式、诗歌、法典、祈祷文等。埃及的建筑物通常是石头建成的，因此文字最初通常刻写在神庙或墓室墙壁、石碑、石棺、雕像、金属及木制器物上，或书写在莎草纸上。象形文字的书写方向也很有特点，大多为自右至左，少数自左至右，也可从上向下或从中间起笔向左右两个方向分写，使文字有对称之美。表示人、动物的图形符号总是面朝文字的起点，故易于辨认。

埃及象形文字的发展经历了圣书体、僧侣体、世俗体三个阶段。最初的象形文字书写复杂，多被用于记录重要文献和碑文，到了埃及古王朝时代第5王朝时，从象形文字中演变出一种简化的草体字，古希腊历史学家希罗多德认为，该字体最早由僧侣开始使用①，故被称为僧侣体文字。僧侣体文字最初与象形文字区别不大，从第18王朝起，僧侣体文字已成为有固定风格的象形文字的草体形式，它的内部结构保持不变，但外形已与象形文字相差甚大，字形富于曲线，几乎失去了图画性质。由于其相较于最初的象形文字更为简化，便于书写，因此常被用于书写商业文件、私人信件和文学作品等。

到了第25王朝时期，一种更为简便，连笔笔画更多的书写体出现，即世俗体文字。由于书写简单快捷，其使用领域迅速拓展，"到托勒密时代和罗马统治时代，不仅在商业上，甚至平民的日常生活上，以及最后宗教文

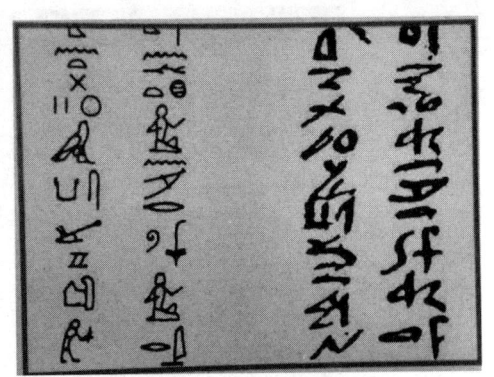

图4-1　右边是世俗体，左边是对应的圣书体象形文字

① JEAN G.文字与书写：思想的符号[M].曹锦清，等译.上海：上海书店出版社，2001：42.

献、文学作品也都用它来作记录"[1]。

表 4-1　埃及文字的分类

	类型	用途
古埃及语 公元前 3100～公元前 2160	圣书体 （象形文字）	记载历史、宗教仪式、诗歌、神话、科学文献，书写金字塔铭文等
中埃及语 公元前 2160～公元前 1780	僧侣体 （祭祀体文字）	商业文书、文学和宗教文献
后埃及语 公元前 1573～公元前 715	世俗体	日常公文、信件、账目
公元 3 世纪	科普特文字	仅限于宗教使用

　　象形文字的命运与楔形文字有着惊人的相似之处。随着基督教的传入和科普特文字的兴起，象形文字逐渐不再为人们所使用。公元 4 世纪以后，象形文字逐渐失传。

　　直到 1799 年，拿破仑远征埃及时，一名法国士兵在罗塞塔附近发现了一块石碑。石碑上刻着三种不同的文字：古埃及象形文字、世俗体文字以及仍在使用的希腊语，这块不起眼的石碑成为日后破译埃及象形文字的关键。

图 4-2　罗塞塔石碑

---

① 刘文鹏.古代埃及史［M］.北京:商务印书馆,2000:28.

19世纪初，法国学者商博良利用罗塞塔碑文成功解读了象形文字，被称为"埃及学之父"。从此，沉寂了一千多年的古埃及文字又重获新生。

（三）古印度文字

古印度文字的发现，也来自于一次意外的考古发现。1922年的一天，一位名叫拉·巴涅尔吉的印度考古学家来到印度河下游的一个名叫摩亨佐·达罗的土丘。① 土丘上是一座古代佛塔的废墟，巴涅尔吉等人原本预测此处是某繁华都市的遗迹，但出乎意料，佛塔的下面存在着四个不同的沉积层，在最底层距今年代最远的沉积层里，他发现了被尘土埋没几千年的古城遗物，其中包括三枚刻着奇怪的象形文字的皂石印章。此类皂石印章已非首次发现，早在1873年，英国殖民者任命的考古局局长亚历山大·坎宁安就在哈拉巴遗址中发掘到一枚刻着一头公牛和六个无法解读的文字的印章，只是当时错以为印章是从国外传入的。② 直到摩亨佐·达罗遗址被发掘，这些公元前两千多年前的印章以及其上的神秘文字才重新引起了人们的关注。

这些神秘的印章文字，来源于大约公元前两千多年，如今失落已久的古印度文明。苏美尔的文明诞生于两河流域，古埃及的文明是尼罗河的赠礼，而印度河与恒河则滋养、哺育了古印度文明。公元前2500年左右，印度河流域就产生了高度发达的农业文明，并拥有高超的建筑技艺。居民以小麦、大麦为主要农作物，瘤牛为主要牲畜，手工业相当兴盛，商品交换和对外贸易初见规模，原始宗教的雏形以及简朴的崇拜仪式也逐渐出现。印度文字的源头到现在还是个谜，但印度河遗址中出土的众多印章都在表明，至少在公元前两千多年前，古印度河文明时期已经产生了文字。这些印章大小不等，主要由石、陶、铜、象牙等制成，雕画的内容有文字、树木、牛、象、独角兽等。

与楔形文字和古埃及象形文字不同，尽管语言学家和考古学家们付出了巨大的努力，但古印度图像文字的奥秘始终未被完全解开，同样令人费解的是哈拉巴文明在公元前18世纪突然衰亡，古印度文明由此出现了断层。

---

① 北京大陆桥文化传媒.记录世界变迁的七大文字[M].北京:中国发展出版社,2006:121.
② 酉代锡,陈晓红.失落的文明:古印度[M].上海:华东师范大学出版社,2003:8-9.

直到大约公元前第二个千年纪的中叶，雅利安人移入印度，开启了古印度文明的另一个篇章。雅利安人创造了其经典《吠陀经》，"吠陀"意为"知识"，但最初《吠陀经》用梵语以口口相传的方式传诵，并未有成文。在《吠陀经》中，并没有文字之神，也没有关于文字的任何传说。因此人们普遍认为来到印度的雅利安人还没有文字，大概也不知道过去在印度河流域有过文字。[①]

印度雅利安人的文字产生于大致公元前7世纪到公元前6世纪，即早期的婆罗米文。比婆罗米文产生稍晚，大约在公元前5世纪末期，与婆罗米文并行存在的还有一种早期印度字母，叫作佉卢字母。佉卢字母只用于印度西北部一带，是波斯帝国统治印度西北边境之时传入的。佉卢字母没有进一步演变为其他字母，最终被废弃，而婆罗米文则不仅在印度开遍了字母之花，且传播出去成为印度以外许多亚洲民族的文字，形成了一个广大的印度字母文化圈。

（四）玛雅文字

2009年，电影《2012》上映，电影故事依托的背景就是玛雅历法的预言——2012年的12月21日将会是世界末日，玛雅人的日历也到那天为止，再没有下一页，由此向观众展现了在灾难面前，各国人民挣扎求生的末日场景。其实，2012年对于玛雅人来说，只是旧纪年的结束和新纪年的开始。"末日预言"引发了全世界的广泛关注，与玛雅人精准的历法和充满神秘色彩的文化不无关系。

古玛雅地域位于北回归线以南、赤道以北，包括今尤卡坦半岛、危地马拉、伯利兹、墨西哥南部地区、洪都拉斯西部地区和萨尔瓦多。[②] 考古学将玛雅历史分为前古典时期（大约公元前1500年—公元292年）、古典时期（公元292年—900年）以及后古典时期（公元900年—1527年）。在前古典时期，玛雅地域存在着诸多独立的小国，人们已开始建造大型建筑物，贸易迅

---

① 周有光.世界文字发展史[M].3版.上海：上海教育出版社，2011：226.
② 鲁巴尔卡巴.玛雅诸帝国[M].郝名玮，译.北京：商务印书馆，2015：3-4.

速发展。但这一时期,玛雅文明发展的程度还相当低下,考古发现也并未找到这一时期文字留存。大约在 3 世纪中后期左右,前古典时期末期低地最强盛的城市埃尔米拉多尔衰落,前古典时期走向了终结,古典时期到来。

　　玛雅文字的产生大约可以追溯至古典时期前期。费希尔根据伯利兹北部塞罗遗址中发现的可辨认的古文本,将古玛雅文的书写历史定于公元前 200 年到公元 50 年间。"最早可辨认的玛雅文刻于公元前 50 年的一块玉石上,上面的文字排列已经是从左到右从上到下的双栏形式。"①据考古发现显示,这类文字已是一种发展完备的文字了。

　　后古典时期,玛雅文明逐渐走向衰落,但直到玛雅被征服时期及其以后,玛雅祭祀阶层和统治阶层仍在沿袭玛雅知识和使用象形文字②。

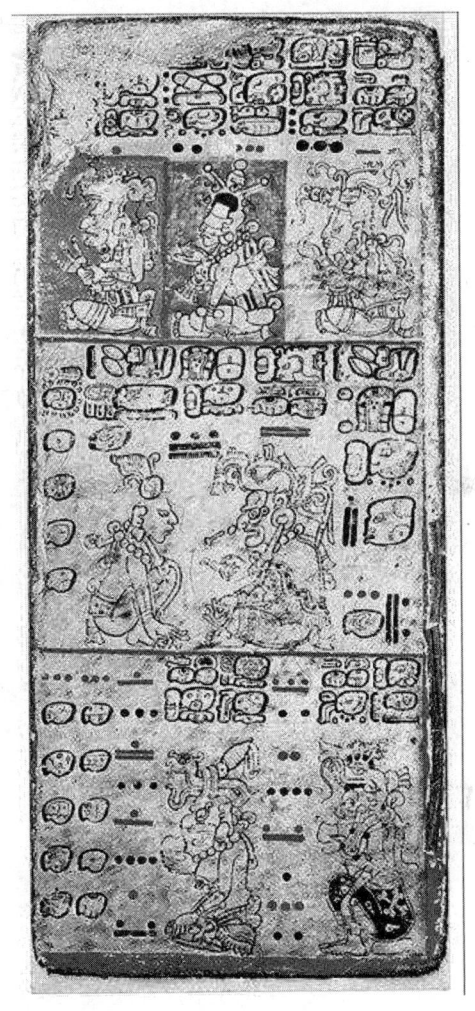

图 4-3　玛雅古抄本

　　西班牙人到来,后古典主义时代终结,随之而来的却是玛雅文字的一场浩劫。1544 年,一名方济各会神父迭戈·德·兰达被派往玛雅传布天主教,由于认定玛雅人的书籍宣扬异教,遂焚烧了所有他搜集到的玛雅书籍。于是,玛雅人撰写的有关医药、天文、宗教和历史的书籍被付诸一

---

① 希尔.书写的历史[M].李华田,等译.北京:中央编译出版社,2012:199.
② 莫莱.全景玛雅[M].文静,刘平平,译.北京:国际文化出版公司,2003:198.

炬。① 未遭焚毁的只有三本玛雅古抄本和一部残本，它们以当今所在的城市名定名，分别是德累斯顿古抄本、马德里古抄本、巴黎古抄本和格罗利埃古抄本残本。它们被送至欧洲，当作古玩收藏了起来，却尚未被识读，和玛雅文字一起淡出了人们的视线。兰达虽然销毁了众多宝贵的玛雅文字资料，但他也写下了《尤卡坦纪事》，记录了自己在玛雅的所见所闻以及玛雅的文字和文化。

玛雅文明与文字经历了一个再发现的过程。19 世纪欧洲探险时代到来，两位欧美探险家——美国人史蒂文斯和英国人加塞伍德在 1839 年到 1841 年间，两次结伴游历了许多玛雅遗址，之后史蒂文斯将在玛雅地区的所见所闻写成了生动的游记，而画家和建筑师出身的加塞伍德则在其中插入了许多亲手绘制的图画。随着书籍的热销，沉睡密林百年的玛雅古文明在当时的欧美社会引起了人们极大的兴趣和关注。② 大约同一时期，幸存的用玛雅文字写就的德累斯顿古抄本、马德里古抄本和巴黎古抄本陆续被发现和鉴别出来。不久后，1862 年，兰达主教的手稿《尤卡坦纪事》被找到，后被公之于世，这些都成为揭开玛雅文字之谜的珍贵史料。

（五）古汉字的起源

汉字是现今世界上仅存的古老表意文字，前面提到两河流域的楔形文字、古埃及的圣书字、印度文字和玛雅文字以及其他文明的古文字都已不知所终，以致古巴比伦文化、古埃及文化也因为失去文字载体而失传，唯有中国文化以汉字为载体一直延续着。

关于古汉字的起源，“仓颉造字”是最著名的传说。相传在远古时期，黄帝的史官仓颉是一个有“四只眼睛”的人，他专门管理圈里牲口的数目、屯里食物的多少。但随着所管理的牲口、食物的数量逐渐增加、变化，单凭人脑的记忆已无法应对。于是，仓颉开始想各种办法帮助记忆，先是在绳子上打结，用各种不同颜色的绳子表示各种不同的牲口、食物，用绳子打的结代表

---

① 鲁巴尔卡巴.玛雅诸帝国[M].郝名玮,译.北京:商务印书馆,2015:8.
② 王霄冰.玛雅文字之谜[M].上海:上海古籍出版社,2006:21-22.

每种的数目。后来，所记事物实在太多，他就想出在绳子上打圈圈，把贝壳挂在圈圈上，以表示数量的增加或减少。黄帝见仓颉这样能干，叫他管的事情愈来愈多，这就使得原有的记载方法不能满足日益壮大的生产。一日，仓颉以"鸟兽蹄迒之迹"为灵感，描摹绘写，造出种种不同的符号，并且定下每个符号所代表的意义，"字"最终被发明出来。当然，这只是一个传说，表达了先人们对汉字的敬畏之情。

由于年代久远，对于汉字最初是如何起源的，其实人们有着诸多说法。比如认为文字起源于八卦、结绳、契刻，或来自于河图洛书，也有人对文字由何人首创、产生于何时作出推断，比如"史皇作图，沮诵、仓颉作书，伏牺画八卦造书契"等①。许慎在《说文解字序》中说：

> 古者包羲氏之王天下也，仰则观象于天，俯则观法于地，观鸟兽之文与地之宜，近取诸身，远取诸物，于是始作《易》八卦，以垂宪象。及神农氏，结绳为治，而统其事，庶业其繁，饰伪萌生。黄帝之史官仓颉，见鸟兽蹄迒之迹，知分理之可相别异也，初造书契。

可见，早在文字产生以前，人们就已经用"八卦""结绳"的方式来进行记事和占卜等活动，有人据此认为汉字起源于结绳或契刻。《易·系辞》也说"上古结绳而治，后世圣人易之以书契"，《史记·三皇本纪》有"造书契以代结绳之政"。随着 20 世纪后半叶我国考古发掘不断发现众多史前时期和初史时期以陶器为主要载体，兼及龟骨、玉石等质料的刻画符号②，文字起源于刻画符号也成为中国文字起源的一种说法。

图4-4 仓颉

① 葛英会.古汉字与华夏文明[M].上海：上海古籍出版社,2010：12.
② 葛英会.古汉字与华夏文明[M].上海：上海古籍出版社,2010：19.

汉字的起源尚没有定论，其发展也经历了一个漫长的过程。甲骨文是迄今为止公认的我国最古老的一种文字，它的年代大致可以追溯至殷商时期，无论从造型还是从文字的记叙结构来看都已经很成熟了。殷商时期曾使用甲骨来占卜记事，占卜方法是在龟甲或者兽骨上钻凿出许多凹槽，用火灼烧时凹槽裂开形成纹路，竖的裂纹称之为"兆干"，横的裂纹称之为"兆枝"，兆干、兆枝很像个"卜"字，故又称之为"卜兆"。巫师将这些纹路解释成吉兆或凶兆，并把占卜的结果刻在甲骨上，称为"卜辞"。流传至今的卜辞，成为我们研究甲骨文字的珍贵资料。

甲骨文的发现相当偶然。清末光绪二十五年（公元 1899 年），北京有位对古文字有研究的老先生，叫王懿荣，生病服中药，看到药包里一味中药叫"龙骨"，像是一块破碎的小石片，上面有刻痕，有的刻痕还涂着朱色。他想，这会不会是一种古文字呢？买到更多的有刻纹的龙骨之后，他越发肯定这是一种古文字。在发现龙骨文字前二三十年，河南省安阳县小屯村的农民，在犁田时候挖掘出许多龙骨。药店收买，一斤只值几分钱。药店不喜欢有刻纹的，有刻纹的不像真的龙骨。农民便把刻纹削去再卖，但是难以削得干净。这种中药，碾成粉末可以治刀伤，加水煎汤可以治惊悸、盗汗、疟疾，不知道有多少人把古文字吞进肚子里去了。

文字的创造遵循一定的规律，许慎在《说文解字》中指出了汉字的六种造字方式：

> 一曰指事：指事者，视而可识，察而可见，"上""下"是也。二曰象形：象形者，画成其物，随体诘诎，"日""月"是也。三曰形声：形声者，以事为名，取譬相成，"江""河"是也。四曰会意：会意者，比类合谊，以见指㧑，"武""信"是也。五曰转注：转注者，建类一首，同意相受，"考""老"是也。六曰假借：假借者，本无其字，依声托事，"令""长"是也。

一般认为，前四种即指事、象形、形声、会意属于造字之法，而后两种即转注、假借则属于用字之法。因此，从时间上可将中国的造字分为三个阶段，即（1）描写寄存实像的象形阶段；（2）尝试表述抽象概念的指事会意阶段;(3)大量造字的文字生产线出现,也是大造字完成的形声阶段。① 据估计,在已可辨识的一千多个甲骨文中,形声字的比率已接近30%,形声字在中文造字中是最进步的阶段,它使得大量造字成为可能,因此,"这毫无疑义说明甲骨文已昂然进入造字成熟的晚期阶段了"③。

此后,汉字的形体随着历史的发展也不断演变,经历了西周至春秋时期的金文,战国的玉石文、陶玺文、竹帛文等各种文字形体,到秦始皇统一六国以小篆作为标准字体,汉以后隶书、楷书、行书、草书相继产生。作为源远流长的中华文明的一部分,汉字也一直沿用至今。

图4-5 甲骨文②

二、早期文字的载体

文字依托于一定的载体而存在,文字载体与文字本身一样,也在不断地发展演进。纵观世界古文明的文字,我们不难发现,有几种重要的载体同时被世界五大文明的人们共同利用,这些载体有大自然的馈赠,也体现了人类智慧的凝聚。

石头,几乎在五大古文明中都可以找到它们的身影。石头是大自然赐予人类的天然的书写载体,它随处可见,取材方便,能够制成或大或小的石板、石碑和石柱,且材质坚硬,不易腐蚀,能够长时间保存记录下的文字。石头的另一个优点是版面巨大,可以书写长篇的文字,而且还可以放置在野外,不怕风吹雨淋,最适合刻写宣言和公告一类的文书。这类刻在石碑上的文字最大的功能特点是公开性与集体性,既是君主夸耀权力的手段,也是古

① 唐诺.文字的故事[M].上海:上海人民出版社,2013:35.
② 图片来源:http://hzyzhws.blog.163.com/blog/static/13078720020121077273 0552/。
③ 唐诺.文字的故事[M].上海:上海人民出版社,2013:16.

代民族保存和延续文化记忆的重要方式。

古苏美尔人在记录重要的、有特殊纪念意义的文字时就选择石碑。古代埃及人把文字看作是神圣的，称之为"圣书"，所以经常把字刻写在神庙墙壁或者坟墓的石碑上，最著名的当属拿破仑发现、商博良成功破译的罗塞塔石碑。印度最为著名的是刻在石碑和石柱上的阿育王的敕令，经过1837年詹姆斯·普林塞普（James Prinsep）的解读，人们才认识到，铭文的内容悉数记载了阿育王在位时的活动。而低地玛雅人最常使用的记史的方式，就是在玛雅王国的中心广场树立雕刻了文字与图像的石碑，石刻文字的主题大多围绕一个君王展开，内容包括人物生平、家族谱系、政治行为等，因此玛雅石碑也被称为是"纪年石碑"。而在中国，早在甲骨文出现之前，就有刻在岩石上的岩画。文字学家一般认为，汉字来自远古的图画，即所谓"书画同源"，天然的岩石是人们使用的最为古老的信息符号载体。

陶器虽不及石头耐久，但其刻画相对容易，且烧制后异常坚硬，可保留相当长的历史时期。在距今6,000年左右的新石器时代古人类遗迹——仰韶文化西安半坡遗址中，出土了一批原始陶器，在这些陶器上面，人们发现了许多刻画符号。用陶器记载文字的不止中国，古埃及、古印度和古玛雅也利用陶器易刻写的特点记载自己的文明。古埃及人把文字刻在陶器上，这其中的原因和石碑类似，墓葬时，把一切能用得上的物品连同遗体一起埋入坟墓，以便在冥世继续享用。印度文字的载体常见的也有陶制封泥土、陶罐。玛雅人的陶画文字盛行于古典时代，其陶制品大体可分为钵、杯和盘三大类。玛雅人的陶制品一般属于陪葬品，刻写在陶器上的文字不是给活人看的，而是给死人看的，因此刻画在陶器上的文字往往写在器物的内面而非正面，文字记录的大多为器物所盛放物品的名称、被祭人和献祭人的名字等。

石头和陶器是世界五大文明中共有的、共用的一种文字载体，然而不同的文明也有属于自己的适应了其地域特征或文化特质的特殊载体，比如两河流域的泥板、埃及特有的莎草纸、古印度的印章、中国的龟甲、玛雅的玉石等。

（一）刻在泥板上的楔形文字

泥板是苏美尔人用于书写楔形文字的常用载体。相较于其他书写材料，泥板具有显著的优势。首先，泥板对于记录者的要求门槛相对较低。古代美索不达米亚以城市为基本单位，而当时石匠、铁匠、木匠、陶工和宝石匠是以城市手艺人的角色存在的，他们处于手艺人阶层，因此，当时的石头、铁器、木头的雕刻程序繁杂，技艺要求较高，成本较高，耗时较长。而两河流域黏土丰富，制造泥板的材料易得，工序简单。同时，泥板晒干或烧硬以后可以把文字长久保存，类似陶器。再者，泥板还具有一定的保密性。需要保密的文件可另用一块泥板盖上，保护下面有文字的泥板；还可以在两块泥板的四边接合处用软泥封住，加盖印章，成为一个泥板信封，这种书写方法名之为"压写"。

晒干后的泥板作为书写载体可以长久保存，不仅在古代两河流域广为使用，而且使得楔形文字可以在数千年后再度被人读取。已发现的用楔形文字记载的法律文献跨越了从公元前3,000年到公元前700年的漫长岁月，约50万件。而这只是人们所发现的楔形文字文献的一部分，还有军事、行政文献和商业文书，以及对话、谚语、赞美诗和神话传说残篇等。

（二）莎草纸与古埃及象形文字

古埃及尼罗河三角洲盛产一种像芦苇似的植物，叫作莎草科植物，又称埃及芦苇。这种植物长得又长又阔。大约在公元前3000年前，古埃及人把这种植物砍割下来，将其茎秆剖为长条，排齐后连接成片，经过压平、晒干等工序，就成为可以书写的莎草纸。古埃及人使用的莎草纸又轻又薄、柔韧且容易保存。用墨水在莎草纸上写字非常迅速，墨迹干得很快，而且每个字所需要的空间比楔形文字小。书写产生之初，人们就已经用削尖的苇秆蘸上墨水在莎草纸上写字了，[①]墨汁是菜液加烟渣调制而成的。古埃及人不仅创造了世界上最古老的文字，还创造了最古老的图书——莎草纸书卷。

① 希尔.书写的历史[M].李华田，等译.北京：中央编译出版社，2012：36.

图 4-6　莎草纸书卷①

早在公元前 3000 年,莎草纸就作为重要的书写材料,出口至地中海地区和欧洲。不同于楔形文字所使用的泥板,莎草纸十分轻便,易于携带和传递。因此,在古罗马,人们常在莎草纸卷上抄录信件或文件,并写下自己的评论与别人分享,这可以看作是社交媒体的早期形态。汤姆·斯丹迪奇认为古罗马人利用莎草纸和信使与朋友分享信件与信息的方式,与今日人们利用互联网社交媒体虽然所用技术不同,但二者"在基础结构和发展态势等许多方面是相同的"②。

(三)古印度的印章文字

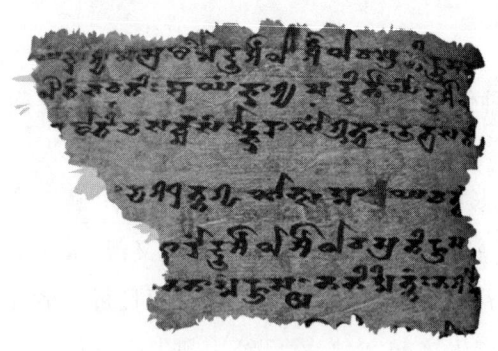

图 4-7　婆罗米字母③

印度文字又被称为印章文字,可见印章在当时的印度占有很重要的地位,是印度文字的主要载体。如今在印度的各个文明遗址里发现的印章有2,500多枚,已经确认的字符有 400 多个。印章多由滑石、陶土制作,其材料易得又能留存至今。

---

① 　图片来源:http://ejm.ruc.edu.cn/readnews.aspx? nid=378。
② 　斯丹迪奇.从莎草纸到互联网:社交媒体 2000 年[M].林华,译.北京:中信出版社,2015:5.
③ 　北京大陆桥文化传媒.记录世界变迁的七大文字[M].北京:中国发展出版社,2006:120.

　　印章上除了文字符号外，还刻有各种图形。其中，最引人注目的刻画图形是牛。牛在古印度人的精神生活中占据着非同寻常的位置，除了提供生产动力、乳品和肉，更代表了一种丰足。除了牛以外，印章上还会出现大象、骆驼等动物。还有一类不多见的图形是人兽共处，或是人兽同体，这反映了印度河流域宗教信仰的另一种表现形式——天神崇拜。

　　由于印章上的铭文尚无法解读，有人猜测大概是印章主人的姓名、职业和头衔等。在印度河流域，那些富有的、地位显赫的人往往都有自己的独特标志，他们把这种标志刻在印章上，在需要的时刻就盖下来，或随身携带着以表明自己的身份，有时也把它送给异邦友人作为纪念。

（四）玛雅文字神秘的载体材料

　　玛雅文字最重要的功能就是服务于古代社会的祭祀占卜活动，所以在选择文字的物质载体时，往往不太注重其经济实用性，而喜欢采用一些神秘、珍贵且难以加工的材料作为书写的版面。这是因为在占卜活动中，文字作为人神交往的语言，担负着通灵的功能。

　　玛雅人早期将文字刻在玉石之上，玉在中美洲各民族的观念中代表着灵性和生命，在人们心中占有崇高的地位。玛雅贵族被安葬时嘴里往往含着一块玉，有的国王的尸体面部还戴着用玉石和其他珍贵石材拼嵌而成的面具。中美洲的另一民族阿兹特克人在雕塑人像时，都要在雕像的脚口挖一个小孔，里面填上一小块玉来当作人的心，由此也可见玉石所带有的"灵性"。

　　此外，贝壳、兽骨、龟甲、鱼齿也被玛雅人作为装饰品戴在身上，上面刻画的字画有时是神灵的图像或名字，有时是历史事件的简单记录，还有更多的只是物件主人的名字。由于这些材质十分坚硬，所以雕刻文字的时候大多使用线刻的手法，因而有着线条精细、笔画清晰的特点。

　　神秘的玛雅还有一种特殊的载体——古抄本。从古抄本的内容来看，它们应该是古代的玛雅祭师占卜吉凶、安排祭祀活动的日期和仪式行为而必备的工具书籍，上面记录着各种日历和天文知识，还有神灵的名字及其活动规律等。因其是在小范围内传播的工具书，在抄写时就不必过于拘泥于字体的风格与规范写法，只要意义表达明确，能让使用者看懂就行，这样人们在抄写的时候为了节省时间就比较喜欢使用简化的字体。①

(五) 汉字的早期载体

"甲骨文"顾名思义,多镌刻、书写于龟甲与兽骨之上,古人常用骨为书写载体,所用骨头可为牛、马、羊、猪、狗、鹿、虎等的腿骨和肋骨,但最常用的是龟腹甲骨板和牛的肩胛骨。龟是上古书写材具,与文字相关,龟为灵物,受先民崇拜。另一种是牛的肩胛骨。牛对于古人生活来说远比现在更重要。牛是古人祭祀用的最高的祭品,用牛来祭祀,被称为"太牢";用作祭品的牛被称为"牺牲"。牛在古代也是主要的畜力,牛肉是古人主要的肉食品。在占卜和刻写之前,甲骨往往要经过一番处理,除了取骨与切割,还要经过一番打磨,"胛骨是将正面错平,磨刮光润;腹甲则需去其胶质鳞片,刮平坼文,错其高厚之处,使全版匀平,再加以刮磨,使有光泽"②。

殷商时期以及周、春秋战国时期都会把文字刻在青铜器上,这种刻在青铜器上的文字叫作金文。如果说甲骨文是一种占卜文字,那么金文就是一种祭祀文字。青铜被用来制作礼器或乐器,古代祭祀的仪式上,礼器和乐器是不可缺少的。殷商晚期,青铜器冶炼技术已达到较高水平,青铜器的制作规模也更大,但铭刻在青铜器上的金文较少,到了西周和春秋战国时期才逐渐多了起来。

另外,竹子也是中国古代早期常用的书写材料。《吕氏春秋·季夏纪》有"此皆乱国之所生也,不能胜数,尽荆越之竹犹不能书。"《汉书·公孙贺传》则曰:"南山之竹不足受我辞。"在距今三千年前,华北的气候要较今日温暖而湿润。竹子并不难生长,以竹子当书写的材料有价廉、易于制作、耐用等多种好处。只要把竹子劈成长条稍为加工就可得到平坦而可书写的表面。再在火上炙干,就易着墨而不易朽蠹。商代最普及的书写材料是竹简,不是木牍或布帛等宽广表面的东西。③

早期文字的载体呈现出常见易得的特点,其多直接取材自大自然或动

---

① 王霄冰.玛雅文字之谜[M].上海:上海古籍出版社,2006:93.

② 陈炜湛,等.古文字学纲要[M].广州:中山大学出版社,2009:36.

③ 许进雄.中国古代社会——文字与人类学的透视[M].北京:中国人民大学出版社,2008:15.

植物,如石头、黏土、莎草和龟甲兽骨,且不经加工或只经过简单加工便可用于书写。也正因于此,在形态上多呈现出体积大、笨重的特点,只能用于较小信息量的书写。随着社会信息需求的提升和生产力技术的进步,书写材料也历经着变革。其后,更加轻便、能够承载更多信息的书写载体被创造出来,造纸术、印刷术的发明与使用,电子与数字技术的革命都给文字载体带来了质的突破。

三、文字的媒介特征与局限

（一）文字的媒介特性

口语使得人们可以即时有效地传递丰富的信息,但其稍纵即逝的特性使得信息只能实时传递而无法保留,标识与岩画使得信息获得了穿越时间的能力,但其所能表达的信息往往过于简单或模糊。直到文字系统的出现,人类才第一次获得了准确地记载大量信息的能力,借助于不同的书写介质,人类的记忆得以在时间的长河中保留。

1.穿越时空的信息

不同的媒介具有不同的时空偏向性,而文字的时空偏向性则在一定程度上取决于其所依附的载体。如上文所述,文字的书写需要借助一定的介质,书写材料不同,其时空偏向性也有所差异。在造纸术和印刷术出现前,文字更偏向时间型媒介,造纸术和印刷术产生后,特别是电报产生后,文字才真正打破了空间的桎梏。但对于发明文字的古人来说,其记录信息的功能远大于传递信息的功能。

不同的文字载体赋予文字不同的突破时间束缚的能力。如石头,由于极为坚固,不易磨损和腐烂,因此具有较高的突破时间束缚的能力,可以历久流传。青铜器和晒干的泥板也肩负着穿越时间保留文字信息的需求。为了让书写材料更耐久,人们也会对其进行一定的加工,比如将土烧制成陶器,或用火将湿润的竹子炙烤干,以此来增加书写材料的硬度或避免腐朽,以尽可能长久保留。对文字的研究离不开当今考古发掘出土的诸多文物，正是由于石头、陶器、泥板和甲骨等载体使得文字具有极强的突破时间的能力，我们才得以在数千年后一睹原始文字的神秘面容。

由于文字书写的载体具有一定的可移动性，因此也使得文字具有一定的突破空间的能力。随着石头、青铜器、陶器等较为庞大、难以移动的书写载体被更为轻便的纸张等介质所取代，人们开始通过信件跨越地理空间，传递信息，甚至还为了能够长途传递信息，组织起庞大的邮驿系统。造纸术和印刷术的广泛使用，使得书籍成为信息和知识流通的方式。电报产生后，文字开始真正打破空间的阻碍。时至今日，电子和数字技术使得文字可以一刻不停地在全球范围内即时传递。

2.人类声音的图画

与口语不同，文字是以视觉符号的形式存在的。伏尔泰称其为"人类声音的图画"，这一方面表现出文字与口语有着特定的对应关系，另一方面也突出了文字视觉符号的特征。

作为一种视觉符号系统，文字和口语有着紧密的联系。一种文字的产生总是以某种口语为基础，视觉符号的文字可以被转化为相对应的听觉符号，因此，布龙菲尔德称文字为"代表某些言语形式的看得见的记号"[①]。但文字与口语之间并非一一对应的关系，文字系统有其自身的独立性。一种文字可以被不同的语言所使用，比如苏美尔人的楔形文字不仅可以书写苏美尔语，还为阿卡德人所使用，来书写阿卡德语；中国的汉字也被韩国、日本等国家用来书写自己的语言。

文字不同于口语的听觉符号，同时与图画和视觉标识这类视觉符号也有着显著差异。首先，文字往往是一个符号系统，其丰富的能指几乎可以用来记录全部的口语，不仅可以记录事物还能表达较为抽象的概念。相较之下，图画和视觉标识能够记录的内容则极为有限，大多情况下被用来记录具体的事物与场景，难以表达不具备视觉形象的抽象概念。同时，文字具有规

---

① 布龙菲尔德.语言论[M].袁家骅,等译.北京:商务印书馆,2004:44.

范性与准确性,特定的文字符号所表达的意义是明确的,而图画和视觉标识虽直观,但其表达的意义却具有一定的模糊性,无法准确解读。

(二)文字的局限

1.载体局限

文字需书写于一定的载体上,不同载体需要占据大小不一的空间,移动能力有限,同时要耗费一定的时间进行载体的制作与书写。

古人用以书写的石碑、泥板,使得信息可以较大限度突破时间的束缚,历经数千年保留至今,但其对时间的超越却占用了巨大空间。古代中国人使用的甲骨和竹简,与其所能记载的有限信息相比,载体的体积同样过于庞大。古人用"学富五车""汗牛充栋"来形容学识渊博、藏书很多,文字媒介对空间的占用可见一斑。

再者,文字跨越空间的能力在近代社会到来之前都非常有限。石碑与泥板都体积较大,过于笨重,不易移动或传递信息。以贝希斯敦石刻为例,1835年英国人劳林逊发现了该石刻,但由于石壁难以移动,他只好"在小道上沿着铭文一步一步地挪动双脚,仔细地临摹下每个字符"①。直到1847年,贝希斯敦铭文才被全部临摹完毕。

纸张的发明虽然在一定程度上改善了文字媒介占用空间过大的问题,使得书信成为人们传递信息的重要方式,但其历经时间考验的能力却远远不及石碑与泥板。因此,对于文字媒介来说,其便携性与耐久性,即突破空间与突破时间的能力在很长一段时间里处于此消彼长的矛盾之中。

同时,文字载体的制作与书写工序大多较为复杂。刻在石碑上的字,由于石壁坚硬,通常需要具备专门技艺的石匠进行刻写,需耗费大量时间。苏美尔人的泥板和中国的甲骨、竹简,从取材到加工要经过一系列的程序,同样耗时耗力。

---

① 王刚.泥板书——楔形文字史话[M].北京:中国社会科学出版社,2012:9.

2.符号局限

文字是一种符号系统,它不同于图画的直观,即使是表意的象形文字,从最初的图像经历了一定的简化与规范后,也很难被直接识别出其所表示的意义。保罗·莱文森指出,象形文字和拼音文字都具有书面传播共有的特征:"它们在时间和空间中的延伸都以极大地牺牲对世界的重现为代价(象形文字在这两方面的情况都比拼音文字稍好)。"[①]文字作为符号,其与意义之间成为一种约定俗成的关系,而不再是一种重现。

因此,文字的局限在一定程度上还源于它的符号特性。不同的语言有着不同的文字系统,不同文字系统的人无法读取其他文字的信息。正如语言的差异一样,文字的差异也成为人们之间交流的障碍。

为了突破这一阻碍,实现不同文字系统之间的经济文化交流,汲取不同民族以文字形式保留的宝贵经验,人们做了大量努力。文字翻译作为不同文字系统之间实现理解与交流的途径,在历史进程中产生着重要作用。我国唐代高僧玄奘赴印度取经的事迹广为流传,其主要成就不单单在于远赴西域取得经书,更在于他长期从事翻译佛经的工作,译出众多佛教经典,对中外文化交流作出了巨大贡献。

除了不同文字系统带来的交流阻碍外,文字作为符号系统,与其所指代的事物是分离的,且二者间的关系是任意的。正如现代符号学之父索绪尔所言,"能指和所指的联系是任意的,或者,因为我们所说的符号是指能指和所指相联结所产生的整体,我们可以更简单地说:语言符号是任意的"。[②] 这虽然使得人们可以将所传达的复杂信息浓缩于简单的文字符号之中,带来信息传达的自由与简便,但另一方面,也因此"文字信号对所指对象信息的传递便不可那么具体鲜活","文字更长于抽象和概括,它需要依靠信息接受者的经验和想象来完成对信息的复原"[③]。因此,相对于口语面对面的传播,文字的传播由于其抽象概括,缺乏相应情景,可能造成基于情境的歧义或信

---

① 莱文森.人类历程回放:媒介进化论[M].邬建中,译.重庆:西南师范大学出版社,2017:91.

② 索绪尔.普通语言学教程[M].高名凯,译.北京:商务印书馆,1980:102.

③ 崔林.媒介史[M].北京:中国传媒大学出版社,2017:47.

息损耗。

在实际的传播过程中，口语传播不仅依靠语言符号，还很大程度地依赖于非语言符号。"如果我们把语言符号比作人的意识，那么非语言符号就恰似人的潜意识——一为露在海面的冰山一角，一为藏于海中的冰山主体。"①可见，非语言符号在人际传播中所传递的信息往往大于语言符号。文字在替代语言符号进行传播时，非语言符号往往被省去或无法表现，从而造成非语言符号信息的损耗。

3.文字与权力

文字不仅使得事情与其实际发生的环境相分离，还"粉碎了文化传播的统一性——文字使文化在很大程度上成为有能力阅读，并有能力接触到珍稀手稿的少部分人的专有领域"②。文字并非人类与生俱来的能力，而是需要经过后天的学习，且与语言的自然习得不同，文字的学习往往需要通过专门的训练，这意味着并非人人都有机会掌握文字书写的能力。尤其在文字诞生之初的古代社会，对文字书写的掌握成为一种权力的象征。在巴比伦或亚述王朝的亚述城，掌握楔形文字书写技能的人形成了一个特权阶级，"有时，他们比不识字的朝臣甚至国王本人，还来得更有权力"，这也充分表明"学会写字可以带来权力，日后，学习书写这门技术和有关的知识甚至成为一种特权——换言之，并不是每个人都有机会学习"③。

类似的情况也出现在古代埃及。古埃及象形文字需要记忆的符号众多，纷繁复杂，书写者要经过严格的训练，然而一旦掌握了文字的书写，就拥有了文字赋予的权力，这正是本章开始时提到的情形。有学者的研究进一步表明，在古埃及，"书写者构成了一个有权势的社会集团。由于拥有书写技能，他们的权势有时竟与法老不相上下"④。

文字代表着话语，而掌握了文字书写的特殊阶层，实际上通过垄断文字

①　李彬.符号透视：传播内容的本体诠释[M].上海：复旦大学出版社，2003：18.
②　莱文森.人类历程回放：媒介进化论[M].邬建中，译.重庆：西南师范大学出版社，2017：92.
③　JEAN.文字与书写——思想的符号[M].曹锦清，等译.上海：上海书店出版社，2001：21.
④　JEAN.文字与书写——思想的符号[M].曹锦清，等译.上海：上海书店出版社，2001：40.

垄断了话语权。伊尼斯指出，古埃及书写之神和主要的神祇关系密切便是抄书人对宗教影响的一个表现，从而进一步将文字的垄断、宗教与帝国发展联系起来，指出"埃及帝国之所以受到局限，原因之一就是其宗教制度太富有刚性；这个僵化的体制又受到知识垄断的支持，它的文字太复杂了"①。可见，文字作为特权阶级的垄断物，有着影响宗教甚至整个帝国的能力。文字与权力的密切关系，意味着至少在相当长的时间里，文字只是特定阶级的专有领域，与普通平民无关。

四、文字与文明

（一）文字开启文明时代

文字是社会发展到一定阶段的产物，文字的产生是人类社会由野蛮进入文明的标志之一，而且也是最明确的一个标志。从某种程度上讲，文字与文明是相互依存的。盖尔布指出，文字只存在于文明里，文明不能在没有文字的条件下存在。② 五大古文明中，都有着文字的身影，它们是各自文明的重要组成部分，也在被不同文明的其他方面所塑造。流传至今各异的古文字，仍是打开不同古文明之门的宝贵钥匙。

文字的产生就整个人类历史来说也有着重要意义，它是人类文明时代到来的重要标志之一。恩格斯肯定了人类社会"由于文字的发明及其应用于文献记录而过渡到文明时代"③，文字的出现使得历史的记载与流传成为可能。人类的生产生活经验得以在记录的基础上不断叠加，知识随信息载体的扩大而迅速增长，人类社会也因此不断换档提速。施拉姆指出：

> 文字使人能在地球上传递信息，传递的范围超过说话人所到之处，超过烽火、旗帜或纪念碑能被看见的距离，也超过鼓声所能传递的距离。文字为后世保存大事或商定的事情，使人能够存储

---

① 伊尼斯.帝国与传播[M].何道宽,译.北京:中国传媒大学出版社,2015:54.

② GELB I.A study of writing[M].Chicago:University of Chicago Press,1963:221-222.

③ 恩格斯.家庭、私有制和国家的起源[M]//马克思恩格斯选集第4卷.北京:人民出版社,1995:21.

那些经验,而不用费力去记忆。于是,人们就能有更多的时间去加工当下的信息,未雨绸缪,而且,他们在必要时改变生活方式的能力就大大加速发展了。[①]

文字在空间和时间上实现了对口语的突破,也最终完成了听觉标识和视觉标识所未竟的事业。其记录与传递信息的能力,也极大地影响了人类的思维与交流方式。记忆工具的产生,一方面使人类对记忆术的依赖降低,从而可以更多地关注和处理当下的信息;另一方面,人类的认知从当下拓展到过去,正如雅斯贝斯所言,"意识、回忆和精神收获的传递使人类不再只是当代人"[②]。文字的记录功能在将人们的记忆从时间的限制中解放出来的同时,也强调了时间的观念,从而促进了人类历史意识的发展与延续。

文字在民族国家的形成与发展中也起着重要作用。文明的发展在空间地域上表现为一定范围的扩张,在权力上则呈现集中的趋势。而正是由于文字的使用,使得大规模的社会管理与控制成为可能,制度思想得以规范,从而能够维系疆域辽阔的帝国统治。文字对政府管理能力的加强表现在对税收和法律等制度的掌控之上,"政府的内部管理有赖于一个有效的税收体系和法律规章制度。二者都要求有书面的记录"[③]。因此,传统部落的习惯法逐渐开始为具有确定性的文字写就的成文法所取代。书面记录便利了信息的储存与读取,从而构建出复杂的管理体系。也正因如此,文字与权力之间形成了某种联系,文字成为特权阶级的专属。而反之,作为一种技艺,掌握了文字的书写,也就在一定程度上掌握了话语权。

文字从诞生之初就具有神秘的色彩,古埃及的"圣书体"这一名称中包含有"神圣的"含义,其与宗教更是有着紧密的联系。"文字的普及显然有益于知识的积累和传播,也可以更有效地促进集权行政管理的发展,而对于那些以'经'为基础的宗教来说,经卷的出现更引发了许多重大的宗教运动和变革。"[④]控制着宗教的阶层通过文字进一步加强了对宗教的解释权,提升了

---

① 施拉姆,等.传播学概论[M].何道宽,译.北京:中国人民大学出版社,2010:12.

② 雅斯贝斯.历史的起源与目标[M].魏楚雄,等译.北京:华夏出版社,1989:58.

③ 麦克高希.世界文明史——观察世界的新视角[M].董建中,等译.北京:新华出版社,2003:58.

④ 《法国汉学》丛书编辑委员会.文明的记忆符号——文字与墓葬[M].北京:中华书局,2013:2.

自身地位,而随着文字的发展,当这一记述和解释的工具不再是少数人的特权时,相应的垄断也随之瓦解。社会阶层和结构的变迁虽然是多种作用力的共同结果,但文字在其中的作用不可小觑。

运用文字维系庞大的管理体系是通过加强文化一致实现的,在同一文字系统中,交流变得容易而频繁,从而有助于某种特定文化的形成。麦克卢汉指出,"文明以文字为基础,因为文字是使文化一致的加工过程"①。春秋战国,诸侯混战,而秦始皇统一六国,建立了我国历史上第一个统一的多民族中央集权的国家,令"车同轨,书同文",采用小篆为规范的文字,从而避免了不同地区文字走向分歧的演化趋势。自秦以来,中国在两千多年的封建社会中,虽也历经战乱割据与朝代更迭,但统一始终是主流。汉字虽然在历史中不断发展演变,但时至今日仍是中国的官方文字。我国各地方言众多,一些持不同方言的人或许很难听懂彼此的方言,但却都使用相同的汉字字符体系。

(二) 文字演变与文明分期

文字并非一成不变的,而是随着文明的变迁、社会的进步以及文字自身的发展要求而不断演变的。一些文字在历史进程中逐渐被其他文明的文字替代而消亡,一些则发展为完全不同的文字体系。楔形文字和古埃及象形文字沉默千余年再次被发现时,都经历了相当长时间的破译,诸多学者呕心沥血才终使其意义重现,而古印度的印章文字则至今仍是未解之谜,文字的变化程度可见一斑。文字的变化时时刻刻在发生,或许是缓慢的演进,也可能是突然的变革。

文字诞生之初具有象形的特点,无论是苏美尔人最初的文字还是中国的甲骨文,实质上都是象形的,然而在发展历程中,却逐渐走上了不同的道路。苏美尔人的楔形文字逐渐走向简化,他们越来越多地使用线形书写,简化笔画,象形字和符号的数量也逐渐减少,直到所有的图形符号都变成语音单位。楔形文字成为表音文字,语音完全代替了形象。而中国的甲骨文,后

---

① 麦克卢汉.理解媒介——论人的延伸[M].何道宽,译.北京:商务印书馆,2000:123.

虽历经金文、小篆、隶书、楷书等不同字形的变化，却始终维持着表意文字的特质。

文字不是永续的，它可能随着文明的消亡而湮没于历史的长河之中。"产生最早的楔形字，随着波斯帝国被亚历山大大帝灭亡（公元前 330 年）而消亡了。至于古埃及的圣书字则早在公元前 525 年埃及被波斯人征服后，因埃及变成了波斯帝国的一个省，圣书字失去了它的存在条件而告终。惟独汉字，自产生之日起，随着时间的推移而不断发展成熟，延续使用至今。"①正是延绵不断的中华文明，给了汉字沿用至今所必需的土壤。

文字的演变往往有着复杂的动因。书写文字所使用的工具和载体会对文字的演变产生影响。"潮湿的泥板上刻字比较困难，象形文字因而消失。约定俗成的符号和程式化的楔形文字模式随之产生。和黏土刻写相关的硬笔应运而生。"②苏美尔人的文字之所以由产生之初的象形逐步形成成熟的楔形文字，与其书写所使用的具有三角形笔尖的芦苇笔和书写载体泥板密切相关。不同的语言也影响着文字，特别是表音文字的演进。阿卡德人入侵苏美尔后，使用其楔形文字来书写阿卡德语。然而阿卡德语与苏美尔语实为两种完全不同的语言，苏美尔语以单音节词为主，词尾没有曲折变化；而阿卡德语则主要是多音节词，词尾多曲折变化。如此，在使用楔形文字书写阿卡德语时，阿卡德语的簿记员"只使用了十分之一的词符，但是却用了两倍多的音节图标和限定符号"③。

这些对文字演进的影响往往是渐进的、自发性的，但有时文字演进也会经历一些人为的、突然的变革。战争或灾害带来文明的覆灭，一些文明所使用的文字有时会被埋进历史的尘埃中，或被强制禁用，被新的统治者带来的新文字所取代。文明的延续也可能受到统治者的强制命令，秦始皇下令统一文字，古代中国的文字才开始向着统一的方向演进。

文字随文明进程演变，其演变也会影响文明的进程。伊尼斯认为，"一

①　廖才高.汉字的过去与未来[M].长沙：湖南大学出版社,2005:6.
②　伊尼斯.传播的偏向[M].北京：中国人民大学出版社,2003:29—30.
③　希尔.书写的历史[M].李华田,等译.北京：中央编译出版社,2012:43.

种新媒介的长处,将导致一种新文明的产生"①。麦克高希则指出,每一种文明都是以一种新的占主导地位的文化技术的引入为开端的,他把五千多年的世界文明史划分为五个阶段:原始表意文字阶段的文明、始于字母文字的文明、始于欧洲印刷术的文明、始于电子通信技术的文明、始于计算机技术的第五个阶段的文明。②

字母文字的产生,看似只是文字演变的成果,但却开启了世界文明史的第二个阶段。洛根将字母表称为"发明之母",认为字母表"促进了西方抽象、逻辑、系统的思维"③,从而使西方走上了与东方截然不同的文明之路。因此,文字作为文明的重要标志之一,其演变有时甚至开启了文明的不同分期。而不同的文明,其差异也可从其所使用文字上挖掘一二。

(三) 文字与文明差异

东西方的文字在发展中逐渐走向不同的道路。公元前两千纪的前半叶,字母表滥觞于西奈和迦南④,其后不断传播和演化,"原始迦南字母表演化为腓尼基字母表和原始阿拉伯字母表,然后又产生新的后裔,即原始字母表的后代"⑤。后来希腊人对腓尼基字母表进行改造,希腊字母表遂成为一切欧洲字母表的基础。索绪尔将世界文字分为两大类:表意体系的文字和表音体系的文字,与西方文明所使用的表音文字不同,汉字则属于表意体系的文字。在欧洲文字逐渐演化为字母文字的过程中,中国文字却始终保持着其始于象形文字的特征,在楔形文字和古埃及象形文字相继湮没于历史之中,不再为人们所使用时,中国的汉字却流传使用至今,未演变为纯粹的表音文字。历经千年,其文字形态虽发生变化,但并未产生完全不可识读的差异,很多旧的文字形态至今仍作为艺术形式存在于书法艺术之中。

文字与文明的差异息息相关。中西方文明的差异一直以来都是人们关

---

① 伊尼斯.传播的偏向[M].北京:中国人民大学出版社,2003:28.
② 麦克高希.世界文明史——观察世界的新视角[M].董建中,王大庆,译.北京:新华出版社,2003.
③ 洛根.字母表效应:拼音文字与西方文明[M].何道宽,译.上海:复旦大学出版社,2012:5.
④ 洛根.字母表效应:拼音文字与西方文明[M].何道宽,译.上海:复旦大学出版社,2012:26.
⑤ 洛根.字母表效应:拼音文字与西方文明[M].何道宽,译.上海:复旦大学出版社,2012:29.

注和探讨的焦点,英国学者李约瑟在《中国科学技术史》中进行了一连串发问:"中国的科学为什么持续停留在经验阶段,并且只有原始型的或中古型的理论……中国的这些发明和发现往往远远超过同时代的欧洲,特别是在15世纪之前更是如此……而中国文明却未能在亚洲产生与此相似的近代科学,其阻碍因素是什么?"①

这一问题被称为"李约瑟难题",自其产生以来就被持续地讨论。加拿大学者罗伯特·洛根从文字开始探讨,给出了自己的答案:"虽然中国人技术上占优势,但为什么科学发祥于西方而不是东方呢?因为字母表、典章化法律、一神教和逻辑都是西方特有文化要素,它们都是在西方形成的,它们为抽象科学的发展奠定了基础。"②东西方所使用文字的不同,在他看来,成为东西方文化差异甚至不同发展命运的重要因素。

字母文字中作为视觉符号的字母往往数量较少,比如英文中有26个字母。而作为表意文字的汉字,其字符数量众多,常用的汉字有数千个。相较于直观而具体的汉字,表音的拼音文字则更多表现为抽象的特征。文字作为表现思维的符号,其特征也反之对人类思维产生影响。正如同两种文字,中国逻辑建立在类比和归纳之上,而西方则以匹配和演绎为基础。这一文字差异所发展出的种种思维和文化的差异,在洛根看来,正是造成中国古代科技进步而现代科学落后于西方的原因。中国古代发达的是非抽象的实用科学,而近代科学则是抽象的理论科学。

我们无法断言文字是东西方两种不同发展方向的决定因素,但文字在不同文明的演进中确实发挥着不可忽视的作用。

对于中华文明来说,文字是维系统一和文明延续不可或缺的要素。与西方不同,中国至今仍是一个统一的多民族国家,中华文明延续至今,偶被外族统治,但最终也多融合于中华文明之中。如鲜卑族入主中原后,推行汉化措施,说汉语、改汉姓、采用汉字。正如梁启超所言,"我国文字,行之数千年,所以糅合种种异分子之国民而统一之者,最有力焉。今各省方言,以千

---

① 李约瑟.中国科学技术史(第一卷导论)[M].北京:科学出版社,1990:1-2.
② 洛根.字母表效应:拼音文字与西方文明[M].何道宽,译.上海:复旦大学出版社,2012:89.

百计，其能维系之使为一国民而不分裂者，以其不同言语而犹同文字也。"①

中国人的家国观念和重视统一的思想，对于使用拼音文字的西方世界来说或许难以理解。麦克卢汉指出，"许多世纪以来对会意文字的使用，并没有威胁中国天衣无缝的家族网络和微妙细腻的部落结构。相反，今日在非洲，只需一代人使用拼音文字——正如2,000年前在高卢时一样——至少就足以初步把个人从部落网络中脱离出来。这一事实与拼音文字书写的词的内容无关，它是人的听觉经验和视觉经验突然分裂的结果"。② 拼音文字的抽象与分解，造就的是对个体与独立的注重，促使西方世界产生对个人主义的追求。

无论是古代中国所使用的表意文字还是西方逐渐普及的拼音文字，文字时代所带来的重大变革已是毋庸置疑的，文字的产生为文化和思想的繁荣做了重要准备。此后，公元前800年至公元前200年之间，尤其是公元前600年至公元前300年间，"最不平常的事件集中在这一时期"③，雅斯贝斯所谓的人类文明的"轴心时代"即将到来。

---

① 梁启超.国文语原解[M]//饮冰室合集(第三册).北京：中华书局，1988：30-31.
② 麦克卢汉.理解媒介——论人的延伸[M].何道宽，译.北京：商务印书馆，2000：120-121.
③ 雅斯贝斯.历史的起源与目标[M].魏楚雄，等译.北京：华夏出版社，1989：8.

第五章 文字（下）：轴心时代与文化启蒙

公元前 800 年到公元前 200 年之间，无论是中国、印度还是中东与希腊，一切最伟大的精神成果几乎同时而彼此独立地在这些地区发展起来。在《历史的起源与目标》一书中，德国思想家卡尔·雅斯贝斯首次将这一时期称为"轴心时代"。虽然此前两河流域和古埃及等地也曾有过辉煌的古文明，但如此丰硕的精神成果集中涌现却是这一时期独一无二的文化现象。

如雅斯贝斯所言，正是在这个时代，"我们同最深刻的历史分界线相遇，我们今天所了解的人开始出现"①。轴心时代发生的地区大概是在北纬 30 度上下（北纬 25 度~35 度区间），这意味着中国、印度和希腊等文明在这期间都以"突破"其早期文明为前提，开启了各自文明后来的发展方向，从而形成了不同的宗教-伦理观和文化模式。

一、轴心时代的提出与特点

春秋战国时期的中国，诸侯割据、战乱频仍，与社会大动荡、大变革相伴的却是思想上的空前活跃。孔子、老子、墨子等诸子蜂起，形成儒家、道家、墨家等各种思想学术流派，史称百家争鸣。孔子终其一生主张仁政与礼治，他开创了儒家学派，秉承着有教无类的理念，培育了三千弟子、七十二贤人；老子用朴素的辩证法探究万物的本源与规律，其"无为而治"的治国理念对

---

① 雅斯贝斯.历史的起源与目标[M].魏楚雄,俞新天,译.北京:华夏出版社,1989:8.

后世产生了深远的影响；墨子在兼并战争频繁爆发的社会中高呼"兼爱""非攻"，反对战争，提倡平等博爱。春秋战国时期的思想家们用自己的"最强大脑"点亮智慧之光，这些思想在漫漫历史中始终滋养着中华民族的精神世界，并随着时代不断发展，时至今日仍对中华民族的民族性格和民族精神产生着深刻的影响。而在同时代的世界其他地方，也或早或晚地出现了对文明史产生重大影响的思想家和哲学家。

公元前 7 世纪到公元前 2 世纪的印度，是《奥义书》和佛陀的时代，13 部经典的《奥义书》创作于此期间，它们记载了不同僧侣学派对《梵书》的深奥注解、不同的哲学家和圣人们对自我的探索以及灵性的深奥知识，"探究了一直到怀疑主义、唯物主义、诡辩派和虚无主义的全部范围的哲学可能性"①。近公元前 5 世纪末时，来自释迦国的乔达摩·悉达多剃去须发出家，成为一名隐修者，然而通过当时流行的禅修和苦行却无法获得觉悟，于是他放弃苦行，并在不久后开悟成为"佛陀"，此后说法教化，佛教由是发展起来。而在中东，从阿摩司和以赛亚的预言到耶利米的预言再到"以赛亚第二"，先知纷纷涌现于此时期。

这个时期的希腊，圣人与哲学家如云。戏剧创作硕果累累，三大悲剧作家埃斯库罗斯、索福克勒斯和欧里庇得斯横空出世，用笔写就着悲剧的光辉，净化着人们的情感。对世界本质的探讨层见叠出，泰勒斯声称万物源于水，赫拉克利特则认为火是万物的本原，毕达哥拉斯将一切的构成归为数，留基伯和德谟克利特却认为万物都是由原子构成的。思维和理性在这一时期的古希腊熠熠生辉，苏格拉底闪着睿智的目光要人们"认识你自己"，亚里士多德终其一生追寻真理与知识，实践着"吾爱我师，吾更爱真理"。不只是文学与哲学，数学、物理学、天文学等科学也在古希腊结出辉煌的成果。

实际上，对"轴心时代"这一独特文明阶段的关注并非始于雅斯贝斯，早在 1856 年，拉索尔克斯在其《历史哲学新探》中就写道：

> 公元前 600 年，波斯的琐罗亚斯德、印度的乔达摩·释迦牟尼、中国的孔子、以色列的先知们、罗马的努马王，以及希腊的爱奥尼

① 雅斯贝斯.历史的起源与目标[M].魏楚雄,俞新天,译.北京：华夏出版社,1989：8.

亚人、多利亚人和埃利亚人的首批哲学家，全都作为民族宗教的改革者而几乎同时出现，这不可能是偶然的事情。①

他肯定了世界几大地区在大约同时期涌现出众多哲人与改革者的独特性，但却未进一步探求"不可能是偶然"的背后原因。

诸多中国学者也曾将目光聚焦于这个特殊的时期，王国维把中国的这一时期概括为"能动时代"，他说：

> 国民之智力成熟于内，政治之纷乱乘之于外，上无统一之制度，下迫于社会之要求，于是诸子九流各创其学说，于道德政治文学上，灿然放万丈之光焰，此为中国思想之能动时代。②

而先于雅斯贝斯轴心时代理论发表的 1949 年，闻一多在 1943 年就在《文学的历史动向》中说：

> 人类进化途程中蹒跚了多少万年，忽然这对近世文明影响最大最深的四个古老民族——中国、印度、以色列、希腊——都差不多在同时猛抬头，迈开了大步，约当纪元前一千年左右，在这四个国度里，人们都歌唱起来，并将他们的歌记录在文字里，给流传到后代。在中国，《三百篇》里最古部分——《周颂》和《大雅》，印度的《黎俱吠陀》，《旧约》里最早的《希伯来诗篇》，希腊的《伊利亚特》和《奥德赛》——都约略同时产生……
>
> 中国和其余那三个民族一样，在他开宗的第一声歌里，便预告他以后数千年间文学发展的路线。……我们的文化大体上是从这一刚开端的时期就定型了。文化定型了，文学也定型了……③

闻一多也注意到了中国、印度、以色列和希腊这四个不同地区民族在精神创造上的同时性，但相比而言，他的目光更多地聚焦于文学方面，未涵盖哲学与宗教的整个精神领域。

---

① 雅斯贝斯.历史的起源与目标[M].魏楚雄,俞新天,译.北京:华夏出版社,1989:15-16.
② 王国维.论古今之学术界[M]//王国维文集(第三卷).北京:中国文史出版社,1997:36.
③ 乐齐.精读闻一多[M].北京:中国国际广播出版社,1998:252-253.

从现象层面而言,轴心时代可谓是世界精神觉醒的一个奇迹。在此以前,两河流域、尼罗河流域、印度河流域和黄河流域都已产生了各自的文明,但人类自我意识尚未被发现,精神长期处于停滞或缓慢发展之中。

伯恩斯等人在《世界文明史》中也指出了这一特殊的现象:"由于一些无法解释的原因——或许仅仅由于巧合——在古代世界的三个相隔很远的地区,在大约同一个时候都开展着高度的哲学活动。当希腊人正在探讨物质世界的性质、印度思想家正在思考灵魂和神的关系时,中国的圣人正试图去发现人类社会的基础和贤明政治的根本原则。"①

虽然不同文明的精神觉醒所侧重的并不完全相同,但在总体状态上却表现出明显的共同特征,雅斯贝斯将这个时代的新特点归纳为:

> 世界上所有三个地区的人类全都开始意识到整体的存在、自身和自身的限度。人类体验到世界的恐怖和自身的软弱。他探询根本性的问题。面对空无,他力求解放和拯救。通过在意识上认识自己的限度,他为自己树立了最高目标。他在自我的深奥和超然存在的光辉中感受绝对。②

在经历了长时期的沉寂后,人类的反思能力似乎突然间觉醒,思想和意识的力量被发掘,"交流"不再仅限于物质所需,而被拓展到精神领域。人类开始探寻世界的本原和自我的限度,开始运用思想与理智去确立规则与目标。人们相互交流思想、理智与感受,夹杂着探讨、说服和精神冲突,从而形成不同的思想派别。轴心时代的精神火花并非昙花一现,直至今日,它们仍是人类哲思与宗教的源头。

轴心时代的思想觉醒虽然在不同的地区发生,但这些地区却表现出明显的"轴心时代"的特征。春秋战国时期的中国,周王室衰微,诸侯群雄纷争,战乱频仍,各国都在竞争中渴求强大,各种改革、变法连接不断;而在希腊与近东,小国与城邦林立,不同城邦之间也经常发生斗争与冲突;彼时的印度,也有许多邦国与城市。与统一和相对稳定的古老文明相比,冲突与竞

---

① 伯恩斯,等.世界文明史(第一卷)[M].罗经国,等译.北京:商务印书馆,1987:191.
② 雅斯贝斯.历史的起源与目标[M].魏楚雄,俞新天,译.北京:华夏出版社,1989:9.

争在某种程度上带来了活力。

至于轴心时代的先贤圣哲们，观其人生，离不开游历的主题。孔子周游列国，宣传自己的主张，推行仁政。除了孔子，庄子、孟子、韩非子等都曾游历各国，实际上春秋战国时期的思想家们为了学习、宣扬自己的思想以及寻求实现政治抱负的机会，往往四处游历。古希腊的哲学家们也并非坐而论道，泰勒斯和毕达哥拉斯曾游历埃及，柏拉图在苏格拉底被诬告处死后逃离雅典，游历了埃及、北非的昔勒尼、意大利岛南部的城市塔林敦和西西里岛的城邦叙拉古等多地。在印度，佛陀的一生都在四处云游，修行与游历是寻求开悟的重要方式。

同时，无一例外，这些先贤圣哲们都受到人们的普遍尊重，在当时的社会中起着重要的作用。春秋战国时期的中国，谋略与治国思想对争霸战争的胜利与国家的强盛有着重要的意义，因此，统治者们往往渴求人才，礼贤下士。即使孔子主张的"仁政"并不符合争霸战争的需求，也并不影响人们对他的尊重，国君们往往对孔子敬而不用。在希腊，知识广博的人受到尊敬和赞扬，苏格拉底、柏拉图等都有着众多的学生，哲学家在社会中有着较高的声誉，柏拉图在其《理想国》中甚至认为应该由哲学家来统治和管理国家。而亚历山大帝国的开创者亚历山大大帝，其老师正是伟大的哲学家亚里士多德。在印度，诸多"隐修者"是印度精神追求的核心人物，他们研修知识也实践修行，被当作圣者，受人尊重。

值得注意的是，这些地区在轴心时代都已进入著述的时代，文字经历了一定的发展后，不再仅仅被用于经济活动或占卜凶吉，读书写字的能力从统治特权阶级逐渐扩大，文字被用来创作文学作品与记录思想。于是，这一时期，诞生了至今仍然闪耀着智慧光辉的伟大作品，如古希腊的戏剧作品、柏拉图的《理想国》、亚里士多德的《诗学》等。在中国，众多由本人或其门徒写就的，记录诸子思想的著作也不断涌现，如记叙了孔子言行思想的《论语》、墨家思想的《墨子》和道家思想的《庄子》等。而在印度，人们对宇宙真理和"梵"与"我"的探求，也被记录于《奥义书》之中，从而得以流传。

轴心时代随着各个轴心地区建立起强大的帝国而结束。中国的秦始皇通过征服战争，先后灭韩、赵、魏、楚、燕、齐六国，建立起中国第一个中央集权的大一统国家。印度的月护王旃陀罗笈多创立了孔雀王朝，阿育王统一了整个南亚次大陆和今阿富汗的一部分地区，孔雀王朝成为第一个基本统一印度的政权。而在西方，出现了疆域辽阔却昙花一现的亚历山大帝国和繁荣强盛的罗马帝国。

不过，轴心时代的精神却从未中断与其后历史的联系，那些轴心时代率先迸发出智慧光芒的先贤圣哲们，也成为后人学习和崇拜的典范。"时至今日，人类一直靠轴心期所产生、思考和创造的一切而生存。每一次新的飞跃都回顾这一时期，并被它重燃火焰。"①轴心时代的创造为我们留下了丰硕的精神成果，凯伦·阿姆斯特朗认为，"在人类有文字记载的历史中，轴心时代是在知识、心理、哲学和宗教变革方面最具创造性的时期之一。直至创造现代科学技术的西方大变革发生之前，没有任何历史阶段可与之相提并论。"②

二、轴心时代的社会形态

人类精神的首次觉醒几乎同时集中出现在几大区域绝非巧合，它离不开特定的社会背景。经历了古代文明的长期积淀，公元前 800 年到公元前 200 年之间，轴心期国家在社会形态上出现了诸多相似之处，这些相似之处对于唤醒沉寂的思想起着不可或缺的作用。

(一) 铁器的使用

公元前 6 世纪以后，在希腊、印度、中国这三个古文明地区，铁器已经开始广泛应用于农业生产，铁器的使用使得轴心时代的人类生产力明显进步。

轴心时代的古中国是一个农业社会，铁器和牛耕的使用使生产力提高，农业经济得到快速发展，剩余产品增加。而定居农业与生产力提高产生的剩余粮食，为自身不直接从事农业生产的专门人才的产生提供了条件。管仲说"士农工商四民者，国之石民也"，而这其中，士阶层的出现为中国轴心

---

① 雅斯贝斯.历史的起源与目标[M].魏楚雄，俞新天，译.北京：华夏出版社，1989：14.
② 阿姆斯特朗.轴心时代[M].孙艳燕，白彦兵，译.海口：海南出版社，2016：2.

时代的到来奠定了必要的阶级基础。费孝通称"士"阶级为文字造下的阶级，彼时"文献却不是大家可以得到的，文字也不是大家都识的。规范、传统、文字结合了之后，社会上才有知道标准规范知识的特殊人物，称之为君子，为士，为读书人，为知识分子都可以"。① 而正是这个阶层的出现与不断壮大，开启了春秋战国时期思想的争鸣。处于乱世的人开始思考宇宙人生，开始构想社会的理想状态。

在古印度的列国时代，铁器使用普遍，农业生产品种和产量都有较大的提高，水稻的种植相当普遍；畜牧业仍然比较受重视，手工业分工更加专门化，佛经中提到的手工业匠人就有 18 种之多，例如木匠、锻工、皮匠、画匠、织工、象牙工、宝石匠，等等。至公元前 6 世纪，在北印度，特别是恒河的中下游地区，出现了一批大城市，这里既是商业贸易的中心，也是各种手工作坊的集中地。商业在各城市的市场进行，城市之间有商路连接。②

希腊经济的发展则有所不同，希腊山峦重重，找不到可供发展大规模农业的大片肥沃土壤，不能提供建立地区性帝国所需的地缘政治基础，但希腊多数城邦都享有直接通达大海的便利，大大促进了航海、商业与贸易的发展。这种不断向外扩展的外向型的发展模式最终被认为是以希腊为代表的西方古典文明高度发展的有力杠杆。③ 古希腊城邦经济种类繁多、部门齐全，大体上分为采矿业、农牧业和地产业等。造船业是古希腊城邦经济中比较发达的行业，由此带来了发达的航海贸易和强大的海军实力。雅典城邦的制陶业同样也很发达，制陶业属于手工业的一种，手工业在公元前 6 世纪到公元前 4 世纪呈现出了新的变化，行业门类变得更多、更有组织，也更加专门化。城邦手工业品增加，剩余产品积累增多，促进了交换的发展，商业成为重要的部门。商品交换关系的扩大和新商路的开辟，促使国际贸易关系不断发展，使古希腊日益成为欧洲商业贸易中心。④ 商业的发展使得工商业阶层实力日益壮大，也带来了重公平、法则和个体的观念，为古希腊精神的

① 费孝通，吴晗，等.皇权与绅权[M].上海：上海书店出版社，1948：17.
② 李桂芳."轴心时代"的中印文化之比较研究[J].中华文化论坛，2014（9）：157.
③ 高蓬劲.解读轴心时代的中国与希腊——社会结构的变迁与民族精神的形成[J].文学界（理论版），2012（3）：268-269.
④ 吴高君.古希腊城邦经济研究[J].北方论丛，2003（2）：34-37.

觉醒创造了条件。

生产力的发展带来了社会分工与阶级的分化。人类利用铁器发展农业，生产效率的提高为他们带来了剩余粮食，而粮食的剩余则允许一部分人摆脱繁重的农业劳动，可以专门从事脑力劳动。《孟子·滕文公上》中，孟子驳陈相"贤者与民并耕而食，饔飧而治"时说，"然则治天下独可耕且为与？有大人之事，有小人之事。且一人之身，而百工之所为备，如必自为而后用之，是率天下而路也。故曰，或劳心，或劳力；劳心者治人，劳力者治于人；治于人者食人，治人者食于人；天下之通义也"。可见，生产力的提高带来体力劳动和脑力劳动的分离，从事体力劳动的人成为被统治阶级，生产粮食养活统治阶级，而从事脑力劳动的人则可不从事农耕，专心治理国家、探索真理。

同时，经济的发展和铁制兵器的使用，也扩大了古代战争的规模。生产力的提升满足了征服战争的需要，不仅仅由于铁器等金属冶炼技术的发展直接带来了军备武器的发展进化，还体现在以剩余粮食为基础产生的社会分工中出现了职业军人。"通过税收建立剩余粮食储备，除了养活国王和官员外，还能养活其他专制的专门人才。与征服战争关系最直接的是，剩余粮食储备可以用来养活职业军人。"①而拥有更先进武器和更强大军队的城邦或国家，还不是在征服战争中取得胜利的一切，当军事竞争关系到国之存亡而备受重视时，战略战术、合纵连横等谋略和思想层面的东西便显得尤为重要。

生产力的提升与古代战争规模的扩大，都进一步拓展了人类活动的区域和范围，进而开阔了人类了解、观察客观世界的视野。在生产力落后的时代，人们受制于自然，往往通过采集狩猎以维持生存。而随着生产力的提升，人类走向农耕与定居，与自然的关系也越来越多地由依赖转向开发与改造。手工业发展起来，商品交换日益频繁，商业成为社会中的重要行业。农业生产力的提升也使得土地成为重要的资源，统治阶级为了开疆拓土，各城邦国家彼此征战不断。这些都促使人类的活动范围不断扩大，人类认识世界的能力不断提高。这种认识既包括对人类自身的认识，即认识到人与自

---

① 戴蒙德.枪炮、病菌与钢铁：人类社会的命运[M].谢延光，译.上海：上海译文出版社，2016:62.

然界的区别以及人的本性，也包括对自然界和人类社会的认识。

（二）政治分裂的时代

轴心时代的各个地区在社会政治形态上也存在着相似的特点。这一时期，罕见统一的大帝国，而是共同存在着诸多小国小城。政治总体上处于分裂的时代，局部的战争与繁荣并存，各国之间存在着竞争的关系。

轴心时代的古希腊正处于城邦社会当中。城邦的形成是古希腊各地民族经济文化发展的必然结果，城邦的主要特点是政治上的独立与经济上的自由发展，是城市经济与村落经济相结合的经济实体。在古希腊雅典，随着手工业和商业的发展，氏族组织日益受到破坏，在这样的背景下，雅典历次改革不断削弱原有的氏族制度，逐步建立起以地域为单位的公民集体。雅典经济社会生活的这些变化导致一系列政治变革，从传说中的提修斯改革，经梭伦改革、克利斯提尼改革，到伯里克利时代，历经数百年的不断演进，逐步建立起城邦公民政体。①

列国时代的印度大陆上君主政体和共和政体并存，即存在16个国家，"除少数是共和国外，绝大多数是君主国。共和国中实行的有些大概是寡头政治，有些可能是君主制"。这同样是古印度文明形成过程中的重要时期，佛教正产生于此时。故从佛经的记载看，某些所谓的共和制也不过是"数相集合讲议政事"，"君臣上下和顺"，"奉法晓不违礼度"，能否称为真正的共和国都是疑问。② 伴随着古印度列国时代的社会动荡、社会生产力的发展，各种新思潮和新宗教像雨后春笋般地产生了。

轴心时代的中国，同样出现了列国纷争的局面。此时正值西周王室衰落、井田制崩溃、分封制瓦解的阶段，出现了孔子所说的"礼崩乐坏"。各诸侯国之间互相攻伐，战争持续不断，小国被吞并，先后出现"春秋五霸"和"战国七雄"的局面。传统已经失去了原本的意义及其神圣性，这就促使当时的

---

① 李学智.古典文明中的地理环境差异与政治体制类型——先秦中国与古希腊雅典之比较[J].天津师范大学学报(社会科学版),2013(2):10-18.

② 于丽君.浅析轴心时代三大文明觉醒的原因[C].2012年中国世界古代史国际学术讨论会论文集,2012.

思想家不得不重新思考传统的意义所在，并寻求新的解释。

与早期的氏族部落相比，小国小邦开始逐渐淡化人们的血缘宗族联系，"约公元前 800 年代以后的世纪中，血缘关系在印度、希腊和中国都经历了一个削弱或解体的过程"①，人们的交往不再仅仅限于血缘组织之内，而是在更广阔的地域范围内广泛联系。但同时，相对于强有力的中央政权，小国城邦的力量又往往不足以形成禁锢。在这种分裂的局面下，人们却获得了难得的自由，既开始摆脱血缘关系的天然束缚，又不受统一的强大力量的禁锢。春秋战国时期的中国，周王室衰微，分封制遭到破坏，为了加强地方管理，诸侯国君往往设置非世袭制的"郡""县"官员。在印度，早期占据着重要地位的血缘关系也开始在部落逐渐发展为国家的过程中被淡化。在希腊，氏族部落发展为城邦。城邦成为构建理想政治的单位，亚里士多德认为城邦是社会团体发展的终点，"等到由若干村坊组合而为'城市（城邦）'，社会就进化到高级而完备的境界，在这种社会团体以内，人类的生活可以获得完全的自给自足"②。可见，在三个地区，地域组织的国家与城邦都开始取代血缘组织的氏族部落，这一改变解放了人自身，也促进了思想的解放。

随着以血缘为纽带的组织形式逐渐削弱，以及政治分裂、诸国并立，阶级间和地域间的流动开始变得活跃起来。在中国，作为历史上大分裂的时期，阶层间的流动障碍在春秋战国时期开始被打破，兼并战争形成了统治者对人才与治国方略的渴求，于是思想成为唯一的标准，出身则在一定程度上被忽略，"如弦高以商人而却秦师，吕不韦以大贾而为秦相，则商人已干政矣"③。养士之风盛行，上层权贵往往礼贤下士，不拘一格网罗人才。在这一状况下，诸多来自各个阶层的思想家与谋略家凭借自己的理论游说于诸国之间，渴望施展政治抱负。官职也不再仅仅由出身世袭而来，《左传·哀公二年》载"克者，上大夫受县，下大夫受郡"。相似的情况也出现在印度，佛教不分出身种姓地收容各阶层弟子，"人们一入僧伽组织，其出身所属种姓似

① 刘家和.古代中国与世界：一个古史研究者的思考[M].武汉：武汉出版社,1995:580.
② 亚里士多德.政治学[M].吴寿彭,译.北京：商务印书馆,1983:7.
③ 蒋伯潜.诸子通考[M].上海：上海古籍出版社,2013:23.

乎也不再强调了"①。同时，诸国并立使沙门们可以自由游历，"不统一，权力不集中意味着脱离寡头控制权的解放，使学术思想自由化成为可能。它使哲学家们能够独立于政府之外，因为假如发现一个政府不合口味，他们用不着留在它的疆域之内，他们可以迁移"②。在古希腊，工商业的迅速发展使得财富为人们所追捧，传统世袭贵族的权力逐渐没落，梭伦改革不再按出身而按财产将公民分为四个等级，财产多寡不同的等级，其政治权利也有所不同。这一改革扩大了民主势力，为雅典民主政治的发展奠定了基础。同时，彼时的希腊，城邦之间的斗争时有发生，特别是公元前 4 世纪开始，社会矛盾日益尖锐，对理想政治的追求与社会的矛盾也进一步激发了思想的活力。

（三）精神觉醒的萌芽

与生产力发展和社会组织形式变迁相伴的，是人类精神的觉醒。在生产力低下的时期，人们改造自然的能力有限，对自然的依赖程度高。在这样的情况下，生存是人类的第一要义，人尚未能认识到自身的独特之处。而随着生产力的发展，人类开始改造自然，在这一过程中，人类逐渐探索自然与自身，尤其是开始探索自我内心，以及业已改变的客观社会，原始崇拜开始发展为哲学与宗教。

原始社会，人类仍处于蒙昧时代，泰勒指出"万物有灵"是处在人类最低阶段的部族的特点③，即认为每种生物都有灵魂。正由于此，原初人们不强调动物与人之间的分别，甚至动物与植物之间的区别也是微弱的。比如原始社会普遍存在的图腾崇拜，"在图腾崇拜下，一个人类的部落与一种动物类，结合在一种给予他们一个共同生命的社会的和仪式的整体之中"④。而随着人类社会的不断发展，人类精神也逐渐开始觉醒，重要的表现即人对自身的发现。

---

① 刘家和.古代中国与世界：一个古史研究者的思考[M].武汉：武汉出版社，1995：3.
② 渥德尔.印度佛教史[M].王世安，译.北京：商务印书馆，2000：42.
③ 泰勒.原始文化：神话、哲学、宗教、语言、艺术和习俗发展之研究[M].连树声，译.上海：上海文艺出版社，1992：414.
④ 史密斯.人的宗教[M].刘安云，译.海口：海南出版社，2013：354.

在古代中国夏商时期，人们常通过占卜的方式来预测凶吉，指示行动。传说商汤灭夏后，大旱五年，汤于是命人占卜，得出需燎人祀天，即将活人放在柴堆上烧以祭上天，于是决定以身祭天，其诚意感动上天，终降下大雨。传说或许并不完全属实，但可见鬼神在人们的心中有着重要的地位，人们通过占卜沟通鬼神，以祭祀的方式求取神灵眷顾，有时甚至以人为牺牲。而到了春秋战国时期，孔子却说"务民之义，敬鬼神而远之"（《论语·雍也》），《论语·先进》中，季路问事鬼神，子曰："未能事人，焉能事鬼?"可见，此时人的存在与价值已经开始为人自身所认识与肯定。

在古希腊，原始氏族社会诞生了丰富多彩的神话，这些神话在后世看来是充满想象力和浪漫色彩的文学与艺术作品，然而在当时，却是希腊人的精神世界。古希腊人的神话体系中，神祇众多，各司其职，而对神的崇拜和祭祀，也是古希腊人生活中重要的组成部分。古希腊人常把诸多功绩或尚无法解释的事物归于神，他们对神的崇拜以及对人神关系的认识也经历了不断发展变化的一个过程。公元前 11 世纪到公元前 9 世纪，也就是轴心时代开始的前夕，从《荷马史诗》中可以窥见，虽然神仍具有绝对的力量，如可以决定战争的胜负和人的命运，但人文主义已开始彰显，人的尊严与价值得到肯定。而第一次实现由神为中心到由人为中心的转变则正是轴心时代，公元前 5 世纪普罗泰戈拉说"人是万物的尺度"，公元前 3 世纪阿基米德说"给我一个支点，我能撬动地球"，人的主体性与能动性得到了充分体现。

在古代印度，对人的发现体现在其祭祀仪式的变化上。早期吠陀时代，祭祀仪式被看作可以沟通人神，仪式的执行与其结果有着重要的关系，因此祭祀仪式往往极其烦琐，甚至采取马祭、人祭等杀生祭祀的方式，而执行祭祀仪式的祭司"婆罗门"也因此享有重要的地位。而轴心时代前夕，祭祀已有简化的趋势，"人们所关注的焦点不再是一个祭典的外在执行过程，而是它的内在意义"。同时，相比之前《吠陀》中多为教义、祭祀仪式等方面的记载，轴心时代早期的《奥义书》中，对宗教教义的解释已具有明显的哲学思辨色彩，"《奥义书》的焦点是阿特曼（atman），即自我，与梵同一"，这种转变标志着"崇拜者不再将其注意力指向外在于自身的迪弗,他转向了内心"①。

从血缘氏族部落到国家城邦的变化,也使得原有的宗族血缘纽带难以维系,社会伦理秩序亟待建立与完善,以适应新的社会组织形式。农业的发展带来了工商业的兴盛,进而促进了城市的繁荣,最终带来了精神领域的进步。手工业在这一时期发展壮大,对外贸易和本地贸易更加频繁。经济的发展产生了富人阶层,这部分人拥有大量财富,却不能掌握与其财富相适应的政治权力,所以他们就利用现有的各种方式去争取。在精神领域就表现为部分学者企图建立一种较为稳定的社会秩序。

在希腊,工商业者为了更好地发展工商业,在公元前8世纪到公元前6世纪发动了大殖民运动,从而引起了社会进一步的变革。柏拉图、亚里士多德等希望能出现可以稳定的理想国。社会越是动荡,这种在精神领域上的表现就越是强烈,成就也就越显著。

在印度,生产力的发展,使当时的中下等人通过努力经营获得了相当的经济实力,开始反抗上层等级。社会上要求权利的人越来越多,带来了剧烈的社会动荡,此时,就会出现想要制衡这种动荡的力量。印度佛教的出现也是为了能摆脱已经腐朽的种姓制度,恢复最初稳定平和的状态。婆罗门教与现实社会的变迁不相适应,它就成了各种新思潮、新宗教的首要攻击目标。释迦牟尼竭力宣传"众生平等"和"生死轮回"等思想,宣传打破种姓制度、反对婆罗门压迫的思想。佛教经过阿育王的大力推广,发展成为世界上最有影响力的宗教之一。②

在中国,封建经济的发展为文化的繁荣创造了物质条件。私学的兴起造就了一大批具有丰富知识和阅历的文士,各诸侯国新兴贵族的养士风气为学术文化的繁荣提供了舞台。这些文士对宇宙万物提出种种解释,对现实变革发表不同看法,对种种时弊提出改革方案,对治国提出不同理念,必然出现观点各异的百家学说,由此也实现了中国思想文化史上由卜巫的宗教迷信文化向以人为中心的理性人文文化的历史转型,出现了百家争鸣的

① 阿姆斯特朗.轴心时代[M].孙艳燕,白彦兵,译.海口:海南出版社,2016:146.
② 李桂芳."轴心时代"的中印文化之比较研究[J].中华文化论坛,2014(9):155-159.

现象,儒家、法家、墨家、道家等逐步形成了自己独特的文化与思想。

三、轴心时代文字媒介的流变

相似的社会形态在一定程度上解释了轴心时代几个地区在几乎同一时期迎来思想觉醒的秘密,然而轴心时代的真正产生,离不开文字的发展。虽然距离苏美尔人使用最早的文字已经两千多年,但正是到了轴心时代,文字才逐渐摆脱其诞生伊始的种种限制,从极少数特权阶层的手中走向越来越多的人。尽管所用文字不同,但这一时期,几大地区的文字都已担负起记录和传播知识的任务,而随着文字的应用逐渐拓展,它也深刻影响和改变着人类的思维方式。

(一)轴心时代的文字发展

1.古希腊

韦尔斯说:"文字是在庙宇里开始的。"①文字诞生之初是统治阶级的特权,它为宗教活动和社会管理提供了卓有成效的工具,从而使小型社区成长为大型的国家,又使国家强化而成为帝国。城邦基本上是文字的产物,但文字的广泛传播加深了城邦之间的鸿沟,促进了希腊文明的瓦解。

有研究者认为,如果说汉字是中国文明在黎明期的"亲子",那么,希腊文字则是希腊文明中途的"养子",这是希腊文字的一个重要"胎记"。公元前13世纪以后,希腊半岛北部野蛮的多利亚人开始向伯罗奔尼撒进犯,毁灭了迈锡尼文明,整个希腊地区陷入混乱状态。线形文字在战乱中被废弃,希腊人堕入了没有文字的"黑暗时代"。直到公元前8世纪左右,希腊人才借用腓尼基字母,在此基础上创建了自己的文字——希腊文。希腊人从此才重见"光明"。② "希腊史学之父"希罗多德说过,希腊人原来没有字母,是腓

---

① 韦尔斯.世界史纲[M].吴文藻,等译.北京:人民出版社,1982:220.
② 林玮生.希腊神话与中国神话文本差异的文字学解读[J].西南民族大学学报(人文社科版),2007(9):203.

尼基人把字母带给他们的。所以说，希腊文字不是一套原生、自产的符号，而是一套漂洋而来的"类音符"。

古希腊人有着丰富的口头传统，如著名的《荷马史诗》就是作为口述文学口耳相传。而字母表正适应了古希腊这一传统，仅用数量有限的字母即可表示丰富的口语发音。于是，"约公元前850年至公元前775年，字母文字便在爱琴海地区的希腊人中间流传开来"①，而文字在古希腊逐渐普及之时，正是古希腊轴心时代发轫之时。

2.印度

与古希腊相似，印度轴心时代的到来同样与文字的推广相伴而行。不过，与古印度文明中的文字不同，这一时期的文字有了更广泛的识读与使用基础。

至19世纪70年代，考古学家在印度就已经挖掘出了四千多个刻有符号的石碑，他们发现早期的符号出现于公元前3200年。在公元前2800年之前，这种图文符号就得到了充分发展，并广泛出现在人们生活之中，而它的鼎盛时期则出现在公元前2400年前后。其中一些符号非常抽象，而另一些又表现出明显的象形文字的特征。例如，这些符号中有像鱼的，也有像瓶子的，而像瓶子的这个图文就具有多达10种的象征意义。古印度符号代表的意思难以捉摸，不管它们是否是一种文字，但很明显是一种交流形式。而公元前18世纪，随着古印度文明的突然衰亡，这些古印度象形文字符号也随之消亡。

大约公元前第二个千年纪的中叶，雅利安人移入印度，开启了古印度文明的另一个篇章，但早期移入印度的雅利安人并没有文字，其经典《吠陀经》，最初即用梵语以口口相传的方式传诵，并未成文。到了大约公元前7世纪到公元前6世纪，雅利安人的文字才产生，即早期婆罗米文。

到公元前6世纪至公元前5世纪，婆罗米文字的应用逐渐推广开来。正规的婆罗米字母，主要用于书写梵文著作。后来统治印度的佛教反对专用

---

① 希尔.书写的历史[M].李华田,等译.北京:中央编译出版社,2012:109.

一种特权阶级所掌握的梵文，主张兼用各地人民的活语言写成民间文字，这也许是印度多语言、多文字并行的原因。[①] 阿育王是第一个将佛教戒律刻在岩石、岩洞等载体上的人。根据阿育王的这些诏令，我们可以确信，到阿育王时代时，婆罗米字母已经发展完善并完美地应用于书写中。公元前5世纪末期的印度次大陆的西北部正处于波斯帝国的统治下，这时期形成一种与婆罗米文字并行存在的早期印度文字，叫作佉卢文字。而佉卢文没有什么后继文字，最后被婆罗米文字取代。阿育王的碑铭上同时有婆罗米文字和佉卢文字。

3.中国

在春秋战国之前，中国已有成熟的甲骨文和金文等文字，但其使用范围极其有限。刻在龟甲兽骨上的甲骨文多用于占卜、书写卜辞，而铸在青铜器上的金文则用于祭祀和记录天子贵族之事。彼时，学在官府，接受教育、能够使用文字的机会局限在贵族和掌管祭祀礼仪的官吏手中。到了春秋战国时期，在"礼崩乐坏"政治权力下移的政治格局中，各种新兴文化崛起，"学在官府"被打破，出现了"学在民间"的局面，士阶层的产生逐渐成为主导思想的重要力量。

与社会政治变革相伴的是文字的演变，一方面"学在民间"和士阶层的崛起使得贵族垄断的受教育权被打破，文字不再是贵族的特权，而为广大知识分子所掌握；另一方面，对于这些国家来说，政治制度强化了文化上的区域性分野。学术上，百家争鸣，各地变法不断，形成各色各样的地域文化特色，同样制约着各地的发展。文字上的表现则是各地域"言语异声、文字异形"现象。李学勤在《战国题铭概述》一文中，将战国文字分为五个大系：秦、楚、齐、三晋、燕。齐系文字去宗周文字形体稍远，而自己的地域风格趋向成熟，主要表现在字体修长、线条平行、笔力刚健、笔画舒展上。楚系文字表现出反叛性和革新性，与宗周文字大不相同，而是更加瑰丽、奇崛，体态修长、婉转多姿，且富有极强的修饰意味。燕系文字书写风格以短直挺健的线条为主，结构外形方正，构

---

① 北京大陆桥文化传媒.记录世界变迁的七大文字[M].北京:中国发展出版社,2006:125.

形较为稳定。三晋文字风格大致在继承周王室的基础上有所变异,在此基础上加了些许装饰符号,形体修长。秦系文字对西周文字的继承最为正统,从西周宣王时期的金文到秦国的石鼓文再到小篆,甚至到里耶秦简,直到汉隶。一些秦国文字器物如秦公簋、商鞅方升、新郪虎符均表现出秦系文字朴实无华的文字特征。① 各国文字各成特色的发展,充分表明此时文字发展速度之快。由于各国之间往来频繁,文字虽有所变化但系出同源,故对此时的文字交流未形成严重阻隔。

随着秦始皇统一六国,"书同文"策令的颁布,在春秋战国时期发展出的各种风格的文字逐渐减少,小篆成为统一的文字。

(二)轴心时代文字主要载体的流变

与文字的不断演化发展和其适用范围逐渐扩大相对应的,是文字主要载体的变化。文字的书写需要依靠一定的载体,而载体的特点对文字发展与使用也有着重要的影响。

1.石刻文字与陶制载体

石头与陶器是较为古老的文字载体,仰韶文化西安半坡遗址中曾发现大量陶器上的刻画符号,证明早在文字产生之前,新石器时代的人们便已经在陶器上进行刻画。两千多年前,古埃及人就在石头上刻写象形文字,中国商代的妇好墓中也出土过石磬刻文,而早在文字产生的早期,古印度的哈拉巴遗址就出土过公元前两千多年的石头印章。石头作为书写载体具有悠久的历史。

在轴心时代,这些古老的文字载体仍然为人们所使用。石头是当时印度重要的文字载体。阿育王时期遗留下石刻碑铭 35 件,是印度文化史上宝贵的古文字记录。约公元前 261 年,阿育王率兵南下征伐羯陵伽。关于发动这场战争的原因,佛教文献记载的情况是因受到羯陵伽国的威胁,阿育王不得不为之。而一般学者认为,这是阿育王继承其父的事业,为了帝国扩张而

---

① 高兴全.不统于王的春秋战国地域文字[J].中国书法,2015(8):102-107.

进行的一场侵略战争。① 羯陵伽战争后，阿育王的精神世界发生了转折性的蜕变，这可以从其13号诏书中得到有力的证据："从羯陵伽国被占领以来，天佑王（阿育王）就热心信奉佛法，喜爱佛法，并且推行佛法救令。这就是天佑王对羯陵伽被征服后忏悔的表示。因为征服了最难征服的强国，有许多的生灵被屠杀而惨死，或者被俘虏，所以天佑王总是感觉到痛苦悲伤。天佑王尤其感到悲痛悔恨的事，就是在羯陵伽国内居住的沙门、婆罗门和其他宗派的信徒们，以及向来遵从长者、父母、恩师、亲戚、朋友、知己、同事和善待奴仆，而素有坚固信心的居士们也因此战争遭受了屠杀的惨事……天佑王认为根据佛法而得来的胜利，才是真正最高尚的胜利。"② 为了这个理想，阿育王转而信仰佛教，并且希望将"非暴力"的信条传播到世界其他地方。为了让世人了解佛教的基本信念，阿育王不仅向印度各地派出了传教使者，也向海外派出了众多传教使者。为了长久保存佛教戒律，阿育王将它们刻在石碑、岩石、洞窟等不朽的材料上。所以，"羯陵伽战争是阿育王生平事业的转折点，并且对印度历史及整个东方世界产生了深远的影响"。③

图5-1　阿育王石柱④

---

① 刘宁.阿育王的佛教信仰及其对中国的影响[D].西安:西北大学,2009.

② 宇井伯寿.阿育王时代的佛教附录:阿育王法救刻文[M]//现代佛教学术丛刊,北京:北京图书馆出版社,2005:187.

③ 马亲达,赖乔杜里.高级印度史(上册)[M].北京:商务印书馆,1986:110.

④ 图片来源:http://www.yinduabc.com/in/1939.htm.

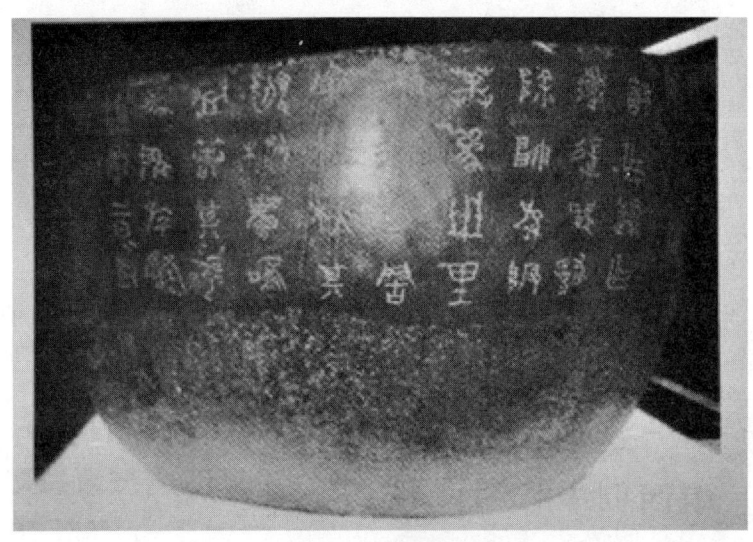

图 5-2　石鼓文①

　　中国战国时期的石器文字包括石刻铭文和盟书。石刻铭文早在商代的石磬、石簋上就已出现。石头简单易得，而且所刻之字同样经久长存。陕西凤翔出土的《石鼓文》，是刻在十块圆形石鼓上的铭文，主要记载了秦王狩猎的场景，因此又被称为《猎碣》。陶器作为中国的文字载体历史已久，早在大汶口文化中已有发现，殷商时期也有少量陶文。春秋战国时的陶文，多依附于玺印文字，除此之外还有契刻、墨书于陶器之上的铭文。依据陶文内容，又可以将陶文分为官陶、私陶、记事陶文三类。

　　在古希腊，制陶业是古希腊城邦经济中蓬勃发展的手工部门。雅典的陶器型制精美，很多陶绘都取材于日常生活和神话故事，内容比过去丰富多彩。在古希腊雅典等城邦还施行一项特殊的制度——"陶片放逐法"，即公民可以在陶片上写上那些不受欢迎或可能对城邦民主政治产生危害的人的名字，并通过投票表决将符合放逐票数的人予以政治放逐。

---

①　郁乃尧.汉字拾趣［M］.苏州：苏州大学出版社，2015：38.

2.金属载体

轴心时代三大文明的文字载体,既有自己的独特之处,又有相通之点。无论是东方还是西方,轴心时代的生产力都得到明显提高,这得益于铁器的使用。在中国的春秋和战国时期,铁器的广泛使用引起了社会经济的新发展,经济的发展又使劳动的分工进一步加强并使体力劳动和脑力劳动的分工成为可能。在地中海地区,新的铁制工具使得人们能够制造更大、性能更好的船舶,从而使航海的距离更远、贸易的规模更大、开拓的殖民地也更多。① 而冶金技术的发展,也为文字带来了一种新的载体,即金属载体。

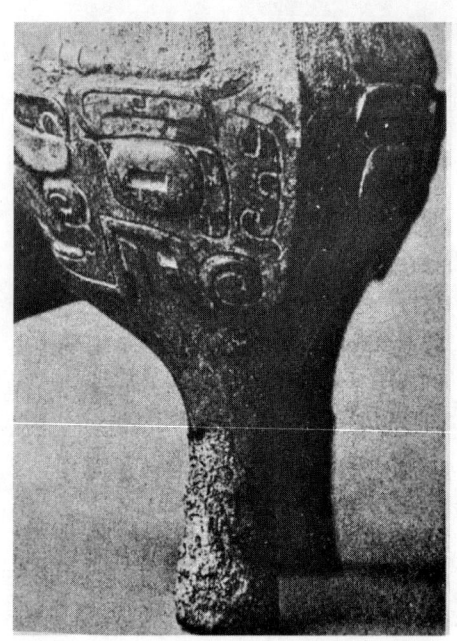

图5-3　铜器上的饕餮纹样(泉屋博古馆藏)②

公元前700年,古罗马小亚细亚西部的吕底亚人开始在贵重金属块上加盖印戳以保证其质量和重量。在印度中部一个名叫"爱兰"的小村庄,人们发现了一枚公元前4世纪到公元前3世纪的古币,上面刻着自右而左的婆罗米文字,可见金属古币也是印度文字载体的一种。

古中国出土了大量的铜器文字。商周时期是青铜器的时代,故出现了大量铸于青铜器上的金文。这些文字载体在西周时期以礼器和乐器为主,到春秋战国时期其范围更广泛一些。春秋战国时的铜器铭文中用于歌功颂德的逐渐减少,到战国中期以后"物勒工名"铭文的器物增多,铭文也比较短。这时期铜器铭文中比较有代表意义的有中山王三

---

① 斯塔夫里阿诺斯.全球通史[M].董书慧,等译.北京:北京大学出版社,2005:85.
② 藤枝晃.汉字的文化史[M].李运博,译.北京:新星出版社,2005:26.

器、商鞅方升、秦公簋、越王勾践剑。此外，货币文字也可以归为铜器文字，因为大部分钱币是使用铜来制作的。金属也是玺印的主要材质之一，玺印和兵符多用于政治和军事，与符节一样是作为凭证的重要信物。

3.柔软的载体

石头、陶器和金属作为文字的载体，虽然极大增强了文字克服时间束缚的能力，使得文字及其所记录的信息可以千古流传，但其书写往往耗费大量时间与劳力，所记录信息有限并且不便移动，因此，很难成为获取知识的途径。相比而言，一些轻便的载体更加易得易写，适应了文字的传播需求，从而有着更为广泛的应用。

在希腊，羊皮、纸草、蜡板等也是较为常见的文字载体。羊皮纸以绵羊皮为主，也包括山羊皮，一些小牛皮纸也被统称为羊皮纸。羊皮纸页面比较大，比莎草纸卷轴更易于翻检。羊皮纸是将牛羊生皮放进石灰水里，浸透、去毛，在架子上撑开晾干，然后用化学药品打磨，经过上蜡、切块等步骤后制成的。羊皮纸什么都可书写，耐用而且方便——运输、书写、阅读翻检都便利，还可以消除文字后再重新书写。羊皮纸两面光滑，都能书写，比莎草纸更加适用，但价格昂贵。因为轴心时代还未出现印刷术，所以当时的典籍都是手抄版，所以典籍数量不多，经济上还是可以承受的。

此外，莎草纸也是重要的书写载体。公元前3世纪，有位名叫飞儿培底亚斯的雅典少年，因争夺王位而被逐至埃及。一次他在古尼罗河畔看到当地人制造莎草纸就学会了这种方法，后来他回国了，由于有这一技术得到赦免。此后，莎草纸的制造方法就逐渐由希腊经意大利而传入欧洲。① 公元前7世纪，莎草纸已经成为由埃及向希腊出口的大宗商品并改变了希腊文化的口述传统。莎草纸是当时古埃及一项重要的出口商品，被称为"法老的财产"，由法老垄断。莎草纸作为文字载体有其自身难以克服的缺陷：一是原料产地单一，只局限在尼罗河三角洲地区，制作的场所也局限在生长莎草的

---

① 叶燕君.从黏土版、纸草纸到羊皮纸的书——谈谈国外历史上几种主要的文献载体[J].图书与情报,1988(1):54-57.

沼泽边上，因而极易形成垄断；二是质地薄脆易碎，稍微折叠就会破损，这使其难以承受陆路转运的长途颠簸，只能通过水路运输。

在印度，人们使用贝叶、桦树皮或棕榈叶等作为书写材料，但由于这些材料不易长期保存，因此在印度，书写只是辅助记忆的一种方式，口耳相传的传播方式仍占据着重要的地位。

图5-4　各种各样的木简（左侧的是下级军官的调职令。右上角的为财务出纳明细。右下角的为备附的简札。敦煌出土）①

简牍是轴心时代的中国知识分子主要使用的书写材料，简的材质主要是竹子，而牍则是木质。对于简牍的使用，从发掘的实物来看，现存最早的是在战国时期。但根据《尚书·多士》记载："惟殷先人，有册有典"，"册"字在甲骨文中已经出现。由此可以推断，早在殷商时期，册已作为文字的载体出现。"册"是用绳皮将竹简、木牍编起来的书籍形式。简牍容易腐烂，所以目前发现的战国时期的简牍比较少。另外，春秋战国时简牍的属系主要有两个：数量较多、内容较为丰富的是在楚国，其次是秦国。由于简牍本身的特质，它比其他载体更灵活、方便。

在中国还有一种丝织的载体叫作缣帛书，缣帛虽然与简牍同时并存，但始终无法取代简牍。相较于其他载体，缣帛这类的丝织品更不容易保存。缣帛平整光滑，易于着墨，行列和字数不受限制，但缣帛产量低、成本高。也正因为缣帛珍贵，古人通常只将重要或正式的文字书于缣帛之上。《太平御览》曰："汉刘向为孝成皇帝典校书籍二十余年，皆先竹书，改易刊定，可缮写者以上素。"也就是说，直到西汉刘向（约前77年—前6年）校书时，都还要先将草稿写在竹简上，直至修改定稿后，才往缣帛上抄录，足见缣帛之珍贵。

墨子云："书于竹帛，镂于金石，琢于盘盂"，正反映了当时文字载体的丰

---

① 藤枝晃.汉字的文化史[J].李运博,译.北京:新星出版社,2005:65.

富形态。春秋战国时期,文字的载体名目繁多,除了上述提到的铜器、铁器、石刻、陶文、货币、简牍、缣帛外,还有金器、银器、玉刻、盟书、玺印、封泥、骨器、木器、漆器,可谓应有尽有,无所不包。

(三)轴心时代文字媒介的沿革取向

1.文字沿革取向

从文字发展的趋势来看,各国的文字都呈现出不断简化的特点。希腊人在借用腓尼基字母基础上发展出的希腊字母,所含符号更少,但包含元音与辅音,可以表达希腊人丰富的口语。而印度使用的婆罗米文字也是一种表音文字,书写简便,与印度口耳相传的传播方式相适应。在中国,到了战国时期,虽然各国都发展出形态不同的汉字,但与金文相比,这些汉字都呈现出笔画简化的特点。

文字的简化使得学习文字变得相对容易,希腊人和印度人使用表音文字,只需掌握少量字符就可以将口语转化为文字记录下来。中国掌握文字和知识的士阶层也迅速壮大,越来越多的人通过文字去识读和书写,使用文字学习和记录知识。文字的简化同时方便了书写,口语时代,人们的记忆有限,因此信息与知识总量总是保持在与之相应的范围内。随着书写越来越方便,人们越来越多地使用文字记录知识,社会信息知识总量也急剧增长。

2.载体沿革取向

从石头、陶片、金属到羊皮、莎草纸、桦树皮、棕榈叶、简牍与缣帛,作为文字的载体,其时间偏向性在不断地减弱,而空间偏向性开始增强。载体体积的减小和重量的减轻,使其不再受制于固定的空间,可以被人们携带和传递。

轴心时代的精神繁荣离不开不同思想与学说的交流,作为思想载体的文字突破空间进行传播的能力无疑也起着重要的作用。由文字的载体日益轻便化带来的传播能力的提升,促进了思想的交流与传播。

同时,相较于在青铜器和石头上铸刻文字,在轻便的材料上书写更为简单便捷,单位时间内所能书写的文字明显增多,一定面积的书写材料能够容纳的文字信息也明显增多。由于书写所需的专业性和难度降低,轻便的材料与石头、青铜器相比,成本也降低为统治者和贵族以外的更多人所能够承受的,于是以文字形式保存的信息迅速增长。与口头传播不易记忆、传播过程中容易失真相比,文字所记录的大量准确的信息由此得以流传下来,给后世留下了宝贵的精神财富。

四、轴心时代的文字与文明

通过观察轴心时代各地区文字发展的情况可以发现,文字的发展与轴心时代的到来有着密切的联系。在古希腊和印度,远在轴心时代之前都曾使用过文字,但随着战乱和文明的衰落,原有的文字都被湮没于历史之中。古代中国虽然不曾经历文明的中断,但文字的发明使用相对较晚,在轴心时代之前也主要书写于甲骨、青铜器之上,并为贵族垄断,使用范围有限,字符数量也有限。约公元前 9 世纪到公元前 8 世纪,希腊字母文字开始在爱琴海地区流传开来;而印度雅利安人的婆罗米文字则出现并广泛应用于公元前 7 世纪到公元前 6 世纪;春秋战国时期的中国,随着简牍和绢帛被用作主要的书写材料,以及各诸侯国各自为政,发展出在形体结构和书写风格上多有差异的文字。轴心时代萌发出的人类文明成果与新的、更为广泛使用的文字息息相关。

(一) 从统治到启蒙

文字的发展多数情况下遵循简化的趋势。在最早有文字诞生的两河流域,早期的字符也较为繁杂,而随着楔形文字的形成,象形字符中的曲笔开始消失,字形逐渐演变、简化为楔形文字的笔画。而古埃及的象形文字也是从圣书体到僧侣体再到世俗体,不断简化,直到被更为简易、字符数目更少的字母文字所取代。

在爱琴海地区,公元前两千多年的米诺斯文明时期曾出现过早期象形文字,而随着历史发展进程,象形文字开始为更为简化的线形文字 A 所取代。在公元前1500多年的迈锡尼文明时期，为了把希腊语记录下来，由线形文字 A 改进而来的线形文字 B 产生，并成为迈锡尼文明时期希腊半岛所普遍使用的文字，但线形文字仍属于一种意音文字。随着迈锡尼文明的衰落，线形文字 B 也随之没落，直到从借用并改进腓尼基字母而来的希腊字母产生，希腊文字才成为更为成熟简化的字母文字。

相似的还有古印度文字，与希腊一样，古代印度也经历过文明的更迭。尽管两千多年前，古印度河文明已孕育出哈拉巴和摩亨佐·达罗这样繁荣发达的大城市，并拥有了自己的文字，但却没有像轴心时代一样灿烂的思想，除了社会条件差异外，此时的文字还是一种象形文字，且更多是特权阶级的专享之物。这种神秘的古印度文字，也随着古印度河文明的衰落而不复为人所知。与印度思想争相辉映的时代相伴的文字是婆罗米文字，与轴心时代的古希腊文字相似，这种文字也是一种字母文字。

古代中国的文字发展似乎没有遵从古希腊和印度的路径，从商代形成成熟的甲骨文直至今日，都保持了表意文字的特征，迥异于字母文字。与古希腊和古印度文明不同，中华文明没有经历中断与湮灭，因此汉字也没有被新的文字体系所取代，而是实现了自身不断的演进。早期的汉字笔画烦琐、结构复杂，随着时代的变迁和文字的演进，其字形结构都在逐渐发生着变化。笔画越来越简化、结构越来越规范，新的字符也随着社会和文字本身的发展而不断被造出来。西周时期，汉字的构成和使用方式已被归纳成六种类型，即象形、指事、会意、形声、转注、假借，这也成为新的汉字造字的依据。

早期的文字较为复杂与其特权阶级的使用性质紧密相关。文字的复杂既是原因，也是结果。正因为文字复杂，难以学习和掌握，才使得它成为占有文字资源和剩余劳动成果的统治阶级的特权。也正因为文字是统治阶级的特权和用来统治的工具，阶级的保守性使文字失去了革新动力。例如字母文字的出现，使智力交流的范围远远超出了从前仅囿于祭祀和官吏的小圈子，但是埃及和美索不达米亚的书吏对这种新型的文字采取回避的态度，几乎直到公元前，他们都一直使用自己传统的文字。

因此，产生之初的复杂文字更多的是一种统治工具。列维-施特劳斯探讨书写文字出现以后的典型发展模式时说道："书写文字似乎是被用来做剥削人类而非启蒙人类的工具。"①作为统治者的特权,文字是一种实用工具,它往往被用来记录政治、行政以及商业活动,有效地帮助统治者进行社会管理。正是由于文字在帮助统治者进行管理上的独特作用,庞大的行政体系与疆域更为辽阔的国家的建立才成为可能。正如施特劳斯所言,"书写的通讯方式其主要功能是帮助进行奴役"。②

而随着文字的简化,尤其是西方字母文字的产生与普遍使用,文字开始突破统治阶级的垄断。只需学会少量字母,便可用这些文字符号表示丰富的口语,学习成本和使用成本的降低让文字走向了普通民众。"这样做的结果就是,无论在哪里,城市统治集团与农民群众之间随文明到来而不断扩大的知识差距虽然没有被完全地或极大地消弭,但多少也都缩小了。"③

当文字拥有了更为广泛的使用基础,其作用便开始超越实用的统治工具,成为文化启蒙的钥匙。用文字记录的除了行政、商业信息外,知识经验、思想与情感成为文字书写的新内容,而这一变化与轴心时代几乎同时到来。

(二) 文字权威的形成

在文字出现之前,口语是人类赖以沟通协作的重要媒介。希腊文明丰富的口头传统成就卓著,成为西方文化的基础。推崇希腊口头传统的伊尼斯认为,希腊文化的力量能够唤醒各个民族潜在的特殊力量,凡是借用了希腊文化的民族,都可以开发出自己特有的文化形态。④

然而在轴心时代,随着文字使用范围日益扩大,口语传统却逐渐让位于新兴的书面传统。伊尼斯称苏格拉底是希腊口头传统产生的最后一位伟人,也是最后一位阐述口头传统的人⑤,正反映了这一改变。写作成为口语之外表达思想和展现想象力的重要方式。一些著作也体现出这种口语传统向书写传统转变时期的特点。柏拉图的《理想国》就是一部对话体哲学著作,与直接阐述自己的哲学观点不同,在形式上它采用对话的方式,虚拟苏

---

①② 列维-施特劳斯.忧郁的热带[M].王志明,译.北京:生活·读书·新知三联书店,2000:385.

③ 斯塔夫里阿诺斯.全球通史[M].董书慧,等译.北京:北京大学出版社,2005:92.

④ 伊尼斯.帝国与传播[M].北京:中国传媒大学出版社,2013:113.

⑤ 伊尼斯.帝国与传播[M].北京:中国传媒大学出版社,2003:86.

格拉底与他人的辩论，从而假托苏格拉底之口，表达自己的哲学观点。春秋时期，思想家孔子教授弟子时也多以言语方式讲授自己的思想，并未进行著述。中国儒家经典《论语》，是孔子的弟子及再传弟子将孔子及其弟子言行记录成书，其中多记孔子之言及其与弟子的对话。印度的《吠陀》也多以口耳相传的方式进行流传，直到后人将其记录成书。佛陀行游各地说法教化，亦是凭借口语的力量传达思想并口口相传，其后这些语言才被以文字的形式记录下来，因此佛经中也多为佛说之内容。

　　尽管著作中还保留着受口头传统影响的痕迹，但著述在轴心时代无疑已经得到了相当大的发展。随着文字的发展，口语传统开始为书面传统所取代。在希腊，书面传统的力量使得亚历山大时代成为"博学与批判"的时代。尼采说，亚历山大时代的人是"搞图书馆的人，搞校勘的人。他们可怜，图书馆的灰尘和书稿的错误使他们眼睛失明"。与图书馆随之而来的是高雅的品位和令人尊敬的地位。公元前285年，托勒密一世建成的图书馆只存有2万册手稿，到了该世纪中叶，其藏书量已经达到了70万册。廉价的莎草纸因为有补贴而源源不断，成为庞大行政系统和巨型图书馆的基础。

　　在著述逐渐成为人们表达和传播思想的重要方式时，文字也开始树立起自己的权威。波兹曼指出，表达思想的方式被认为与思想的真实性密切相关，相较而言，书面文字比口头语言更接近真理，"书面文字的对象从本质上来说是客观世界，而不是某个个体。书面文字可以长久存在，而口头语言却即刻消失"。[1] 然而，也正是因为文字拥有传播信息和思想的力量以及更接近真理的权威性，其后的统治者才开始对文字和书籍实施监管。

（三）思想和理论的突破

　　雅斯贝尔斯在《历史的起源与目标》中认为，春秋战国时期的百家争鸣，是中国文化史上的第一座高峰，在这个轴心时代里各种学说与学术都出现了基型。可以说，直至近代，中国"一直靠轴心时代所产生的思考和创造的

---

① 波兹曼.娱乐至死[M].章艳,译.北京:中信出版社,2015:24.

一切而生存，……轴心期潜力的苏醒和对轴心期潜力的回归，或者说复兴，总是提供了精神动力"。① 在有的学者眼里，百家争鸣的思想对后世的影响是多方面的，它为后续两千多年的封建中国提供了政治的、经济的、法律的、权谋的、思想的、学术的、生活的、技艺的等多种思想范式；为后续中国提供了制度范本与选择空间，确定了家庭、社群、政权等基本社会组织的模式与结构；构成了后续中华文化——中国人的民族性格、民族精神、民族心理、民族习俗、生活方式与思想方式的主体，成为民族文化特质的核心部分。②

中国文字媒介对思想的影响是巨大的，文字媒介逐渐普及，简牍、缣帛的发展使得交流传播不必在同一时空面对面进行，书写变成了间接交流的中介。书写固化了记忆，强化了思辨能力。人们从口语时代的记忆压力中挣扎出来，可花费更多精力来磨炼自身的思考能力。

文字媒介推动中国古代阶层思想的再区分。简牍开始普遍使用，低等贵族和富裕平民凭借新型传播媒介，逐渐掌握了礼乐思想，并凭借其专业知识得到了一个新的身份认同——士。加之大贵族的普遍腐化，之前代表贵族身份的礼乐思想也不再是贵族专利。由于简牍的大量使用，思想交流和碰撞空前活跃，礼乐思想也呈现出多种变化。在简牍开始大量使用的时代，用统一的礼乐思想对贵族、平民进行二分法已不再适用，思想对身份的认同作用呈现多元化趋势。文字媒介在一定程度上打破了交流的地域和身份限制，使思想交流更加容易。简帛的大量使用，还使得经学得到了显著普及。③

刘丽文认为，雅斯贝斯所说的轴心时代即民族基本精神系统的奠基时代。所谓基本精神，即指民族文化发展及民族传统形成中具有原创性、规范性和相对稳定性的意识形态基因，它奠定了民族文化的基本框架及民族的基本精神气质。一般说来，最能体现民族基本精神的往往是轴心时代所留下的、在后代被奉为经典的若干部著作，如希伯来的《圣经》，希腊的《荷马史诗》《理想国》《形而上学》等。而在中国，则是《诗》《书》《易》《礼》《春秋》，以及《老子》《庄子》，等等。

---

① 雅斯贝尔斯.历史的起源与目标[M].北京:华夏出版社,1989:14.
② 姜继为.百家争鸣对后续中国之影响及其成因初探[J].中华文化论坛,2003(1):69-72.
③ 王鑫宏.书写媒介对中国"轴心时代"思想变革的影响研究[J].编辑之友,2015(10):93-98.

记载中国轴心时代历史并成书于轴心时代的《左传》《国语》，则以其所反映对象的丰富性、复杂性，成为含有多层次、多侧面的意识形态文本；它们所蕴含的宗教、哲学、文学、伦理学、政治学等意识形态基因，荟萃了该时代意识形态的主要成就，具备了其他史书难以具备的卓越的文化价值。尤其是它们用历史事件诠释的道德律、神灵律、历史律统一的"三统一"思想，经过中华民族文化的经典、同样是形成于轴心时代的《周易》的哲学化提升和阐释之后，始终作为居统治地位的"大传统"的文化，引导、规范着民族的思维方式，几乎渗入了民族文化的各个部分。①

雅斯贝斯就曾明确地指出："希腊城邦奠定了西方所有自由的意识、自由的思想和自由的现实的基础。"而现代美国史家伊迪丝·汉密尔顿更进一步地说，在希腊人那里"世界第一次有了思想自由"。希腊哲学精神的核心就是热爱智慧、追求真理，其实就是现代社会积极倡导的科学精神。这种精神在希腊早期自然哲学家那里体现得淋漓尽致，他们为了获得关于宇宙万物的必然性或规律性的知识，勇于探索、不断创新，提出了与当时主流完全不同的看待世界的方式，开创了西方科学的传统，并成为西方哲学理性主义的源头。古希腊的雅典等城邦国家，全体公民都能直接参与公共事务辩论和政治决策，希腊人的这一制度是西方民主政治传统的主要来源之一，影响极其深远。无论是直接民主制还是间接民主制，它们都以承认公民的自由、平等为前提，而西方人崇尚自由平等的思想不能不说是受到了希腊哲学精神的影响。②

印度在轴心时代最具代表性的变化是阿育王佛教信仰的实践推广。这是阿育王从信仰世界到现实世界的转化，是从理论到行动的升华。阿育王关于佛教的具体实践活动涉及多个方面，包括佛教教义的整顿和推广，依佛法治国的现实运用，以布施、建造佛塔和佛迹勘定为代表的佛教势力的扩张等。阿育王整顿、运用和推广佛教的一系列实践举措是其维护帝国统一的一种方式，而他对于世界文化的影响则基于佛教势力的向外扩张。阿育王

---

① 刘丽文.轴心时代史官文化与中国古典悲剧[M].北京:中国传媒大学出版社,2014:2.
② 郭玉琼.希腊哲学精神与西方文明关系初探[J].合肥工业大学学报(社会科学版),2006(2):165-166.

将佛教传播至印度以外的更广阔的地域，使得印度佛教文化对世界文化产生大范围的影响。阿育王对于中国佛教文化史的影响，也基于其佛教实践措施的出台及成功推广。①

对于轴心时代思想和理论层面发生的变化，有学者认为，轴心时代的核心转变在于"突破"。"突破"是一种建立在渐变基础上的突变，这是一种质的飞跃。在这个质的飞跃中，古希腊、古中国、古印度等文明共同形成并确认了一些人类重要的普遍原则，"奠定了人类精神存在的基础"，如对于人类自身力量和智慧的肯定、对于暴力的排斥、对于德性和理性的尊崇等。轴心时代距离今天已经过去了几千年，但那个时代所形成的"突破"，至今仍然具有"轴心"般的吸引力。这就是雅斯贝斯的那句名言"直至今日，人类一直靠轴心期所产生、思考和创造的一切而生存。每一新的飞跃都回顾这一时期，并被它重新点燃"的意义所在，也是我国已故哲学家汤一介先生将其最后一部书命名为"瞩望新轴心时代"的寓意所在。②

汤一介认为，当今世界多种文化的发展正是对两千多年前的轴心时代的一次新的飞跃。据此，我们也许可以说，将有一个新的"轴心时代"出现。从今后世界文化发展的趋势看，将会出现一个在全球意识观照下的文化多元发展的新局面。

---

① 刘宁.阿育王的佛教信仰及其对中国的影响[D].西安：西北大学，2009.
② 罗容海."轴心时代"的意义在于反本开新[N].光明日报，2015-11-2(2).

第六章 造纸术:中国发明与文化阶梯

公元751年,即唐天宝十年,新疆西边的安西四镇节度使高仙芝率兵征讨石国[Chash,今为乌兹别克斯坦首都塔什干(Tashkand),唐初曾为安西四镇之一的大宛都督府]。7月,高仙芝率安西都护府汉兵两万,蕃兵一万,奔袭七百余里,在中亚与石国的援军黑衣大食,也就是新兴的阿拉伯帝国第二个世袭王朝阿巴斯(Abbas)展开会战。这是当时地球上最强大的两个文明之间的直接碰撞。

两军会战之地名为怛(音"达")罗斯城,西文为Taraz或Talas,今名Auli-eata,在哈萨克斯坦境内,当时为丝路北道往来的要地。相持五天后,由于所率蕃兵阵前倒戈,与大食军夹攻汉兵,唐军大败,士卒死伤仅余数千人,高仙芝逃脱。不久之后安史之乱发生,唐朝势力自此不再入西域。不过,怛罗斯之战之所以载入史册不是因为此战确立了中国和阿拉伯文明之间的基本疆域格局,而是出于一个让人难以意料的奇特原因。论及此战,几乎所有的史家都会提起几名唐军战俘,他们是造纸的工匠。

自蔡伦于公元1世纪革新造纸术之后,到公元8世纪,纸张已在中国广泛使用,并作为一种重要的贸易品销往亚洲各地。在此期间,造纸术主要是在东亚、南亚的中华文化圈之内传播、扩散和应用。然而,在怛罗斯之战中不幸被俘的几位纸匠改变了这种局面。怛罗斯之战后,造纸业便开始在中亚的撒马尔罕(Samakrand,今位于乌兹别克斯坦)和西亚的巴格达(当时为黑衣大食国都城)兴起,造纸技术逐渐在中东普及,又经阿拉伯诸国传播到欧洲和北美。①

　　造纸术的发明，使得纸张成为廉价、轻便、易用、耐久的优良媒介，从此，不仅信息的存储变得更为容易，而且信息扩散的速度和范围也得到指数级的提升，人与人、国与国、文明与文明之间的联系和互动因此不断加强。

一、造纸术的发明与应用

　　文字开启了人类的文明时代，但文字必须依附于一定的载体才能传播信息。各大文明在发展的早期出现了材质各异的书写材料，各个文明的文字也因载体的不同呈现出不同的特点。早在公元前三千年，两河流域的苏美尔人就在泥板上刻写楔形文字，与此同时，尼罗河流域的古埃及人则将纸莎草的茎制成的莎草纸进行书写。在中国的商周时期，甲骨、金石则是文字的重要载体。在所有的古文明之中，由于中华文明是唯一延续至今的文明体系，因此，文字载体的沿革就呈现出更强的延续特性和更清晰的传承脉络。

　　春秋战国时期，竹简、丝帛等更为轻便的材料成为主要的文字载体。尽管与笨重而又难以书写和传递的甲骨、金石相比，竹帛已轻便不少，可以随身携带进行传递，但依旧存在极大的限制。比如制造工序繁复，从生丝到可用来书写的缣帛，需要进行一系列处理而后织就、裁剪；简牍也并非将竹子砍下即可使用，而是要经过切割、磨平、炙烤等一系列加工过程，所能记载的文字有限，体积却较大，较为笨重。《史记·秦始皇本纪》载："天下之事无小大皆决于上，上至以衡石量书，日夜有呈，不中呈不得休息。"②秦始皇每日处理的文书重量可以衡石为单位来计量，古代以 120 斤为一石，可见简牍所制文书之重。同时，竹简木牍呈长条状，需要以绳编连在一起，容易造成简牍的散落。《史记·孔子世家》记载孔子晚年时喜欢读《易经》，"读易，

---

① 陈大川.怛罗斯之战与撒马尔罕纸.中国造纸学报 2005 增刊[C].中国造纸学会第十二届学术年
　会论文集:22-32.
② 司马迁.史记[M].北京:中华书局,1999:183.

韦编三绝。"①

相较而言,帛书并无此种限制。它更为轻便易写,可以根据书写内容进行裁剪,相同体积和重量所能书写的信息也大大多于此前的书写载体,但帛书并未成为普遍的书写载体,相反它的使用极为有限,原因就在于造价高昂。西汉桓宽《盐铁论·力耕》载:"夫中国一端之缦,得匈奴累金之物。"②"缦"即没有花纹的丝织品,而"一端"则为半匹,其长度仅为二丈,可见丝织物价格之昂贵。因此,文字的不断发展与应用范围的扩大迫切需要更为轻便廉价的书写材料,纸张正是在这样的背景下应运而生。

东汉时期,宦官蔡伦改进了造纸术,纸张逐渐成为书写的主要载体。蔡伦造纸的事迹见《后汉书》:

> 蔡伦字敬仲,桂阳人也。以永平末始给事宫掖,建初中,为小黄门。及和帝即位,转中常侍,豫参帷幄。伦有才学,尽心敦慎,数犯严颜,匡弼得失。每至休沐,辄闭门绝宾,暴体田野。后加位尚方令。永元九年,监作秘剑及诸器械,莫不精工坚密,为后世法。自古书契多编以竹简,其用缣帛者谓之纸。缣贵而简重,并不便于人。伦乃造意,用树肤、麻头及敝布、鱼网以为纸。元兴元年奏上之,帝善其能,自是莫不从用焉,故天下咸称"蔡侯纸"。③

在这项对后世影响深远的技术革新中,蔡伦改进了造纸的材料,以树皮、麻头、破布、鱼网等较为廉价、常见的材料造纸,一方面极大降低了纸的成本,使其可为更多人接受;另一方面,显著提升了纸的质量,使其可成为书写的载体。由此,纸的应用开始逐渐推广,成为人类文化的主要载体。

不过,在蔡伦改进造纸术之前,纸便已经在中国发明了。西汉时期的历史记载中,已有纸出现,《汉书·外戚传·孝成赵皇后》中有:"武发箧中有裹药二枚,赫蹏书,曰:'告伟能:努力饮此药,不可复入。女自知之!'"其中"赫蹏"一词,唐人颜师古引孟康注曰:"蹏犹地也,染纸素令赤而书之",引应劭

① 司马迁.史记[M].北京:中华书局,1999:1559.
② 桓宽.盐铁论[M].上海:上海人民出版社,1974:5.
③ 范晔.后汉书[M].李贤,等注.北京:中华书局,1999:1697.

注曰："赫蹏，薄小纸也。"①由此可见，西汉时期，纸这一书写载体或许已为人所用。但也有学者认为，此处之"纸"并非今纸之意，而是指用来书写的缣帛，这实际上就涉及究竟"纸"为何物的问题。

要弄清纸的起源，需要首先明确纸是什么。潘吉星指出，"传统上所谓的纸，指植物纤维原料经人工机械—化学作用制成纯度较大的分散纤维，与水配成浆液，经漏水模具滤水，使纤维在模具上交织成湿膜，再经干燥脱水形成有一定强度的纤维交结成的平滑薄片，作书写、印刷和包装等用的材料"。② 从原料、制造过程、外观形态和用途四个方面明确了纸的定义。据此，以植物纤维为原料制成的才能称之为纸，而《后汉书》中"自古书契多编以竹简，其用缣帛者谓之纸"的"纸"实指"缣帛"这种动物纤维，并非是真正意义上的纸。同时，古埃及所用的莎草纸以及古印度用树皮和树叶所制作的纸从制作过程来看，亦无法称得上是"造纸"，它们未经过化学作用，而只是将本来的植物薄片晾干，进行物理上的拼接粘合，因此真正的纸实始造于中国。

考古发现为东汉以前便有纸的说法提供了支持。1957 年 5 月，陕西西安灞桥砖瓦厂工地上发现一批不晚于西汉武帝时期的墓葬，其中出土铜镜三面，镜下垫有细布，布下又垫有纸。此后，20 世纪 70 年代，甘肃居延、陕西扶风中颜村等地又相继发现了西汉时期的古纸。③ 1986 年，甘肃天水放马滩发掘的秦汉墓群中出土了西汉初期的纸绘地图，这也是迄今为止发现的存世最早的纸质地图。该纸主要以麻为原料，用浇纸法制成，且为了便于书写绘画，在使用前还对纸进行过涂层的加工处理。④ 尽管西汉时期古纸在制造原料、工艺以及成纸的质量上都与蔡伦改进造纸术后的纸有相当的差距，但从纸的定义来看，西汉时期即有纸的结论是可以成立的。

在经蔡伦改进之后，造纸术并未就此定型，而是不断向前发展。魏晋南

① 班固.汉书[M].颜师古,注.北京:中华书局,1999:2936.
② 潘吉星.中国造纸史话[M].北京:商务印书馆,1998:5-6.
③ 参见初仕宾,任步云.居延汉代遗址的发掘和新出土的简册文物[J].文物,1978(1).罗西章.陕西扶风中颜村发现西汉窖藏铜器和古纸[J].文物,1979(9).
④ 参见田建.甘肃天水放马滩战国秦汉墓群的发掘[J].文物,1989(2).李晓岑.甘肃天水放马滩西汉墓出土纸的再研究[J].考古,2016(10).

北朝至隋唐时期,造纸的原料不断拓展、技术不断进步,所造纸张的质量与产量都得到显著提升。与此同时,纸的应用大大拓展,不仅在书写上完全取代了简牍,还被应用于日常生活的各个方面。

东汉时期的"蔡伦纸"主要以树皮、麻头、破布、鱼网等为原料,魏晋南北朝时期造纸的原料已然丰富拓展,出现了楮皮纸、桑皮纸、藤纸等多种不同原料制成的纸。不同地区生长植物的不同,造纸原料亦有所差异,甚至出现了一些有特色的纸。王嘉的《拾遗记》记载张华写成《博物志》后,呈交武帝阅览,武帝给其诸多赏赐,其中有一种纸叫作"侧理纸",王嘉写道:"侧理纸万番,此南越所献。后人言'陟里',与'侧理'相乱。南人以海苔为纸,其理纵横邪侧,因以为名。"①其中"南越"在今两广及越南北部地区,可见西晋时期两广地区就以海苔作为造纸原料之一,造出极具本土特色具有独特纹理的"侧理纸"。

由于造纸技术的进步,魏晋南北朝造出的纸较汉纸薄而平滑。此时的纸是用类似现今传统方式抄纸的活动帘床纸模抄造的。潘吉星在《中国造纸史话》中对这一模具及造纸过程进行了描述:

> 这类模具由竹帘及木床架两部分构成,再用两根边柱使二者紧贴在一起,可合可拆。将二者合起时放纸浆中捞纸,滤水后将竹帘取下并将其上的湿纸置于木板上;再将二者合起重行捞纸,取下竹帘并将湿纸置于上次抄出的湿纸上;如此重复,最后将叠在一起的湿纸压榨去水,再行干燥。

他指出用这种方法制出的纸不仅紧薄而均细,且"用同一模具可连续抄造出千万张纸,提高劳动生产率和设备利用率"②。

由于晋代造纸的质量与产量都大幅提升,纸张开始替代竹木简牍,成为书籍的主要载体。尽管东汉时期造纸术已得到改进与推广,但作为书写载体,纸张取代竹帛仍需要一个过程。自汉至魏晋,竹简仍然是主要的书写材料,直到晋代纸张才开始在书写中占据主要地位。东晋《桓玄伪事》曰:"古

① 王嘉.拾遗记[M].萧绮录,齐治平,校注.北京:中华书局,1988:211.
② 潘吉星.中国造纸史话[M].北京:商务印书馆,1998:28-29.

无纸，故用简，非主于敬也。今诸用简者，皆以黄纸代之"①。但魏晋南北朝时期所造纸张幅面较小，北宋苏易简《文房四谱·纸谱》中有："晋令诸作纸，大纸一尺三分，长一尺八分。听参作广一尺四寸，小纸广九寸五分，长一尺四寸。"②晋代1尺约相当于24.5厘米，可见晋纸幅面并不大。由于幅面所限，此时的纸多用于书写，而绘画则仍使用缣帛作为创作载体。

隋唐时期，经济繁荣，手工业以及古代科技的进步推动造纸术进一步发展。一方面，造纸的原材料较此前又有拓展，除了麻类、楮皮、桑皮、藤皮、瑞香皮、木芙蓉皮等，竹也开始作为造纸原料，尽管麻类依旧在造纸原料中占据主要地位，但其他纸类的产量较魏晋南北朝时期不断增加。纸的品类与色彩更加多样化，根据《文房四谱》的记载，《晋书》中有"为诏以青纸、紫泥"，而到了贞观年间"始用黄纸写敕制"，唐高宗上元二年又下令："诏敕施行既为永式。比用白纸，多有虫蠹。宜令今后尚书省颁下诸司诸州县，宜并用黄纸"③，可见唐代的黄纸品质优良，可防虫蛀，成为诏敕颁行的重要载体。唐代相较于前，可造出幅面更大的纸，从而满足了绘画的需求，纸开始成为绘画的重要载体，唐代名画家吴道子的《送子天王图》即为纸本墨笔画。同时，纸张品类的丰富也带来了用途的拓展，比如糊窗子用的糊窗纸，制造纸灯笼、纸扇的工艺用纸等。唐初，纸开始被用于丧葬之中，《新唐书·王玙传》记载："汉以来葬丧皆有瘗钱，后世里俗稍以纸寓钱为鬼事，至是玙乃用之。"④自此焚烧纸钱成为祭祀逝去亲人的重要方式。

到了宋代，印刷术盛行，对纸张的需求大幅提升，刺激了造纸业的发展。宋代以后，由于藤的来源日益耗竭，竹开始被大量用以作为造纸的原料。⑤竹纸产生于唐，北宋进一步发展，竹子丰富的纤维是造纸的良材，同时竹分布广泛、廉价易得，制成的纸品质上佳。宋人陈槱《负暄野录》有："又吴人取越竹，以梅天水淋，晾令稍干，反复捶之，使浮茸去尽，筋骨莹澈，是谓春膏，

① 徐坚,等.初学记[M].北京:中华书局,1962:517.
② 苏易简.文房四谱[M].北京:中华书局,1985:52.
③ 苏易简.文房四谱[M].北京:中华书局,1985:51.
④ 欧阳修,宋祁.新唐书[M].长沙:岳麓书社,1997:4107.
⑤ 钱存训.中国纸和印刷文化史[M].桂林:广西师范大学出版社,2004:45.

其色如蜡。若以佳墨作字,其光可鉴,故吴笺近出,而遂与蜀产抗衡。"①除竹纸外,宋代占统治地位的纸种还有皮纸,被普遍应用于书画、刻本以及公私文书中。竹纸和皮纸作为两大主要纸种,一直延续到清代晚期。宋代市场经济的发展还催生了世界上最早使用的纸币"交子",纸在此时开始成为商品交易的中介信物。

　　明清时期,社会经济与科学技术进一步发展。在这个阶段,造纸术"在造纸原料、技术、设备和加工等方面都集历史上的大成,纸的产量、质量、用途和产地也都比过去任何时期处于更高的发展阶段"。② 与宋元相比,明清时期在书写、绘画、印刷以及生活方面的纸张用量增加极大,因而推动造纸业的繁荣发展。这一时期民间从事商品生产的纸坊增多,除了家庭作坊以外,较大宗的竹纸生产中雇工规模也不断扩大。同时,这一时期造纸的技术较前代又有进步,也留下了众多关于造纸技术的记载,比如明末宋应星作《天工开物》,其中"杀青"篇详细介绍了造纸的工艺与流程,成为研究古代造纸技术的重要材料。

　　尽管明清造纸技术不断精进,造纸业繁荣,但造纸仍然依靠手工,与西方的机器造纸相比效率低下。清朝末年,外国生产的纸张开始进入中国,一方面,机器造纸的低廉成本冲击了传统手工造纸作坊,众多手工造纸作坊纷纷倒闭;另一方面,机器造纸技术也开始进入中国,中国造纸业自此逐步走向工业化的发展阶段。

二、造纸术的全球传播

　　如今在全球各地的书写和传播活动中,纸张都是主要的载体。尽管各大文明数千年前各自发展出自己的文字,但所使用的书写材料却不尽相同。纸张在全世界范围内的普遍使用,成为全人类同享的主要传播载体,离不开中国古代造纸术的全球化传播。

---

① 陈槱.负暄野录[M].北京:中华书局,1985:11.
② 潘吉星.中国造纸史话[M].北京:商务印书馆,1998:74.

（一）造纸术的南传与东渐

造纸术在中国不断发展的同时，也开始了向海外的传播。受到古代交通条件的限制，纸的外传首先开始于中国周边的亚洲国家，最早传入越南，其后传入朝鲜半岛与日本。

由于地理和政治上的紧密关系，造纸术最早传入越南。汉武帝时期，越南北部归汉统辖，汉武帝设交趾、九真、日南三郡，直到北宋初年，越南北部都在中国统治之下。公元 187 年，广西人士燮任交趾太守，在任 40 年间，当地经济文化不断发展，社会稳定，居民富庶。此时中原地区战乱频仍，许多中原人南下避难，其中不乏文人与工匠，他们带来了先进的生产技术与文化，造纸术很可能在此期间传入越南。工匠的迁入与文化的发展带来纸张需求量的增加，本土的造纸业由此开始。三国时期，吴国统治该地，将三郡合并为交州，吴人陆玑在《毛诗草木鸟兽虫鱼疏》中写道："榖，幽州人谓之榖桑，或曰楮桑；荆、扬、交、广谓之榖；中州人谓之楮桑。……今江南人绩其皮以为布，又捣以为纸，谓之榖皮纸。"此处"交"即交州，学者认为汉末三国时期，楮纸的生产已推广至今越南北部的交州地区。①

在东北方，中国同朝鲜半岛的交往开始较早。元封三年（公元前 108 年），汉武帝出兵剿灭位于朝鲜半岛北部的卫氏朝鲜，于其地设乐浪、临屯、玄菟、真番四郡，汉昭帝始元五年（公元前 82 年）时，将其合并为乐浪与玄菟两郡。作为西汉政府的领地，大批汉人官员、学者、工匠、农民来此定居。而在朝鲜半岛南部，则同时存在着马韩、辰韩、弁韩三个朝鲜部族，合称"三韩"。随着"三韩"的衰落，新罗、百济兴起，并逐渐统治朝鲜半岛南部。公元前 37 年，扶余人朱蒙在西汉玄菟郡高句丽县（今辽宁省新宾县境内）建高句丽国，其后不断扩张，占据了包括原汉四郡在内的朝鲜半岛北部。三国并存于朝鲜半岛的时期大致在汉末至魏晋南北朝，造纸术就在此间传入朝鲜半岛。高句丽与中国陆上接壤，新罗与百济则与中国海上往来频繁，三国境内长期以来通行汉字，境内汉人众多。公元 285 年（西晋太康六年），百济博士

① 潘吉星.中国科学技术史：造纸与印刷卷［M］.北京：科学出版社,1998：541.

王仁曾将《论语》书卷带入日本，可见纸质书籍输入朝鲜的时间不晚于此。

关于中国造纸术传入朝鲜半岛的时间，尚未发现明确的史料记载，但据推测大致是在公元4世纪魏晋南北朝时期，由移居朝鲜半岛的汉人工匠传入。① 潘吉星转引日本造纸者深田安吉对朝鲜纸史的调查报告称，"新罗全盛时（公元420年）也是造纸兴盛时期"，而考古发掘的新罗古坟中，已发现在髹漆棺木涂层下使用了纸。② 早期朝鲜半岛高句丽、新罗、百济三国造纸能力有限，其技术由中国传入，所用原料、工具与流程均与中国相似，但产量不大，大部分用纸还是来自于中国。中国唐朝时期，新罗借助唐王朝之力灭百济与高句丽，并派遣留学生与僧人赴唐学习，唐文化与科学技术传入新罗。公元788年，新罗推行科举制，推崇汉文学与儒学，加之佛教的传入导致对佛经需求的增长，推动造纸术在新罗迅速发展。"此时造麻纸和楮皮纸在南部发展较快，821年新罗纸还作为'贡物'输入唐帝国。"③

继朝鲜后，造纸术又传入日本。中日之间的交流早在日本由绳纹时代向弥生时代过渡的公元前300年左右就已开始。这一时期的交往使得彼时中国先进的大陆文明推动日本由渔猎经济向农业经济转变。日本不仅从中国引进了先进的水稻栽培技术，铁器与陶器的制造技术也经由中国传入后不断发展普及。借助于中国大陆的技术成就，日本完成了自己最早的一次技术革命。④ 汉魏时期，经由朝鲜半岛的中日交流频繁，《汉书·地理志》载："乐浪海中有倭人，分为百余国，以岁时来献见云。"⑤晋至南北朝时期，朝鲜半岛纷争不断，岛上众多汉人前往日本避难，他们不仅带去了许多纸制书本与汉文化，还将中国先进的科学技术包括造纸的技艺带到日本。日本自行造纸始自何时尚无法确定，但学者指出日本履中天皇四年（公元403年）秋曾在各国置史官修国史，钦明元年（公元540年）下令在全国编制秦人、汉人等诸蕃归化人户籍，而修国史与编制户籍需要大量的纸，单靠从中国及朝鲜

① 王珊.中国古代造纸术在"东亚文化圈"的传播与发展[J].华东纸业，2009(06).

② 潘吉星.中国科学技术史：造纸与印刷卷[M].北京：科学出版社，1998：496.

③ 同上.

④ 李廷举，吉田忠.中日文化交流史大系：科技卷[M].杭州：浙江人民出版社，1996：3.

⑤ 班固.汉书[M].颜师古，注.北京：中华书局，1999：1322.

半岛进口是无法满足的，从而推断至迟在公元 400 至 500 年，日本已开始造纸。①

日本造纸业的发展与成熟也与中国密切相关。日本史书《日本书纪》卷二十二记载："十八年（610）春三月，高丽王贡上僧昙征、法定。昙征知五经，且能作彩色及纸、墨，并造碾硙，盖造碾硙始于是时欤。"②僧人昙征来日之时正值圣德太子推行新政，大力发展经济文化。在昙征的指导下，圣德太子曾令国内遍种楮树。隋唐时期，日本曾派大量遣隋使、遣唐使到中国学习，中日交往频繁。大化二年（公元 646 年），日本开始了大化革新，从中国学成归国的留学生成为这一运动的重要力量。新政的实施要进行全国人口调查、户籍编制与土地丈量，这些内容都要登记成册，加之政府文书的书写，以及伴随儒释大兴而产生的对儒释经典的抄录，对纸的需求于是大量增加，从而推动日本造纸业快速发展，纸坊增多。公元 701 年，日本政府设立了专门的机构来负责制造纸张。③

日本早期造纸的原料以麻为主，平安时代（公元 794—1192 年）后麻纸渐少，楮皮与雁皮成为造纸的主要材料。飞鸟时代（公元 593—710 年）后，日本在造纸技术和产量上都不断发展，《新唐书·日本传》记载唐建中元年（公元 780 年）日本使者真人兴能来唐进献特产，"兴能善书，其纸似茧而泽，人莫能识"④。奈良时期（公元 710—794 年），日本各地的造纸业都发展起来，中央的贡纸来自全国各地。纸的种类也更多样化，除了本色纸外，还生产红、黄、绿、蓝、紫等多色纸，不仅以唐代传入的技术制造泥金纸、冷金银色纸等加工纸，还发展出日本独特的"吹绘纸"。⑤ 此后，日本加工纸的种类更加繁多，制造品质更为精美，纸业贸易兴盛。

除越南、朝鲜与日本外，中国的造纸术在唐代以后还传入印度、尼泊尔、巴基斯坦以及缅甸、泰国、菲律宾等南亚、东南亚国家，促进了当地书写载体

① 潘吉星.中国科学技术史：造纸与印刷卷[M].北京：科学出版社，1998：518.
② 潘吉星.中国科学技术史：造纸与印刷卷[M].北京：科学出版社，1998：517.
③ 钱存训.中国纸和印刷文化史[M].桂林：广西师范大学出版社，2004：311.
④ 欧阳修.新唐书[M].北京：中华书局，1975：6209.
⑤ 潘吉星.中国科学技术史：造纸与印刷卷[M].北京：科学出版社，1998：523.

的变革与文化的发展。

(二)造纸术的西行与延展

中国造纸术大致是在 3 世纪时传入中亚,8 世纪时传至西亚,10 世纪时传至非洲,12 世纪时传至欧洲,16 世纪时传入美洲,19 世纪传至澳洲。[①]

西汉以降,通过丝绸之路,中国与中亚、西亚贸易频繁。随着中国造纸业的发展,纸张也成为丝绸之路上的重要商品。有学者甚至将丝绸之路称为"纸张之路":"中国纸也随丝绸一起西运,20 世纪以来沿这条商路,各地出土大量汉魏及晋唐古纸,因此也可将这条商路称为纸张之路(Paper Road)。"[②]20 世纪以来的考古发现为纸在丝绸之路上的流通提供了证据。1900 年瑞典人斯文·赫定(Sven Hedin)在新疆楼兰遗址发现了魏晋时期的纸本文书,其所用纸多为麻纸;次年英国人斯坦因(Aurel Stein)也在新疆发现了东汉字纸,1933 年黄文弼还在罗布泊地区挖出过西汉麻纸。[③] 早在 4 世纪时中亚人就使用中国纸书写信件文书,1907 年斯坦因在甘肃敦煌发现了九封用中亚的粟特文书写的信,这些信被学者认为是客居凉州(今甘肃武威)的中亚商人在晋怀帝永嘉年间(公元 311—313 年)写给他在撒马尔罕的朋友的,而在新疆和甘肃敦煌还出土过中亚吐火罗文、西亚波斯文以及叙利亚文和欧洲希腊文等纸本文书,都是 3—6 世纪在中国境内用中国纸写的。[④]

尽管早在唐代之前,纸张就已通过丝绸之路的贸易进入中亚,但造纸术向中亚的传播则始于本章开始所说的怛罗斯之战。高仙芝所率唐军为阿拉伯军队所败后,战俘中有一些唐朝的制纸工匠,他们被阿拉伯人送至怛罗斯西南的撒马尔罕,在这里建立了阿拉伯帝国的第一座造纸厂。[⑤] 在中国造纸工匠的贡献下,撒马尔罕造纸业迅速发展。公元 794 年造纸术进入西亚,在

① 钱存训.书于竹帛:中国古代的文字记录[M].上海:上海书店出版社,2003:117.
② 潘吉星.中国古代四大发明——源流、外传及世界影响[M].合肥:中国科学技术大学出版社,2002:381.
③ 潘吉星.中国造纸史话[M].北京:商务印书馆,1998:134.
④ 潘吉星.中国科学技术史:造纸与印刷卷[M].北京:科学出版社,1998:558-559.
⑤ 孙锦泉.中国造纸术对8—11 世纪阿拉伯帝国的影响[J].四川大学学报(哲学社会科学版),1994(1).

阿拉伯政府官员的提议下，当时的阿拉伯帝国首都巴格达借助中国工匠建立起了一座造纸厂，此后中亚、西亚造纸业迅速发展，成为中国造纸术继续向欧洲和北非传递延伸的中点站。继大马士革、特里波利、哈马之后，埃及的尼罗河三角洲、摩洛哥的都城非斯和西班牙的沙蒂瓦等地，都先后建起了造纸厂。① 这些造纸厂所产的纸不仅供应本地，还出口至其他国家。

公元 9 至 10 世纪，随着阿拉伯对摩洛哥的征服，造纸术很可能由此传入非洲。在非洲西北岸，摩洛哥的首都非斯成为造纸中心之一，而作为阿拉伯人与西班牙人争逐的焦点地区，造纸术于 12 世纪早期由此传入西班牙，再由西班牙传入相邻的法国。13 世纪，欧洲的另一个国家意大利从阿拉伯世界引入了造纸术，1268 年法布里亚诺建成了意大利最早的造纸厂，在生产纸张的同时也不断进行技术的革新，从而使得法布里亚诺生产的纸张质地精美、广受欢迎。造纸术在意大利迅速发展，造纸厂在全国多地建立起来，到了 14 世纪，意大利纸在产量和质地上都超过了西班牙纸和大马士革纸。② 随着纸在欧洲使用的拓展，14、15 世纪以来，德国、荷兰、英国以及其他欧洲国家也纷纷建立起自己的造纸厂，17 世纪时欧洲各国基本都有了造纸业。③

在欧洲人的地理大发现和移民过程中，纸与造纸术进入美洲。15 世纪末期，欧洲航海家哥伦布抵达美洲大陆，纸张很可能在此之后由欧洲探险家们带入美洲。美洲大陆的玛雅人曾经创造过辉煌的文明，他们使用神秘的玛雅文字进行记录，至今在德国、西班牙等国的博物馆还存有玛雅的古抄本。这些古抄本以及欧洲人发现美洲大陆之前玛雅人书写所用的材料，是一种用无花果树等的树皮经过浸泡、槌击、晾干等简单的处理过程制成的"纸"。从处理过程来看，这些"纸"并非我们所说的纸，而是一种类似于古埃及莎草纸的，由植物经简单物理处理过程制成的书写材料。而真正的纸进入美洲大陆则是 16 世纪以后，由欧洲探险家们带去的。随着欧洲人向美洲大陆迁移，1575 年，西班牙王室许可两家造纸商在墨西哥建立起了美洲第一

---

① 孙锦泉.中国造纸术对 8—11 世纪阿拉伯帝国的影响[J].四川大学学报(哲学社会科学版)，1994(1).

② 钱存训.中国纸和印刷文化史[M].桂林:广西师范大学出版社，2004:277-278.

③ 潘吉星.中国造纸史话[M].北京:商务印书馆，1998:147.

个造纸厂。1690 年，德国移民在费城建立了第一家造纸厂，造纸术自此在美国落地生根。

大洋洲是造纸术最后一个传入的大洲。直到 1868 年，墨尔本附近才建立起了澳大利亚第一家造纸厂。① 而此时的欧洲，随着造纸机的发明与改进以及造纸制浆技术的进步，造纸业已进入了机器化大生产的阶段。

三、纸的媒介特征

（一）跨越时空的视觉符号载体

造纸术的发明和改进，使得纸取代此前的文字载体成为主要的书写材料，为人类媒介史、文化史铺筑了借以前行的阶梯。在人类文明演进的漫漫长河里，纸张以其独特的媒介优势成为知识和信息的主要承载者，时至今日仍在发挥着巨大的媒介影响力。文字借助纸张这一载体增强了跨越时间和空间的能力，逐渐成为知识储存与信息传播的主要形式，这一过程进一步推动视觉符号成为人类信息传递的主要内容。

纸张诞生以前，用于书写的载体主要为竹简、缣帛或者石碑、钟鼎之类，《墨子》云："古之圣王欲传其道于后世，是故书之竹帛，镂之金石，传遗后世子孙，欲后世子孙法之也。"②作为时间偏向型的媒介，金石在跨越时间上具备优势，可长久保存，从而"传遗后世子孙"，但却庞大笨重，难以移动，不具备跨越空间的灵活性。竹帛相较于金石，尽管跨越空间传播的能力已大大提升，但携带仍然较重，所载信息也并不多。与这些书写媒介相比，纸使得信息跨空间传播的能力极大提升。这种独特的优势与媒介特性让纸成为人所称颂的对象，西晋傅咸《纸赋》有云：

> 盖世有质文，则治有损益。故礼随时变，而器与事易。既作契以代绳兮，又造纸以当策。犹纯俭之从宜，亦惟变而是适。夫其为

---

① 万安伦，王剑飞，杜建君.中国造纸术在"一带一路"上的传播节点、路径及逻辑探源[J].现代出版，2018（06）.
② 墨子.墨子[M].毕沅，校注.吴旭民，校点.上海：上海古籍出版社，2014：230.

物，厥美可珍；廉方有则，体絜性贞；含章蕴藻，实好斯文。取彼之弊，以为此新。揽之则舒，舍之则卷。可屈可伸，能幽能显。若乃六亲乖方，离群索居。鳞鸿附便，援笔飞书。写情于万里，精思于一隅。①

在以华美的辞藻称颂纸张的过程中，这篇骈文用对仗工稳的词句指出了纸张的特性与用途：外观方正洁白，纸质软韧轻盈；可卷可舒，传递方便；即使相隔万里，也能寄托情思。正是由于纸张相较此前的文字媒介有更好的跨越空间能力，它成为中国古代远距离传递的文件、公文以及书信的主要载体，也是唐宋以来发展出中国古代独特的报纸系统的基础。

从跨越时间的能力上看，纸也是性能优良的媒介。虽然与金属、石头相比，纸张更为脆弱，需要在一定条件下精心地保存，才能跨越更长的时间，但相较于口语传播的即时性、共时性而言，纸张使大量的信息得以保存下来，历经一定的时间流传。随着造纸术的不断改进，廉价纸张的大量生产使得记录的成本下降，文字、图画等内容的传播越来越依赖纸张。人类从古代开始创造的灿烂文化得以流传至今，离不开纸张这一载体，因此，对于人类文化的传承和交流而言，造纸术可谓居功至伟。

纸在文字和图像传播过程中的作用不断凸显，地位不断提升，进一步推动人类传播过程所倚仗的感官通道和编码解码方式由听觉向视觉转移。从媒介的感官触及特征来看，纸无疑是一种视觉媒介，作为文字的载体，书籍、绘画与手工艺品的制造原料，纸通过视觉的方式成为人们传递信息与情感的工具。除了以平面载体的形式呈现一定的文字与图像，纸还因其独特的材质可被塑造为不同的形象，这一媒介特性使得纸成为剪纸艺术与丧葬文化中的重要材料。一方面，作为书写与绘画的主要载体，纸承载了人类创造的大量抽象概念和具体形象；另一方面，纸自身还可裁剪、可折叠，作为手工艺品的原料，可以在工匠的手下被塑造为各种形象。无论是作为视觉编码的载体，还是作为视觉形象的编码材料，纸都在人类文明不断演进的过程中，进一步强化了信息传播对于视觉通道和符码的依赖，牵引着人类文化整

---

① 严可均.全晋文[M].北京：商务印书馆，1999：531.

体上走向偏重于视觉的路途。

(二)纸的媒介局限

尽管纸相较于此前的文字载体具有显著优势,因而得以成为主要的文字媒介沿用至今,但它也不可避免地存在诸多局限。首先,纸张易损、易燃、易腐、易蚀,因而需要借助于一定的条件才能跨越时间。铭刻于石碑、钟鼎之上的文字,经历千万年仍然清晰可辨,但千年前的纸张留存下来的已极为稀少,这也是难以判定纸张诞生的确切年代的原因之一,纸张难以长久保存造成了实物史料的缺失。

纸张的脆弱首先缘于造纸的材料。《文房四谱》记载:"今江浙间有以嫩竹为纸。如作密书,无人敢拆发之,盖随手便裂,不复粘也。"①可见以嫩竹所造之纸极易损坏。另外,纸张的保存需要适宜的温度与湿度,遇水、遇火以及遭受虫蛀均会造成纸张的损毁。在与时间的较量过程中,风吹日晒都会影响纸的品质,这对书画等纸制品的保存提出了更高的要求。唐代书法家李阳冰说:"纸常宜深藏箧笥,勿令风日所侵。若久露埃尘,则枯燥难用矣。攻书者宜谨之。"②同时,在日常的使用过程中,翻阅纸质的文件与书籍也会造成一定的磨损,甚至不小心撕毁。

造纸也会引发一些环境问题。纸张来源于植物纤维,这意味着制造纸张必须以一定植物为原料,对植物的砍伐,易造成水土流失等环境问题。宋代以前,藤曾是造纸的重要原料,尤其是产自剡溪的古藤制成的纸广为人们称颂。《唐国史补》记载:"纸则有越之剡藤苔笺,蜀之麻面、屑末、滑石、金花、长麻、鱼子、十色笺,扬之六合笺,韶之竹笺,蒲之白薄、重抄,临川之滑薄。"③但由于藤生产的区域有限、生长周期长,大量的砍伐造成古藤耗竭。唐人舒元舆在散文《悲剡溪古藤文》中表达了对毫无限度地砍伐古藤的批判:"藤虽植物者,温而荣,寒而枯,养而生,残而死,亦将似有命于天地间。

---

① 苏易简.文房四谱[M].北京:中华书局,1985:55.
② 苏易简.文房四谱[M].北京:中华书局,1985:50.
③ 李肇.唐国史补·因话录[M].上海:上海古籍出版社,1979:60.

今为纸工斩伐，不得发生，是天地气力为人中伤，致一物疵疠之若此。"①同时，造纸的过程需要大量的水，临水造纸也会造成水污染。明人吴之鲸《武林梵志》载，玉泉寺前有一水池，池水本清澈可鉴，"宣德间置白纸局，就池造纸，淆浊久之，局废而泉复洌矣"②，造纸活动对环境的破坏可见一斑。唐代藤纸的广泛使用造成藤类植物的枯竭以及造纸活动对水源的破坏，为后世纸的制造与使用提供了前车之鉴。

四、造纸术与文明

(一)知识传播与文化繁荣

纸张作为书写载体，可承载信息量大、跨越时空能力强，促进知识与信息在内容数量和传播范围两方面不断拓展。一方面，造纸术的改进与应用改变了文字与知识的生产方式，纸张成为文字的主要载体后，笔墨作为书写工具可以在吸墨性强的纸上快速流畅地书写，较之此前的刻写方式与在竹帛类材料上的书写效率大大提升。另一方面，纸张轻盈便携的特点使其便于以公文、书信或书籍等形式在人与人之间传播，在主要依靠人力和畜力交通往来的古代，纸就成为跨越空间传递信息的主要载体。

正是因为在知识生产中的重要地位，纸在中国古代被誉为"文房四宝"之一而受到文人的推崇。北宋翰林苏易简作《文房四谱》，大量收录北宋以前与笔墨纸砚相关的历史记载和野史逸闻，为我国第一部系统论述纸墨笔砚源流、制作、轶事的谱录类著作。"江东三徐"之一徐铉为之作序，言苏易简："退食之室，图书在焉，笔砚纸墨，余无长物。以为此四者为学所资，不可斯须而阙者也。"③纸作为文人为学进益不可或缺的工具，在文化的积累、传承和创新过程中的作用是不可估量的。

纸的应用还推动了中国书法和绘画艺术的发展，形成了中国文化独特

---

① 舒元舆，等.晚唐小品文选译[M].顾歆艺，译注.成都：巴蜀书社，1991：12.
② 吴之鲸.武林梵志[M].杭州：杭州出版社，2006：111.
③ 苏易简.文房四谱[M].北京：中华书局，1985：1.

的书画传统。东汉末年到南北朝时期，随着造纸术的应用与造纸品质的提升，纸开始被应用于书法。东晋书法家王羲之《兰亭集序》被誉为"天下第一行书"，据传唐太宗李世民酷爱王羲之之书，太宗死后《兰亭集序》被带入昭陵陪葬，苏轼诗云"兰亭茧纸入昭陵"，"茧纸"并非蚕茧所制，而是由楮树皮制成，因其纸质上佳似蚕茧般细致有光泽而被称为"茧纸"。可见书法创作对纸张要求较高，而魏晋时期造纸术的进步使纸的质量提升，可造出洁白光滑方正的纸，书法艺术借此得以长足发展。在成为主要的书写材料的同时，纸也成为绘画的重要载体。早在西汉时期，纸就被用以绘制地图，1964年在新疆吐鲁番出土过东晋时期的纸本人物画，但魏晋南北朝时期纸张幅面有限，绘画仍以绢帛为主要载体，比如东晋画家顾恺之的《洛神赋图》《女史箴图》等著名画作都是画在绢上的。就流传下来的古代画作来看，唐五代以前，大多画于绢上，而唐宋以后纸本画渐多，以生宣纸为主要载体的写意画逐渐成为中国古代绘画的独特代表。

纸的广泛应用还促进了文学艺术的创作与传播。有了纸这一载体，文学创作也变得更为方便，文人雅士书面创作增多，产生了越来越多的优秀文学作品。同时，好的文学作品也借纸张之利得以广泛抄传。晋代左思《三都赋》写成之后，风行一时，"豪贵之家竞相传写"（《晋书·文苑·左思传》），于是，洛阳之纸一时求多于供，货缺而贵，遂有"洛阳纸贵"这一成语。

纸的广泛应用也在一定程度上促进了佛教在古代中国的传播和发展。造纸术发明和改进的两汉之际，正是佛教传入中国的时期，北魏郦道元的《水经注》记载："昔汉明帝梦见大人，金色，项佩白光。以问群臣，或对曰：西方有神名曰佛，形如陛下所梦，得无是乎？于是发使天竺，写致经像，始以榆槫盛经，白马负图，表之中夏。故以白马为寺名。"[1]北朝杨衒之在《洛阳伽蓝记》中指出："白马寺，汉明帝所立也，佛教入中国之始。"[2]可见，佛教入中国正是由佛经、佛像的传入开始的。两汉之后，纸的普遍使用为佛经的抄写提供了更加便利的载体，使得佛经成为早期纸卷书籍的重要内容，三国时期用

---

[1] 郦道元.水经注[M].长沙：岳麓书社，1998：251.
[2] 杨衒之.洛阳伽蓝记选译[M].韩结根，译注.成都：巴蜀书社，1991：194.

"六合纸"抄写的《譬喻经》就是现存最早的写本之一。20 世纪以来,考古学家在敦煌藏经洞中发现的公元 4 至 11 世纪的书卷,其中也以佛教典籍最多,而在佛教盛行时,一些寺庙还自行造纸以抄写佛经。

造纸术传入西亚和欧洲之后,推动了书写载体的变革与知识中心的转移。在造纸术传入欧洲以前,羊皮纸是主要的书写材料,制作复杂、价格昂贵,因此书籍的生产规模很小,书籍的制作依靠手抄,从事抄书的多为修道院的僧侣们,因此书写与阅读为教会所垄断。纸张的普遍使用推动教育的普及,"11 世纪阿拉伯帝国文化教育十分普及,巴格达、大马士革、开罗、科尔瓦多等大城市有各类初等到高等学校 20—40 所,而这也是科技传播和文明提升的重要的路径"。① 随着大学的兴起,翻译活动促进了东西方知识的交流与古代知识的再发现,人们对书籍的需求随之增加。廉价易得的纸张为非宗教书籍的大量制作创造了可能,"大学取代修道院,成为书籍生产和抄录的中心"②。除了知识的储存与传播,纸还促进了文字与文学的发展。"促成阿拉伯世界热烈文学活动的因素之一是因为 8 世纪中叶突然获得的纸张,轻便的纸取代了昂贵的羊皮纸、莎草纸和皮革。"③纸在知识传播与思想解放中发挥的作用,在一定程度上促成了西方文艺复兴的到来。

纸的使用也推动了印刷术的发明与应用。在中国,纸的普遍使用为书籍制作提供了大量原料,手抄逐渐难以满足人们迅速增长的需求,大量复制文字书籍的印刷术于是被发明出来。纸张的使用是印刷术发明的前提,纸史专家达得·亨特指出,用于书写的纸被使用后,印刷术的发明才成为可能,柔软有韧性的纸使得以最简易的方式用木刻版留下印记成为可能。④ 在西方,纸的使用推动了印刷术的传入与应用,刺激了印刷机的发明。麦克卢汉说:"中国的纸张逐渐由中东传入以后,欧洲的教育和商务从 11 世纪开始稳步发展,给'12 世纪的复兴'提供了基础,使印刷读物得以普及,并且最终

① 万安伦,王剑飞,杜建君.中国造纸术在"一带一路"上的传播节点、路径及逻辑探源[J].现代出版,2018 (06):74-79.
② 斯丹迪奇.从莎草纸到互联网:社交媒体 2000 年[M].林华,译.北京:中信出版社,2015:74.
③ 洛根.字母表效应:拼音文字与西方文明[M].何道宽,译.上海:复旦大学出版社,2012:113.
④ Hunter D. Papermaking: the history and technique of an ancient craft [M]. New York: Dover Publications,1978:61.

使 15 世纪的活字机器印刷术成为可能。"①羊皮纸粗糙、难以制作、成本过高，无论是制造规模还是材料质地都不适宜印刷，而纸张以其廉价易得、材质光滑、吸墨性好等优势，成为与印刷术完美契合的信息载体。二者的结合进一步提升了知识与信息复制和传递效率，加速了知识的标准化和普及的进程。

（二）维系统治与政治变革

作为最早发明纸的国家，古代中国不仅在文化的传承发展上得益于纸的使用，在政治上也依赖纸张记录传递信息来维护封建统治秩序。古代中国幅员辽阔，秦始皇统一六国后，统一文字、货币、度量衡等，秦汉以来，尽管也有分裂的时段，但统一始终是中国古代社会的主流。在交通和信息传递方式还较为落后的中国古代，要维系广阔的帝国的统治，离不开有效的信息传递系统，以保证政令的传达与施行，实现中央对地方的管控。古代跨越空间的远距离信息传递只能依靠人力和畜力。为了提高信息传递的效率，中国古代建立了完备的邮驿制度，而纸则以其易得、便携的媒介特质成为远距离传递信息的载体。伊尼斯指出，纸这一媒介的空间偏向在中国显而易见，"中国的官僚行政是和空间的要求相联系的"②，纸张在跨越空间方面的优势使之得以通过邮驿系统传递重要的政治、经济、军事信息，成为维系国家统一和朝廷统治的重要载体。

同时，丰富的廉价纸张为大量的记录提供了可能，便利了人口与土地的管理，促进了社会稳定。人口与土地等事关国计民生的基础信息需要大量载体来进行记录和统计，春秋战国时代，我国就已形成户籍制度，《周礼》记载："司民掌登万民之数，自生齿以上皆书于版，辨其国中与其都鄙及郊野，异其男女，岁登下其死生。"③可见，先秦时期，户籍登记是记录于"版"，即木牍之上的。但木牍体积大而笨重，难以移动，因此战国时期登记在木牍之上的户籍往往只放在乡一级。秦汉时期，竹简编连的简册取代了笨重的木牍，

---

① 麦克卢汉.理解媒介：论人的延伸[M].何道宽，译.南京：译林出版社，2011：122.
② 伊尼斯.帝国与传播[M].何道宽，译.北京：中国传媒大学出版社，2015：171.
③ 杨天宇.周礼译注[M].上海：上海古籍出版社，2004：532.

户籍的正本虽然在乡里,但县廷开始掌握户籍副本,基层的统治重心上移。

东汉蔡伦改进造纸术后,纸的应用范围不断拓展,汉末三国时期,纸开始进入公文书领域。晋武帝时期的《晋令》记载:"郡国诸户口黄籍,籍皆用一尺二寸札。已在官役者载名。"①为了防止虫蛀,造户籍所用纸张采用经过处理的黄纸,户籍名册也被称为"黄籍"。以纸代简使得户籍的编造、副本的制作以及传递都变得更加容易,由此推动户籍编造方式和造籍制度的变革。户籍中籍贯的写法不同于之前仅写里名而开始标注郡县一级,这正是由于纸张的使用,使得户籍的复制、运送更为便利,户籍不再只是保留于乡、县一级,而开始向上呈送。这一转变大大加强了郡县乃至中央对地方基层的统治力度,以往中央得到的这些事关国计民生的基础数据多靠地方上报,其中多有欺瞒造假,而随着对地方基本数据的掌握,中央对地方的控制力度也进一步强化。

不仅是户籍,"秦汉时期乡级机构编造并掌握了一系列基础账簿,因此就具有了征发赋役、管控民众的基本行政职能。魏晋之际纸简更替后,这些基础账簿的编造权逐渐收归到县,帝国的基层统治重心亦随之由乡司上移县廷,中国古代基层统治方式就此进入了一个新的阶段,并由此架构了此后1500多年的基本格局"。② 显然,在中国古代,纸的使用加强了朝廷对地方的控制,对疆域广阔的统一国家加强中央集权发挥着重要的作用。

在传至西方之后,纸的使用也一定程度上推动了社会政治的变革。伊尼斯认为西方民族主义君主制的发展与纸张的使用有着紧密联系:"建立在羊皮纸上的知识垄断,使西方夸张时间的重要性,使它遭遇到新媒介的竞争。纸就是这样的新媒介,它强调空间的重要性,民族主义君主制的发展就说明了这个问题。"③与宗教组织倚重羊皮纸进行知识垄断不同,政治组织的知识垄断则倚重纸这种空间偏向型的媒介。长期以来,在羊皮纸垄断知识媒介的情况下,宗教势力占据着绝对统治优势。随着纸的使用,文字的书写

① 李昉.太平御览[M].北京:中华书局,1960:2726.
② 张荣强.中国古代书写载体与户籍制度的演变[J].武汉大学学报(哲学社会科学版),2019(03):93-107.
③ 伊尼斯.帝国与传播[M].何道宽,译.北京:中国传媒大学出版社,2015:169.

有了更为廉价易得的载体，文字的数量开始增长，而"手写文字的数量显著增长，文字、思想与活动的世俗化就随之产生"①。纸质书籍的增多，知识的中心开始从修道院向大学转移，随着世俗权力的增长，教会的权力迅速土崩瓦解，失去了对社会的控制权。

（三）经济促进与贸易发展

随着造纸业的发展，纸在古代社会经济贸易中的地位逐渐凸显出来。作为媒介，纸推动了商业信息的记录传递和商业信用的增长；作为商品，纸还促进了新职业的产生与商业贸易的发展。

"口说无凭，立字为据"，纸的产生方便了文字的记录，拓展了人的记忆，改变了口头语言无法保留、无所凭据的传播状态，为人与人之间的经济往来提供了可供查证的实物凭据，有利于商业信用的建立和经济活动的开展。在纸张普遍使用之前，中国古代曾以结绳、契刻等方式来计数和计算，以刻写金石或书于竹帛来达成契约。随着纸的普遍使用，它成为商业贸易中记录账目、制定契约的重要载体。

北宋时期，中国出现了以纸为材料制成的货币"交子"，这是世界文明中最早出现的纸质货币。唐宋时期，经济不断发展，商品贸易繁荣，需要大量的货币进行交易。到了唐末，藩镇割据，纷争不断，五代十国更是政权更迭、社会动荡，使得货币铸造受到很大影响，流通货币不足，替代性的纸币于是应运而生，"先是，益、邛、嘉、眉等州岁铸钱五十余万贯，自李顺作乱，遂罢铸，民间钱益少，私以交子为市"②。另外，纸币出现之前，流通的货币大多以铜铁铸成，尤其是"交子"产生的四川地区多用铁钱，这些金属货币重量过沉，不便于携带和传输，无法满足商业贸易的需求，从而为纸币的出现和发展提供了历史机遇。

除了被制成纸币充当交易的中介，纸张自身也是贸易的对象。如前文所述，早在汉末魏晋时期，纸张就已经是丝绸之路上运送的重要货物品类，

---

① 伊尼斯.帝国与传播[M].何道宽，译.北京：中国传媒大学出版社，2015：48.

② 李焘.续资治通鉴长编（第二册）[M].北京：中华书局，1979：1315.

远销西域。从东汉时期开始,民间造纸业即不断发展,南北朝时期已有农民出卖造纸原料或自行造纸以获取丰厚的利润:"指地卖者,省功而利少。煮剥卖皮者,虽劳而利大。自能造纸,其利又多。种三十亩者,岁斫十亩,三年一遍,岁收绢百匹。"①随着纸张需求量的增大和商品经济的发展,以造纸为业的人数也不断增长。清代各地的地方志中多有此类记载,如《广州府志》载流溪位于山谷,"男女皆以沤布造纸为业"②;《广信府志》记载广西铅山地区"业之者众,小民借以食其力十之三四焉"③。明清时期,随着造纸技术的进步,一些大幅大宗造纸业中出现了劳动分工和自由身份雇工,清代文献记载陕西的一些纸厂雇工数量众多,"大厂百数十人,小厂亦四五十人。他们大都是乾隆以后从外省来的流民,应当是自由雇工"。而江西铅山地区的造纸工人"也多是外来流民,并有聚众罢工之事"④,可见资本主义萌芽已在造纸业中出现、发展。

不惟中国,纸在传至其他国家后也产生了类似的影响。伊尼斯说:"纸的生产传到欧洲是商业革命的标志。"⑤纸的使用推动了信用的提升,保险单、汇票等纸质信用凭证开始使用。同时,纸本身作为贸易商品迅速发展,13世纪早期,巴格达、大马士革等城市均为阿拉伯造纸重镇,其时巴格达大街两边的书店和纸店有百余家,大马士革则是纸张出口的中心。15世纪,随着教育的发展,对知识和书本的需求量大增,纸张产量不断增长,书商和抄书人的数量也随之增多,抄本交易行成为重要的市场。

(四) 日常生活与民间文化

在古代社会,纸作为文字的载体主要为知识分子所用,其在信息传递和文化传承中的重要性受到学者们的重视,但实际上,纸的应用渗入了日常生活的方方面面,其更广泛的社会价值和民间文化价值却很少被提及。在中

---

① 贾思勰.齐民要术[M].北京:团结出版社,1996:179.

② 戴肇辰,等修,史澄,等纂.广州府志[M].光绪五年刻本:卷十五.

③ 蔡继洙,等修,李树藩,等纂.广信府志[M].同治十二年刻本:卷一之二.

④ 许涤新,等.中国资本主义发展史(第一卷):中国资本主义的萌芽[M].北京:人民出版社,2003:431.

⑤ 伊尼斯.帝国与传播[M].何道宽,译.北京:中国传媒大学出版社,2015:160.

国古代,读书写字作为一项技能仅为少数人所掌握。及至清末,《大公报》载英国人季理斐所写《中国普通教育之亟》一文,转引汕头西方传教士汲约翰(John Gibson)的统计说:"乃今中国女子之识字者,约不过一兆十二万五千。为百人中有一人。中国男子之识字者,约不过十一兆二十五万,为百人中有十人而已。"美国传教士丁韪良(Mr.Martin)则将那些只能记簿单、写账目的中国商人和入学数年却仅知字音、不通字义的童子剔除出识字者的行列,认为"识字男子,二十人中有一人;识字女子,殆万人中有一人耳"①。

不过,即使是对于并不识字的大多数人来说,纸也并非陌生之物,它被广泛应用于日常生活之中。在古代中国,有糊窗纸、装饰用纸甚至卫生用纸等多种日常生活中的实用纸张,用纸做成的扇子、油纸伞等都成为日常使用的器具,纸制的灯笼、风筝等工艺品成为点缀节日气氛、丰富文化生活的重要工具,同时还发展出剪纸艺术等精湛而丰富的民间艺术形式。

在纸的日常使用中,丧葬用纸是一个独特而重要的方面。据统计,1930年浙江约有 2.5 万家造纸工场,在这些工场全年所生产的产品中,大约 30%用作祭品,进行焚化。② 在丧葬中最初出现的纸钱很可能因为此前金属钱币或珠宝随葬的经济代价过于高昂,其后以纸仿制衣物甚至车马奴仆这些现实生活中所需之物进行焚烧,则是希望死者仍能享有这些财物。而随着时代的变化,丧葬纸扎的形象也不断翻新。1880 年《益闻录》载有一则消息,称粤海关监督后方伯的夫人因病去世,出殡的冥具中有火轮船一艘,以缉私外洋水手八人升之,形制庞然,尤为灵动肖真,且烟通内亦能出烟,如黑云出岫,熏塞街衢。③ 可见用于丧葬仪式的纸扎与现实生活之对应关系。

由于纸张材料脆弱,丧葬中所用的纸扎、纸钱等难以像传统陪葬品那样埋藏于墓葬之中,于是焚烧纸质祭品就成为民间文化中实现人鬼沟通的一种方式。人们相信通过焚烧纸钱和纸扎所象征的现世物品,可以把这些东西送达死者。马可·波罗对中国民间的这种信仰感到新奇,他在游记中说:"他们带了各种用棉纸制成的纸祭品,如披戴鞍辔的纸马、男女纸佣、纸骆

① 　季理斐.中国普通教育之亟[N].万国公报,1906(206).

② 　钱存训.中国纸和印刷文化史[M].桂林:广西师范大学出版社,2004:99.

③ 　佚名.纸扎轮船[N].益闻录,1880(33).

驼、纸甲、纸衣,还有满袋的纸钱。他们将这些纸祭品同死者的尸体一同焚化。据他们说,这样死者在归天以后,将会得到活的奴仆和牲畜以及金银财宝。"①显然,造纸术这项中国发明的技术对中国文化的影响,远不止于文字传播载体这个方面。

在人类文明的演进过程中,纸与社会政治、经济、文化的影响是相互的。一方面,纸的广泛使用降低了知识信息记录与传播的成本,使更多的人得以接触知识,提升了社会识字率,促进了社会发展与文化繁荣。另一方面,社会的发展又创造了大量的需求,刺激了纸张与书籍的生产。到了唐代,文化与科技的兴盛使得手抄书籍已无法满足社会需求,印刷术由此产生。

---

① 钱存训.中国纸和印刷文化史[M].桂林:广西师范大学出版社,2004:98.

第七章 印刷术:复制扩散与文明难题

1936 年,三位年轻的中国学生鲁桂珍、王应睐和沈诗章来到剑桥大学生物化学实验室攻读博士学位,剑桥大学教授李约瑟与他们朝夕相处,开始对中国产生浓厚兴趣,他从 37 岁起决定学习中文,并萌生了撰写《中国科学技术史》的意愿。1943 年 2 月,李约瑟接受英国政府派遣,作为皇家科学院代表,前往中国援助受日军封锁的中国科学家。1946 年回国时,李约瑟收集了大量中国科技史的珍贵文献资料,不久,他在巴黎联合国教科文组织发表演说,高度赞扬了中国古代的科技成就。此后,"四大发明"代表中国古代科学最高成就的概念被世界所接受。

1954 年初,李约瑟编纂的巨著《中国科学技术史》第一卷由剑桥大学出版,该书特别阐述了指南针、火药、造纸术、印刷术等中国的发明创造。对中国古代科技抱以巨大热忱的李约瑟,在这部皇皇巨著中正式提出了后来被称作"李约瑟难题"的深切思考,后来在不同时期和不同语境中,他还反复就此难题作过种种不同的表述。1990 年,90 岁的李约瑟在一篇文章中对这一难题包括的两个问题进行了规范性表述:"为什么在公元前 1 世纪到公元 15 世纪期间,中国文明在获取自然知识并将其应用于人的实际需要方面要比西方文明有成效得多?""为什么现代科学只在欧洲文明中发展,而未在中国(或印度)文明中成长?"[1]这两个问题相互联系,共同构成了这一困扰中外学界、引发不断争辩的世纪难题。

---

[1] 李约瑟.东西方的科学与社会[J].自然杂志.1990,(12):36-45.

在因对世界近现代进程产生重大影响而备受历史学家重视的"四大发明"中，造纸术和印刷术作为媒介技术占据了两席，可见中国古代文明在信息传播方面取得的巨大成就。与造纸术一起对世界文明的演进作出过巨大贡献的印刷术，早在唐代以前的中国便已产生，它促进了古代中国知识的普及与社会的发展，并踏上了全球传播的道路。印刷术的外传不仅推动了中国文化的对外传播，还启发了欧洲现代印刷技术的出现，从而深刻改变了欧洲乃至世界的面貌。不过，正如李约瑟所思考和指出的那样，中国本土却并未在古代印刷术的基础上，发展出近现代的印刷技术，在世界文明的近代化进程中，中国在信息传播领域也未能像古代一样领世界之先，而是在信息技术现代化的过程中落后于西方。

一、中国古代印刷术的发明与应用

纸的广泛应用使得书籍的成本大大降低，知识不再被局限于特权阶级而开始在更大的范围内流动。然而，当整个社会对书籍的需求量增大时，传统依靠手抄复制书籍的方式便难以满足社会需求。人们开始寻求生产效率更高的文字复制方式，印刷术应运而生。但印刷术的发明并非凭空产生，早在纸张尚未成为人们书写材料的年代，文字便已通过不同的方式实现了复制。

（一）印刷术之前的复制技术

刻写复制方式古已有之，"印刷"的"印"字在中文中还指印章。印章是一种可供抑印出特定文字或图形标记，并且其本身可供验示，以固定地充当凭信的器具。① 早在商周时期，印章就已经产生，《周礼·地官》记载："凡通货贿，以玺节出入之"，汉代郑玄注曰："玺节，印章，如今斗检封矣"②，可见我国在周朝时使用印章作为贸易中的信用凭证，汉代这一使用方式依然存

---

① 孙慰祖.中国印章:历史与艺术[M].北京:外文出版社,2010:4.
② 孙诒让.周礼正义[M].北京:中华书局,1987:1068.

在着。其后印章不断发展,除了作为信用凭证外还逐渐成为一种艺术形式,直到今日其制作与使用仍未断绝。

印章不是古代中国的独创,世界主要几大古文明均使用印章。中国以外,两河流域、尼罗河流域以及印度河流域辉煌一时的古代文明中都有印章使用的痕迹留存。公元前八千纪到六千纪,在美索不达米亚地区已经开始使用印章在泥板上压制形象作为装饰或某种巫术手段,乌鲁克时代晚期(公元前3500年至公元前3100年)产生了刻于圆柱体滚筒上的滚筒印,乌鲁克遗址出土了大量带有印记的泥板文书,其内容多为契约、收据以及信件,可见这一时期滚筒印的出现与经济和信用的发展密切相关。公元前3000年前,古埃及也开始使用圆筒形的滚筒印,将象形文字印刻于泥板或是陶器之上。在古印度,公元前2000年以前,人们已经开始使用滑石、陶土等材料制作印章,并将古印度文字和各种图形刻于其上,留下了神秘的古印度印章文字。

除印章外,中国古代还有用来复制刻写于金石上的文字图像的拓印之法。早在东汉时期,人们便使用纸和墨来复制硬质载体上铭刻的文字,具体方式是:以湿纸覆于石碑等图文载体上,以刷子或毛笔将纸压入图文的刻痕之中,等到纸干时,用刷了墨汁的平面覆压,从而形成黑底白字的拓片。这一过程与印刷术有颇多相似之处,均是将硬质载体上的文字复制于纸上,都需要刷墨等。但印刷术中使用的印版为阳文,即文字凸出于平面;而石碑等上的文字多为阴文,即文字凹陷于平面,阳文的刻写需要对文字进行反转。同时,拓印印出的纸——拓片为黑底白字,而印刷则为白底黑字。

印章、拓印等是产生较早的文字复制方式,但它们并非印刷术。钱存训指出:"印刷术是以反体文字或图画制成版面,然后着墨(或其他色料)就纸(或其他表面),加以压力以取得正文的一种方法。"①这一方法首先将要复制的图文内容反转于平滑表面,再制成印版,最后着墨并印制于纸或其他载体上。尽管印章、拓片并非印刷术,但它们或需要文字反转篆刻,或需要施墨印纸,在所需材料、制作过程以及目的等方面均类似印刷术,从而一定程度

---

① 钱存训.中国纸和印刷文化史[M].桂林:广西师范大学出版社,2004:19.

上为印刷术的发明奠定了基础。

(二)雕版印刷术的发明

中国古代印刷术的发明与使用需要以一定的物质条件为基础,造纸术的改进为印刷术的产生提供了技术和材料上的可能。印刷术得以应用需要印版、转印材料以及承印物,三者通常由木刻雕版、墨和纸张充当。大约在新石器时代,中国的先民们就已使用墨色绘制装饰图案,而纸的使用则相对较晚。印刷术大多要以柔韧、平整、吸墨性好的植物纤维纸作为承印物,尽管有史料表明西汉时期纸已经为人所用,但根据现有考古发掘史料推测,西汉纸纸质松弛、粗糙,并不适合书写,直到东汉蔡伦改进造纸术,纸才作为书写材料不断发展。

东汉时期造纸术改进后,印刷术的出现在物质技术上成为可能。最早的印刷术出现于何时尚无法证实,但根据历史实物的发现,这一时间不晚于初唐。1900年,敦煌莫高窟藏经洞被发现,大量珍贵佛经文件重见天日。1907年,英国人斯坦因来到敦煌,盗走了大量文物,其中包括一份现存于英国的雕版印刷《金刚经》刻本。该刻本卷末印有"咸通九年四月十五日王玠为二亲敬造普施",标明了刊印的年份"咸通九年四月十五日",即公元868年,是有可考年份的最早的印刷品。但它尚不是流传至今最早的刻本,且从其刻印的文字与插图来看,已是相当成熟的刻本了。现存最早的雕版印刷物是1960年在韩国东南庆州佛国寺的一座石塔中发现的《无垢净光大陀罗尼经》,学者根据经文中使用的武周时创设的新字以及俗体和异体字等推测,该刻本是从中国流传入新罗的,最初刊刻于中国唐武周年间的洛阳。[①] 可见,初唐时期印刷术就已应用于书籍的刻印。

尽管根据造纸术的改进与史料的发现可将印刷术的发明框定于东汉到隋之间,但学界仍然存在东汉说、六朝说和隋朝说的不同说法,所依据的大多是早期文字记载中某些据推测与刻印相关的词语。如主张东汉说的学者

① 潘吉星.印刷术的起源地:中国还是韩国? [J].自然科学史研究,1997(1):50-68.潘吉星.再论韩国发现的陀罗尼经刊行年代和地点[J].中国印刷,1999(10):6-13.

的重要依据之一,是《后汉书》中记载东汉末年宦官侯览诬告张俭,朝廷遂"刊章讨捕"①,另在《论衡·须颂篇》中有"人争刻写"②几个字,"刊章"与"刻写"被认为是可以推测印刷术已使用的词语。③ 但此说法存在争议,且东汉无印刷品史料被发现,也无相关较为明确的文字记载,加之东汉时期仍处于纸简并行时期,纸的质量与适用范围均有限。

主张六朝说的人,其观点主要基于类似于雕版印刷物已存在的事实以及当时文章记载中与印刷相关的词语。比如潘吉星认为,南北朝时人们已用大木印在公文纸的接缝处盖章,以及佛道均使用木刻印,在经卷及经文上方印佛像图案或是道家护身符,这可以被视为是印章到木版印刷之间的过渡类型,加之南北朝时期出现的反体碑文的雕刻,因而从技术发展的规律出发将这一阶段视为印刷术起源的时间上限。④ 日本汉学家岛田翰则从南北朝时期的文献中进行推测,他在《古文旧书考》中说:"予以为墨版,盖昉于六朝。何以知之?《颜氏家训》曰:'江南书本,穴皆误作六。'夫书本之为言,乃对墨版而言之也。"⑤但钱存训认为,"书本"是指"书"或"抄本",无法证明指印本,从而认为雕版印刷创始于公元 7 世纪⑥,即隋唐时期。

尽管关于印刷术起源的时间说法不一,但根据文字记载与历史史料,综合社会历史的发展状况可以推测,印刷术创始于唐代之前,但规模十分有限,直到唐代,印刷术才真正发展起来。

(三)唐代雕版印刷术的兴起与成熟

唐代是雕版印刷术的兴起阶段。唐初雕版印刷术已被应用于佛经的印刷之中,且在唐一代不断发展,现存唐朝中后期的雕版印刷《金刚经》刻本卷首印有精美的插图,经文字体遒劲,印刷清晰,已是精美、成熟的印刷品。可见,唐代雕版印刷已经兴起并日渐成熟。

---

① 范晔.后汉书[M].李贤,等注.北京:中华书局,1999:1493.
② 杨宝忠.论衡校笺[M].石家庄:河北教育出版社,1999:650.
③ 张树栋,庞多益,郑如斯.简明中华印刷通史[M].桂林:广西师范大学出版社,2004:56-58.
④ 潘吉星.中国科学技术史:造纸与印刷卷[M].北京:科学出版社,1998:300-301.
⑤ 张树栋,庞多益,郑如斯.简明中华印刷通史[M].桂林:广西师范大学出版社,2004:59.
⑥ 钱存训.中国纸和印刷文化史[M].桂林:广西师范大学出版社,2004:133-134.

雕版印刷在唐代兴起基于多种社会条件的合力推动。首先，唐代开始实行科举制度，读书之风盛行。科举考试成为选拔官吏的重要方式，一方面，出身社会中下层的"寒门子弟"通过读书、求学、应考即有机会入仕为官，从而打破了士族垄断统治权力的局面，拓宽了国家人才来源的阶层，教育在治国安邦、经世济民中的作用日益受到统治者的重视。另一方面，科举成为文人学士进入国家统治阶层的重要的、在很大程度上也是唯一的途径，极大地激发了民间读书入仕的热情，不仅官学规模不断扩大，私学也极为兴盛，教育的发展推动书籍的需求量大大提升。

同时，佛教的发展也成为印刷术发明的重要推力。佛教于两汉时期传入中国，到了魏晋南北朝时期，国家统一的局面被打破，封建割据、战乱频仍，政权更迭频繁，社会动荡不安，退隐避世一时成为社会意识主流，推动了玄学和佛教的发展兴盛。杜牧诗云"南朝四百八十寺，多少楼台烟雨中"，正是对南北朝时期佛教兴盛、寺庙广布的描述。隋统一南北两朝，结束了长期的分裂局面，南北佛教也开始走向融合。唐代对文化采取包容的态度，统治者大多推崇佛教，唐太宗曾亲自接见远赴印度求取佛法归来的玄奘，在此背景下佛教走向繁荣。一方面，佛教思想广泛传播，信徒甚众，遍布全国；另一方面，佛教理论发展，译经活动兴盛，译作著作大量增多。佛教大兴以及佛经的大量译介直接刺激了对佛教经典以及佛像的需求，效率低下的手抄复制，已然无法满足此时的社会需求。

另外，唐代包容的文化政策与频繁的文化交流也促进了知识的传播。隋自统一以来，就实行开放包容的文化政策，在隋统治的 38 年间，日本曾 4 次派出遣隋使来中国进行交流。到了唐代，社会文化更为开放多元、兼收并蓄，日本遣唐使规模与来唐次数较前代都更进一步。同时，唐代商业和文化极为发达，吸引了不同国家的人前来进行贸易与学习，在唐代都城长安聚集着来自世界各地的商人以及来学习唐文化的各国留学生。对知识文化的推崇以及汉语语言文化的学习推动唐代印刷物向非宗教内容拓展。

正是基于这样的社会背景，唐代印刷物先是以佛经、佛像为主，后又出现了字典、语言文字工具书以及风水书籍和历书等非宗教内容。从考古发掘的实物看，单页印刷经文自唐初均有发现，后唐冯贽在《云仙散录》中引

《僧园逸录》说："玄奘以回锋纸印普贤象,施于四众,每岁五驮无馀"①,与玄奘弟子记录玄奘发愿造像相符,可见印刷术在初唐时期还用于佛像的印制。武周时期,在武则天的支持下大量佛经被印刷出来,不仅流传国内还传至海外,韩国庆州佛国寺发现的《无垢净光大陀罗尼经》即为当时所印。唐武宗会昌五年(公元845年)发起灭佛运动,大批佛寺经文被毁,但宗教内容之外的其他印刷品此时已流行开来。《旧唐书》载唐文宗太和九年(公元835年)12月,"敕诸道府不得私置历日板"②,即朝廷下令禁止各地方民间私自印刷历书,日本来唐僧人回国所携带的书目中有四川刻印的《唐韵》《玉篇》③,则是印刷术应用于语言文字工具书的证明。除长安外,洛阳以及造纸业发达的成都、淮南、江东等多地都是印刷的中心。

(四)宋代印刷术的发展与创新

尽管唐代雕版印刷术已经发明并得到应用,但仍处于手抄本与印刷术并行的阶段,印刷书籍的数量仍然有限,所印书籍以佛教内容和民间大众读物为主。及至五代十国,才出现官方大规模版印的书籍,儒家经典成为印刷内容,雕版印刷始盛。《五代会要》记载:"后唐长兴三年二月,中书门下奏:'请依石经文字刻《九经》印板。'"④指后唐宰相冯道在位时奏请国子监刊刻儒家经典,在得到后唐明宗的批准后,自后唐长兴三年(公元932年)至后周广顺三年(公元953年),历时21年完成了"九经"的刻印。自此以后,雕版印刷成为复制正统儒家经典的重要方式。

北宋结束五代十国的分裂局面后,采取重文轻武的政策,使得读书之风大兴,也让宋代成为历史上科学文化最为繁荣的朝代之一。随着需求的增加与技术的进步,纸墨产量与质量的提升为印刷术的兴盛提供了物质基础。同时,宋代改进科举,扩大取士的来源与数量,重视教育,使得学术兴盛,作为印刷书籍、促进文化发展的重要技术,印刷术在宋代迎来了发展的高峰。

① 冯贽.云仙散录[M].张力伟,点校.北京:中华书局,2008:107.
② 刘昫,等.旧唐书[M].长春:吉林人民出版社,1995:358.
③ 潘吉星.中国科学技术史:造纸与印刷卷[M].北京:科学出版社,1998:355.
④ 王溥.五代史书汇编[M].傅璇琮,徐海荣,徐吉军,主编.杭州:杭州出版社,2004:2080.

宋代刻版印书规模之大、数量之多、种类之丰富远超前代。宋初，统治者即十分重视书籍的编纂工作，宋太宗太平兴国二年（公元971年）命李昉等人编撰《太平广记》《太平御览》和《文苑英华》，与宋真宗时期编修的《册府元龟》共称为"宋四大书"，除此之外，还命国子监刊印"十二经"注疏及正义。北宋朝廷还首次主持印刷正史，公元994年始印"十七史"，于公元1061年完工。真宗时期，重刻印行了五代时冯道修纂的"十二经"，并于公元1011年增刊《孟子》，成为后世读书人习称的"十三经"。这一时期，国子监书版较宋初增加二十余倍，《宋史》记载，景德二年（公元1005年）真宗亲临国子监询问印版数量，邢昺答："国初不及四千，今十余万，经、传、正义皆具"①，可见发展之快。除了史书和儒家经典，佛教经典的刊刻也更为繁盛。宋朝三百余年间，佛教经典总集《大藏经》的刊刻不下六版，是雕版佛教典籍最为活跃的时期。②

除了官方刻书外，民间印刷业也迅速发展，不仅刻印了众多校订精严、质量上佳的私家或家塾刻本，以售卖盈利为目的的坊肆刻书也在各地盛行。坊肆出版了众多儒家经典、文学作品与大众读物，推动了书籍版印贸易的发展。同时，印刷的地域分布也较前代大大扩展。除北宋首都汴京（今河南开封）以及南宋首都临安（今浙江杭州）外，四川、浙江、江苏以及江西、福建等地多个城市都发展成为两宋时期的印刷中心。官方与民间印刷的发展，使得书籍数量大增。苏轼在《李氏山房藏书记》中写道："余犹及见老儒先生，自言其少时，欲求《史记》《汉书》而不可得，幸而得之，皆手自书，日夜诵读，惟恐不及。近岁市人转相摹刻诸子百家之书，日传万纸。学者之于书，多且易致如此。"③可见印刷书籍在宋代发展之快。

在印刷术的应用范围上，两宋时期也有所拓展。印刷术不仅用于书籍和版画的版印，还用于印发纸币，北宋时期的交子与南宋时发行的会子均是印制之后发行的。

雕版印刷术极大提高了文字复制的效率，但也存在明显缺陷。刻印书

---

① 脱脱，等.宋史[M].北京：中华书局，1977：12798.

② 钱存训.中国纸和印刷文化史[M].桂林：广西师范大学出版社，2004：143.

③ 苏轼.苏东坡全集[M].珠海：珠海出版社，1996：257.

籍每页均需制版,刻印一本要制作大量印版,不仅消耗材料与人工,印版的存放与保管也成为一大问题。于是,北宋时期,在雕版印刷继续发展的同时,活字印刷术被发明出来。发明活字印刷术的是布衣毕昇,沈括在《梦溪笔谈》中对毕昇发明的活字印刷方法做了详细的记载：

> 其法,用胶泥刻字,薄如钱唇,每字为一印,火烧令坚。先设一铁板,其上以松脂、腊和纸灰之类冒之,欲印则以一铁范置铁板上,乃密布字印。满铁范为一板,持就火炀之,药稍镕,则以一平板按其面,则字平如砥。若止印三二本,未为简易;若印数十百千本,则极为神速。常作二铁板,一板印刷,一板已自布字,此印者才毕,则第二板已具,更互用之,瞬息可就。每一字皆有数印,如"之""也"等字,每字有二十余印,以备一板内有重复者。不用则以纸帖之,每韵为一帖,木格贮之。有奇字素无备者,旋刻之,以草火烧,瞬息可成。[①]

按照沈括的记载,活字印刷术以胶泥逐个制字,使用时再选字拼为版,不仅节省了大量刻印版的人力与材料,还因活字可重复使用,方便贮存。就印刷方法来看,用已有活字拼版印刷较雕刻印版更为简易。

尽管关于毕昇发明活字印刷术的权威性记载尚未有更多发现,但沈括对其方法详细的描述使得读者可依法炮制。北宋年间,已有人以活字印刷之法进行印刷,1965 年在浙江温州白象塔内发现过推测为北宋元符至崇宁年间的活字印刷刊本《佛说观无量寿佛经》。南宋以后,活字印刷进一步发展,不仅用泥烧制陶活字,木与金属也开始被作为制造活字的材料。

(五) 元明清印刷技术的进步

两宋以后,印刷已经成为书籍制作的主要方式,在前代基础上,元明清时期的印刷技术又在多方面取得进展。

在两宋基础上,元明清时期的印刷种类和规模又有提升。元代存世较

---

① 沈括.梦溪笔谈[M].张福祥,译注.北京:中华书局,2009:198.

短，但中央机构国子监、秘书监及兴文署均出版了大量印刷书籍，因战乱传世较少。明清时期，朝政稳固，国力雄厚，统治者重视教育出版事业，官刻本、私人刻本与出售的书坊刻本规模更大，出版地区分布范围更广。明代除了国子监等中央机构出版了大量图书外，地方官府也广印书籍，地方志的编纂发行大为兴盛。不仅官方发行供学生学习使用的教科书，一些私立书院也为学生印刷书本。清代于武英殿设修书馆负责刊印书籍，其刊印的书籍称为"殿本"，以校勘严谨、材质上佳、装帧精美著称。殿本书籍不仅在内容上包罗万象，还出版了《四库全书》《古今图书集成》这样的大规模丛书、类书。而各地不仅延续明代，大量编纂出版地方志，家谱、族谱的编纂印行也极为兴盛。这一时期出版的书籍除了历史、文学、宗教、科技以及儒家经典外，还有大量市民文学与通俗读物，如小说、戏曲、话本等。

在制作技术上，印刷与刻字质量都较前代有所进步，同时彩色印刷技术也进一步发展。印刷术发明前，已经有人使用朱墨二色进行书籍的手抄，唐至五代时期，人们在雕版印刷出的墨色佛像版画上进行手工填色。宋代早期已经出现单版复色印刷技术，即将不同颜色涂于一块印版上，用以印制书籍和版画，后来，这一技术也被用于南宋时期纸币"会子"的印刷。但不同颜色涂于一块印版往往会造成色彩之间的相互渗透，从而影响印刷的效果，为了解决这一问题，彩色套印技术开始被使用。套印技术是指"以大小相同的几块印刷版分别载上不同色料，再分次印于同一张纸上的技术"①，这种方式每次只印一种颜色，有效避免了色彩的渗透，从而可以印出多种颜色。明清时期，彩色印刷的书籍较前代大为增加。

在印刷方式上，活字印刷技术亦有所改进和发展。北宋时期，活字印刷术已被发明，但无论官方还是民间，雕版印刷都占主要地位，活字印刷的使用有限。宋以后，活字印刷术的使用渐多，并在实践中不断发展。元代王祯在其《农书》中记载，除胶泥所制的"瓦字"外，人们还用锡来做金属活字，但由于难以使墨，很快为人所弃，在其成书的元代，木活字又重新为人所用，并改进技术成为"巧便之法"。王祯记录的木活字印刷方法如下：

---

① 潘吉星.中国科学技术史：造纸与印刷卷［M］.北京：科学出版社，1998：324.

　　造板木作印盔,削竹片为行;雕板木为字,用小细锯镂开,各作一字,用小刀四面修之,比试大小高低一同;然后排字作行,削成竹片夹之。盔字既满,用木橝捐之,使坚牢,字皆不动,然后用墨印刷之。[①]

　　如王祯所记,改进的木活字以竹片夹缝隙固定,从而避免了毕昇活字印刷术中木与药粘连难以取出以及木遇水高下不平等问题。此外,王祯还在其著作中介绍了多种活字取字与储存的方法,可见活字印刷术在元代的发展。明清时期,活字印刷技术的应用更为广泛,清代编修大型类书《古今图书集成》,因其卷帙浩繁,采用铜活字印刷,于雍正四年印成,这也是中国历史上规模最大的一次铜活字印刷。

二、印刷术的全球传播

(一) 印刷术的东传

　　与造纸术相似,印刷术在中国被发明后也逐渐向外传播,对世界文化发展与社会进步产生了重大影响。就传播路径来看,中国印刷术的海外传播也与造纸术有诸多相似之处,即首先传入与中国陆上相邻国家,如朝鲜半岛和越南,以及隔海相望的日本,并进而发展出具有当地特色的印刷技术。

　　隋唐时期,日本与中国关系密切、交往频繁,日本多次派遣使者和留学生前往中国,学习中国先进的制度与文化。与中国一样,日本早期印刷的大多是佛教经典,现存最早的印本是 8 世纪的《无垢净光大陀罗尼经》。公元764 年,日本大臣藤原仲麻吕发动叛乱,孝谦上皇发愿如果能够平息叛乱即造百万佛塔,印百万佛经置于其内。叛乱平息后,即刻印百万卷《无垢净光大陀罗尼经》置于造成的百万小塔之中,供奉于各大寺庙。有学者将此印本与韩国发现的印本进行比较,发现二者经文、异体字、版式等一致,因此认为

---

① 王祯.农书译注[M].缪启愉,缪桂龙,译注.济南:齐鲁书社,2009:817.

日本所刻是根据武周印本翻刻的,而据考证韩国出土的则是武周原刊本。①
日本早期雕版印刷物根据中国的原本翻刻,其印刷技术也源自中国,很可能
是随僧人鉴真东渡传至日本的。

唐代以后,日本以雕版印刷的仍然主要是佛经,而所用印本亦大多传自
中国。《宋史》记载,宋太宗雍熙元年(公元 984 年),日本僧人奝然及其弟子
来华,受到款待:"奝然复求诣五台,许之,令所过续食;又求印本《大藏经》,
诏亦给之。"②宋刻本《大藏经》印本传入日本,为日本刊印佛经提供了善本,
促进了其后佛经印刷的发展。13 世纪,受中国理学传入的影响,日本开始刊
印儒家经典,随着印刷术的发展,文学作品、医学书籍等也相继出版。元末
明初,中国社会动荡,不少刻工远赴日本,将中国发达的印刷工艺带往日本,
提升了日本印刷品的数量与品质,丰富了印刷书籍的内容。这些工匠同时
也将中国宋元印刷的字体版式等传至日本,影响了日本后来印刷的发展。

根据发现的史料,中国印刷制品早在唐初就已传入朝鲜半岛。前文提
到 1966 年在韩国庆州发现武周时期的雕版印本佛经《无垢净光大陀罗尼
经》,证明唐初已与新罗有着密切的印本书籍交流,但这一印本乃是在中国
印成后传入新罗的,新罗时代尚未自行刊印书籍。

朝鲜半岛印刷术的出现时间不详,但最早的雕刻印刷版书籍可追溯到
高丽国穆宗时期(公元 998—1009 年)总持寺主弘哲刻印的《宝箧印陀罗尼
经》。由于受中国文化的影响较大,而后佛教又经中国传入,朝鲜半岛早期
传入的印刷品以佛经为主。早在 10 世纪时,印本《大藏经》就已经传入朝鲜
半岛,公元 1011 年,契丹入侵高丽,继穆宗位的显宗发愿刻印《大藏经》以退
契丹。于是,高丽版《大藏经》印刷雕版开始刻制。据高丽正史对宣宗 1087
年出席开国寺和归法寺庆祝藏经刊成法会的记录可知,这一大规模印刷工
程最晚于 1087 年完成。在此期间,宣宗王弟王煦入宋求法,向宋哲宗献高丽
刻印的佛经,并向辽宋购书 4000 余卷,带回高丽制作雕版,为朝鲜半岛印刷
术的发展作出重要贡献。

---

① 潘吉星.中国科学技术史:造纸与印刷卷[M].北京:科学出版社,1998:528.
② 脱脱,等.宋史[M].北京:中华书局,1977:14135.

在雕印藏经积累了技术经验之后，高丽开始通过使节和商人从宋引进中国印本甚至雕版，刊印儒家经典、文史、科技等非佛经书籍，至南宋光宗（公元 1035—1040 年）年间，大量精良制作的宋刊本传入朝鲜半岛。此后，高丽印制书籍凭借版式优良，所印刊本甚至回流入宋。

经过两个世纪的发展，高丽雕版印刷术直追当时宋朝水平，进而开始引进中国的活字印刷技术，并在李氏朝鲜时期（公元 1392—1910 年）获得长足发展。朝鲜太宗李芳远致力于文化建设，设置"铸字所"，并改进铜活字印刷术，从此朝鲜开始大规模铸字活动。在中国的雕版印刷术和活字印刷术传入朝鲜半岛后，朝鲜人民学习、吸收了印刷技术，并在此基础上有所发展和创新，尤其是铜活字技术。中国印刷术在朝鲜半岛的传播对朝鲜文化发展和两国文化交流具有重要意义。

（二）印刷术的南传

印刷术向南最早传入越南，尽管越南开始造纸的时间较早，但印刷术使用的最早记录则在 13 世纪。越南陈朝元丰年间（公元 1251—1258 年）有关于户籍册用印刷方法制成的记录，13 世纪末，元朝廷曾给越南《大藏经》一部，由此越南开始刊印部分佛经，雕版印刷术逐渐发展。除佛经外，越南于黎朝（公元 1418—1789 年）的早期刊印了儒学经典《四书大全》，其后越南印刷业不断发展，首府河内成为印刷中心，印刷内容与数量均不断丰富、增长。越南印刷书籍均为雕版印刷，活字印刷直到 19 世纪中期才得以传入。

除越南外，东南亚和南亚国家的印刷术均出现较晚。自宋代以来，菲律宾与中国即有贸易往来，不少中国印本书籍传至菲律宾。明朝时，定居菲律宾的华人为数众多，其中不乏版印书籍的工匠，1593 年出版于菲律宾的两部天主教相关书籍均为中国工匠刻印。

（三）印刷术的西传

唐代高仙芝所部在怛罗斯战役中大败于黑衣大食，造纸术随着被阿拉伯俘虏的中国造纸工人一同进入了中亚，并不断向西亚、北非、欧洲乃至全世界拓展。造纸术的应用使得纸成为主要的书写载体，也为印刷术的传入和发展奠定了基础。

同造纸术一样，西域地区在印刷术的西传中也占据着重要的地位。不过，尽管造纸术传入阿拉伯之时中国已行雕版印刷，印刷术西传的时间却相对较晚。这一现象与阿拉伯地区长期以来对印刷术的抗拒相关，与造纸术在西传伊始便得到迅速的应用与发展不同，印刷术因为位于中国和欧洲之间的阿拉伯国家对手写传统的坚持而难以西渐。

直到 13 世纪蒙古人进入中亚、西亚地区后，当地印刷术才开始迅速发展，由此不少学者认为印刷术的西传是随着蒙古帝国的西征而实现的。美国学者卡特在《中国印刷术的发明和它的西传》中指出："蒙古人的闪电式的战争，结果征服了中国、波斯、美索不达米亚和俄罗斯，随蒙古大军而来的就是维吾尔突厥族的文化。而维吾尔突厥族是一个熟悉印刷术的民族。"①维吾尔族对印刷术的熟悉可从现存史料中找到佐证。在敦煌及吐鲁番等地发现的诸多雕版印刷物，说明中国的印刷术很早便已经甘肃传至新疆甚至中亚地区。20 世纪初在敦煌千佛洞中发现了回鹘文木活字，学者推定这些木活字的年代大约在 12 世纪末到 13 世纪上半叶②，可见维吾尔族很早就掌握了雕版与活字印刷的技术。因此，蒙古人在征服中亚、西亚地区后，在当地发展印刷术便顺理成章，"因为蒙古人来这里以前，早已习惯于在中国境内用印刷技术出版蒙、汉文读物并发行纸币，甚至纸牌，印刷术必然随蒙古人的西进而传入中亚及西亚"③。

至于印刷术传入欧洲的路径，由于没有明确的证据支持，历来有多种说法。一种说法认为印刷术在蒙古人征服俄罗斯时，经俄罗斯传入欧洲。意大利历史学家保罗·朱维厄斯在出版于 1546 年的《现代史》中写道："现在那里(广州)有印书的人，用和我们相同的方法印刷历史和礼仪的书籍，印在很长的纸上，向内折成方形的书页。我曾蒙教皇恩准查看这样一册书，这是葡萄牙国王连同一头大象一起赠送给教皇的。因而我们可以很自然地相信，在葡萄牙人到达印度以前，这种对学术无比重要的书籍就通过西徐亚人

---

① 卡特.中国印刷术的发明和它的西传[M].吴泽炎，译.北京：商务印书馆，1991：127.
② 彭金章.有关回鹘文木活字的几个问题[J].敦煌研究，2014(3)：56-63.
③ 潘吉星.中国科学技术史：造纸与印刷卷[M].北京：科学出版社，1998：569.

和莫斯科人传到我们这里。"①1585 年,西班牙人胡安·冈萨雷斯·门多萨出版《中华大帝国志》,他在书中较早探讨了印刷术的西传,他写道,在中国人使用印刷术很多年后,"印刷术经罗斯(Ruscia)和莫斯科公国(Moscovia)传入德国。可肯定的是,人们是从那里走的陆路,同时有些从那里进入这个国家的商人,经红海,从阿拉伯·菲利克斯(Arabia Felix)携带了几本书,这个约翰·谷腾堡,史书称为发明者的人,以此作为他最早的根据"②。他肯定了印刷术经由陆路从俄罗斯传入欧洲,但也提出了另一种可能,即经由南部的阿拉伯商路传入。

随着贸易和征战,东西方之间的互动日益密切频繁,印刷品或印刷术很有可能在交流的过程中进入欧洲。无论是蒙古人还是商人、教士、旅行者,都可能经由南北两条连接中国与欧洲的通道将中国的印刷术或是印刷制品传入欧洲,从而启发了欧洲现代印刷的起步。

与中国不同,西方多采用字母文字,相较于数量庞大的中国汉字,每一种字母文字的字母数量都很少,这一特征为印刷术,尤其是活字印刷术的发展提供了便利。1438—1450 年,德国人古登堡改进发明了铅活字版印刷术,拉开了西方现代印刷术发展的序幕。

三、印刷术对媒介的影响

(一)文字与纸张的扩散

印刷术的发明与使用建立在纸张数量增长与质量提升的基础之上,其应用又进一步推动纸张的广泛应用,尤其是使得纸制书籍成为知识传播的重要载体。同时,印刷术的应用促进识字率的提升,使文字在知识记录与传播中占据更重要的地位。

文字、造纸术与印刷术之间存在着相互促进的关系,一方面,造纸术的

① 史金波,吾守尔.中国活字印刷术的发明和早期传播:西夏和回鹘活字印刷术研究[M].北京:社会科学文献出版社,2000:130.

② 门多萨.中华大帝国史[M].何高济,译.北京:中华书局,1998:121.

发明与改进提供了大量可用于印刷的优质纸张,使印刷术的发明成为可能;另一方面,印刷术的应用大大增加了书籍等纸质知识载体的数量,使其可为更多的人所得,从而推动识字率的提升,促进知识进一步向民间扩散普及,最终形成对纸张与书籍的更大需求。在造纸术与印刷术传入欧洲之前,由于识字的人很少,即使纸张在印刷术普遍使用前已经可以获得,但对于不识字的大多数人来说,廉价的书写材料并无太大用处。卡特因此说,"一方面可以说由于纸张的传入,使印刷的发明成为可能,另一方面也可以说由于印刷的发明,才使一般都采用纸张"。①

由此来看,印刷术的发明与使用对文字和纸张有着明显的扩散效应。就文字而言,印刷术为文字提供了速度更快、规模更大的复制方式,使得整个社会中文字媒介的数量剧增,提升了文字使用的便利度,也加强了掌握文字的必要性。唐宋时期的印刷品中有大量辅助语言文字学习的书籍以及字典等工具书,如《说文解字》《唐韵》《玉篇》等,一方面与留学生大量入唐宋有关,另一方面也反映出语言文字学习的需求。随着识字率和文字使用率的提升,文字在交流和知识思想的传播中越来越重要,从而影响文化与知识传播从主要依靠听觉的口头传播向依赖于文字阅读的视觉传播转向。这一媒介特性也体现在造纸术和印刷术的西传为西欧社会带来的变化之中。在羊皮纸这类时间偏向型的媒介主宰知识传播的西方,宗教组织占据绝对地位,并通过控制行政管理要素达到时空的平衡,但"造纸术和印刷术从中国和阿拉伯世界传入西方,打破了时间和空间的平衡,迫使西方人作出新的调整"②。这或许也是阿拉伯人在相当长的一段时间里仍然固执地保留着手抄的传统,而不愿使用印刷术来生产书籍特别是宗教经典的原因。

就纸张而言,印刷术这种大量快速复制信息的方式扩大了纸张的应用范围,提升了纸张跨越时空的传播能力。从跨越空间广泛传播的角度上看,印刷术应用之前,书籍大多通过手抄的方式传播,效率低下,整个社会的书籍数量较少,对于大部分人来说,书籍是不可得的。而印刷的书籍数量增

① 卡特.中国印刷术的发明和它的西传[M].吴泽炎,译.北京:商务印书馆,1991:117.
② 伊尼斯.传播的偏向[M].何道宽,译.北京:中国传媒大学出版社,2015:166.

多,同一本书拥有了更多副本,以往只能向一人传播的书籍内容可同时为多人所得。从跨越时间长久保存的角度看,随着印刷术的应用,纸质书籍跨越时间进行传承的能力也获得提升。由于印刷术所带来的复制便利性,使得书籍不断被生产,从而有更大的可能保存下来。

(二)知识的规范化与标准化

印刷术的发明与应用不仅推动书籍数量的大幅增长,还在一定程度上推动知识生产与复制的规范化与标准化。

一方面,书籍制式更为稳定,内容更为准确。由于雕版大小有限,一页一印再经装帧成为书籍制作的主要方式,此前卷轴的书籍制式逐渐为册页所取代。在内容上,手抄书阶段书籍依靠人工抄写,难免产生纰漏,同时不同人抄写的字体样式与书写习惯不同,也容易给文字的识别造成一定困难,影响信息的准确性。而印刷书籍则由一个母版复印出多份印本,且刻印之前往往经过谨慎的校勘,内容准确度较高,有效降低了长期传抄造成的内容失真。

另一方面,文字的字体也更为标准和固定。印刷术未产生之时,文字只能依靠手写进行记录,书籍的复制也主要通过手抄的方式进行。不同于西方的字母文字,中国汉字从象形的基础上发展而来,数量众多,构形复杂。随着手抄文字的增多,汉字字体随着历史的变迁不断变化,总体的趋势是不断简化。商周时期,刻写在龟甲兽骨上的甲骨文和铸刻在青铜器上的金文是较早的两种汉字字体,此时的汉字象形程度高,笔画繁复,异体字较多。秦始皇统一六国后,推行"书同文"的政策,将汉字字体统一为小篆,但随着文字使用的增多,小篆笔画繁多、难以写就的缺点日益突出,逐渐被书写更为简便的隶书所代替。晋朝卫恒在《四体书势》中说:"秦既用篆,奏事繁多,篆字难成,即令隶人佐书,曰隶字。汉因用之,独符玺、幡信,题署用篆。隶书者,篆之捷也。"[①]可见,隶书随着文字使用的增多在秦代产生,汉代因袭并进一步发展,到了汉末演化为字形更为简化、横平竖直的楷书。与此同时,

---

① 　包备五.中国历代书法论文选读[M].济南:齐鲁书社,1993:21.

在秦隶基础上派生出的简捷写法章草也在汉末演变为笔画更为连缀简约的今草。但楷书一笔一画书写较慢，草书又笔画勾连难以识别，于是汉末还出现了介于二者之间的行书。魏晋以后，书法盛行，名家辈出。

唐宋以后，随着印刷术的使用，由手写产生的字体演变逐渐消失，汉字基本定型。手抄书阶段，为了在保证文字可识别度的同时提升书写的速度，汉字字形不断变化，同时，不同人书写文字的特征不同，即使同为楷书大家，欧阳询与颜真卿的字也风格各异，后人所借鉴摹本不同，写法也会逐渐相异，从而造成汉字字体的不断演变。印刷术普遍使用后，一方面，印刷的汉字成为文字学习和识读的标准，逐渐为人们接受和习惯；另一方面，书写过程中的删繁就简作为文字演化的重要动力和方向亦随着印刷术的普遍应用而不再凸显，汉字字体由此日益固定。尤其是明清时期形成标准印刷字体后，汉字的标准化程度更是大大提升。

(三) 印刷术的局限

尽管印刷术大大提升了文字和纸张的效力，增加了书籍的种类与数量，但中国古代使用的印刷术仍存在着明显的局限。首先，在制作上，无论是雕版印刷术还是活字印刷术均需要投入大量人力物力。相对于书写来说，刻成一块雕版要复杂得多，不仅要将文字反转，还需将文字以外的整块木板削去，制作的过程亦须极为谨慎，因为削掉的木板难以复原，有时一个错误可能会造成整块版报废。未经校对的刊印错位还会造成错误信息的广泛传播，南宋陆游曾写道："近世士大夫所至，喜刻书版，而略不校雠，错本书散满天下，更误学者，不如不刻之愈也。"①同时，雕版印刷内容固定，往往需要一页一印，对于不同的内容无法重复使用，印成一本书要制作大量雕版，材料耗费大。及至活字印刷术发明，字模可重复使用，但制成一个泥字模同样需要手工雕刻、烧制等繁复的工序。

在使用与保存上，印刷术需要消耗大量人工。尤其是活字在使用时需要先根据所印内容取字、排版，然后通过烘烤、固化或其他方式使活字固定

① 陆游.陆游全集校注[M].钱仲联，马亚中，主编.杭州：浙江教育出版社，2011：153.

于范版之上,工序烦琐。制成的木刻板与活字在使用中亦会有损耗,木质材料沾水过多会造成一定程度的膨胀,多次刷墨印版也会造成一定程度的磨损,因此一块雕成的版所印制的份数是有限的,木活字也会面临相似问题。而在保存上,木板因其体积大需要占用大量空间,且面临着虫蛀、腐坏和火灾的风险,难以长期保存,历史上大量的雕版都曾因战乱付之一炬。活字印刷则单个活字的数量多,若不以一定方法收纳会给选字造成很大麻烦。王祯在《农书》中详细介绍了木活字印刷术刻字、修字、嵌字、取字和印刷的方法①,可见其工序之繁复。

　　无论是雕版印刷术还是活字印刷术,尽管在中国已经发展至相当的程度,但却未能走向现代印刷,这一方面源于中国古代社会的发展需求和对技术的使用方式,另一方面也与汉字的特征有一定关联。首先,汉字数量较多,西方的字母文字所有词句均由有限的字母构成,比如英语、法语只有 26 个字母,西班牙语有 27 个字母,德语也不过 30 个字母,而汉字则多达数万个,常用的也有数千个。对于活字印刷来说,这一特征对字模的制作、保存与选择都产生了极大的不便。同时,不同于笔画简单的字母文字,汉字字形复杂,横、竖、撇、捺、点、提、折、弯、勾等多种笔画的复杂组合给刻写带来了极大难度。这些特点都阻碍了中国古代印刷术更进一步的发展。

四、印刷术与文明

(一)知识的普及与阶级的流动

　　在中国古代很长一段时间内,书籍并不是人人可得之物。汉代造纸术改进之前,用于书写的材料或是质坚难刻、庞大难移的金石,或是制作复杂的简牍与价格昂贵的缣帛,大多数人难以使用,知识的传递主要依靠口口相传。造纸术改进之后,书籍得以依靠手抄方式进行复制,但手抄效率低下,难以生产制作大量书籍实现大规模传播。印刷术的普遍使用大大提升了文

---

①　王祯.农书译注[M].缪启愉,缪桂龙,译注.济南:齐鲁书社,2009:817-819.

字复制效率,降低了书籍制作的成本,使得书籍数量增多。宋元名儒吴澄说,"宋三百年间,镂板成市,板本布乎天下,而中秘所储,莫不家藏而人有",知识传递的方式因此大为改观:"无汉以前耳受之艰,无唐以前手抄之勤,读书者事半而功倍。"①

造纸与印刷的发展为书籍的大量复制提供了技术上的可能性,但印刷书籍的普及和繁盛还需要相应的社会条件。造纸术早在东汉时期就已得到改进,可以造出适合印刷的纸张;印刷术也在唐以前就可能已经产生,印刷书籍却在唐以后才逐渐发展,且以佛教典籍为主要内容,直到五代时期官方才首次大规模版印儒家经典,至宋朝始迎来印刷的黄金时期,各种印刷书籍大量涌现。

因此,印刷书籍成为中国古代主要的知识传播方式离不开科举制度、文化交流的发展而产生的社会需求。自隋朝实行科举取士以来,中国古代人才选拔和官吏任用打破了血缘门第对权力的垄断,为普通的平民阶层进入封建统治系统打开了上升通道。而要实现"朝为田舍郎,暮登天子堂"的阶级飞跃,天下读书人唯有读书应试一途,书籍于是成为社会的刚性需求,数量不断增加。到了宋朝,科举考试制度进一步完善,不仅取士数量增多,还普遍采用糊名法和誊录法等方法提升考试的公平性,鼓励更多的人走上读书求仕的道路。除此之外,唐宋时期注重文化教育的官方政策和包容多元的文化氛围为国内外的文化交流创造了良好环境,众多国外使者、僧侣和留学生来到中国交流学习,这种文化交流在不断提升汉文化自信的同时,也在全社会形成了崇尚文化、推崇知识的氛围。

知识的日益普及也在一定程度上打破了阶级特权。文字能力需要通过学习而获得,在文字产生后的很长一段时间里,由于缺乏廉价易得的文字载体,普通人难以获得学习文字的机会,文字的识读与使用往往限于一定阶层内部,从而形成了掌握文字的特权阶级。印刷书籍的大量出版使得书籍成本下降,文字习得与知识获取的门槛大大降低。为了维护统治秩序,统治者以儒家理论作为考试内容选拔人才,将广大读书人的思想统一于儒家体系

---

① 吴澄.吴文正集[M]//四库全书(第一一九七册).上海:上海古籍出版社,1987:368.

之中，大量版印的书籍在普及知识、推动阶级流动的同时，也削弱了门阀贵族的世袭权力，加强了封建朝廷的集权统治。

（二）中国文化的传播

印刷术的普遍应用使书籍数量大大增加，不仅供给本国，还向海外传递，从而推动了中国文化的传播。同时，中国印刷术的向外扩散往往伴随着中国印刷品的输出，外国在学习中国印刷术的过程中常以中国的印刷品作为模板进行印刷，促进了中国技术与文化在海外的结合传播。

古代朝鲜半岛、日本、越南等国家由于地理位置和历史原因，始终处于中亚文化圈之中，受中国文化影响很大。在相当长一段时间里，这些国家都学习中国的制度、文化和技术，用汉字、说汉话，学习中国儒家思想，佛教也是经由中国传入日本与朝鲜半岛的。印刷术的使用使得数量更多、门类更广的中国书籍流入这些国家。公元865年，来唐的日本学问僧宗睿返回日本时就携带了大量中国书籍，他在《书写请来法门等目录》中开出许多书单，其中提到："西川印子《唐韵》一部五卷，西川印子《玉篇》一部三十卷。右杂书等，虽非法门，世者所要也。"①可见语言工具书等佛经以外的印刷书籍向日本的流传。这还仅是一人所带，隋唐以后日本曾多次派遣使者入中国，带回的书籍必不在少数。与之类似，朝鲜半岛的新罗在唐朝的支持下灭掉百济和高句丽，与唐关系密切，在唐一代来中国的使节、留学生和僧人亦为数不少，许多唐代刊印的佛教经典与其他书籍不断传入新罗。而由于宋以前越南的北部都在中国统治之下，印刷物的传入就更为便利。

不仅中国的印刷物随着文化交流传入，日本、朝鲜等国在发展自己的印刷术时也受中国影响很深。有记录的两国首先刻印的印刷物均为佛经，而佛经的原本大多来自中国，后来亦印刷一些中国的儒家经典、文学作品等。早期两国印刷的书籍，内容均为汉语，可见汉文化影响之大，而印刷术的传入则进一步扩大了汉语的应用范围，使得汉文化的影响不断拓宽和加深。

---

① 潘吉星.中国科学技术史:造纸与印刷卷[M].北京:科学出版社,1998:355.

印刷书籍的增多还推动中国文化向着更远的地区传播。前文在谈印刷术的西传时已经提到，西班牙人门多萨16世纪关于中国的著作做出了西方的印刷术是由中国传入的论断，其著作中还有关于中国书籍传播的记录："我有一本中文书，同时我在西班牙和意大利，也在印度群岛看见其他一些。修士拉达和他的同伴，当他们从中国回到菲律宾时，携带了很多谈各种事物的印刷书籍，他们是在福州购买的，书籍是在中国各地印刷。"①可见中国书籍已流传于欧洲以及东南亚的许多地方，从中国去往国外的商人、修士或是旅行者也往往成为中国书籍传播的中介，而门多萨得以写成这部较为全面认识中国的著作，也离不开对这些由中国传往国外的书籍的研习和参考。

总之，在交通尚不发达、国际交往有限的古代，中国印刷书籍作为中国文化的载体，通过官方或民间的交往流向海外，推动了中国文化的全球传播。尽管到了明清时期实行海禁闭关锁国，唐宋时期活跃频繁的对外贸易与国际交流景象不再，但此时中国不断增多且日益商品化的书籍流入海外，成为他国认识中国风物、了解中国文化的途径。

(三) 中国印刷术的文明难题

尽管在古代中国，印刷术的发明、改进和应用促进了书籍数量的增加、教育的发展与知识的普及，在一定程度上打破了文字垄断造成的阶级特权，但现代意义上的印刷术却发明于西方。德国社会学家马克斯·韦伯就此写道："中国虽然自古就有印刷术，但是那种专门为印刷出版而设计并且只能通过印刷才能得以出版的印刷制品，特别是报纸和期刊这类印刷品，则只是在西欧诸国才得以问世。"②

导致这一差异的原因是多元而复杂的。一方面，前文提及汉字对于活字印刷而言有着诸多不便，但西方字母文字却没有这些阻碍，反而能够更好地适应印刷的文字复制方式。"中国的活字印刷没有达到西方活字印刷最

---

① 门多萨.中华大帝国史[M].何高济,译.北京:中华书局,1998:121.
② 韦伯.新教伦理与资本主义精神[M].马奇炎,陈婧,译.北京:北京大学出版社,2012:6.

终的发展阶段,因为它需要巨额数量的汉字或字钉。但雕版印刷和活字印刷的思想传到欧洲,遇到了更容易吸纳这一技术的字母表文化环境。"①于是,作为一种对于字母文字而言更便捷的方式,活字印刷在欧洲得到改进与迅速发展。

另一方面,中国古代印书有官方、民间两种,民间又有私人印书与坊肆印书,其中书籍贸易主要集中于坊肆印书中。古代中国儒家思想一直占据着主流,重农抑商的政策长期贯彻于封建统治之中,尽管在印刷术发展成熟后,民间书籍贸易也兴盛一时,但商业化始终不是中国书籍生产与传播的主流。而在西方,对商业利益的追逐刺激着印刷术一经传入便不断发展,并改进发明了适合于大规模复制所需要的印刷机,商业化书籍的生产迎合了西方长期以来对知识的渴求,同时也带来巨额财富。

中国的印刷术传入欧洲,启发欧洲现代印刷机的发明,从而成为推动欧洲思想解放与社会变革的动因之一。中国古代的"四大发明"传入西方后,对西方向资本主义社会发展的进程产生了巨大影响。英国哲学家培根在《新工具》一书中指出,印刷术、火药、指南针这三种发明已经在世界范围内改变了事物的全部面貌和情况。马克思基本承袭了培根的说法,他说:"火药、指南针、印刷术——这是预告资产阶级社会到来的三大发明。火药把骑士阶层炸得粉碎,指南针打开了世界市场并建立了殖民地,而印刷术则变成新教的工具,总的来说变成科学复兴的手段,变成对精神发展创造必要前提的最强大的杠杆。"②

诚如李约瑟所言,中国古代曾经创造了辉煌的文明,以"四大发明"为代表的技术发明在长达1,500年的时间段落中远远领先于其他文明,但是,中国本土却并未在此基础上诞生近现代科学技术,其中的原因是令人迷惑难解的,除了在"文字"一章中探讨过的象形文字与字母文字所带来的东西方文化差异外,还包含着历史与现实的诸多影响。比如儒家思想作为中国封建社会的主流思想,讲求封建道德和伦理纲常,缺乏西方创新与冒险精神;

---

① 洛根.字母表效应:拼音文字与西方文明[M].何道宽,译.上海:复旦大学出版社,2012:135.
② 马克思.马克思恩格斯全集(第47卷)[M].北京:人民出版社,1964:427.

经世致用的观念导致诸多科技发明都停留在了经验阶段。而在现实环境方面，明清以来，中国实行海禁和闭关锁国的政策，极大阻碍了中国同国外的贸易与文化交流，将中国隔绝于欧洲如火如荼的近代化进程之外。除了这些已经为人们所认同的原因之外，"李约瑟难题"引发的探讨在未来仍将继续，并将引起更为深刻的反思。

第八章　书籍：知识载体与文化传承

"人类生存方式的潮流尽在查令十字街"，英国大名鼎鼎的文人塞缪尔·约翰逊曾这样说。这条能够代表"人类生存方式的潮流"的街道，并非汇聚着时装、美食，而是一个开满了旧书店的二手书集中区。它位于伦敦西区牛津街附近，与巴黎的塞纳河畔、东京的神保町、北京的琉璃厂并称世界四大古旧书收藏者的圣地。

不过有意思的是，让查令十字街声名远扬的，也是一本书，名为《查令十字街 84 号》。查令十字街 84 号原为马克思与科恩书店，身在纽约的女编剧海莲·汉芙与该书店的旧书商弗兰克之间，因书而建立起了长达 20 年的书信来往关系。他们的书信被这位女编剧编成了一本书信集，即《查令十字街 84 号》。如今，查令十字街依旧繁华，但曾经林立的旧书店却大多难觅其踪，马克思与科恩书店也早已不复存在，然而"查令十字街 84 号"却成为爱书人心中的一个符号，每年还有大量游客专程去探访它的旧址。

查令十字街见证了旧书店的兴衰，也见证了书籍带给人们的精神慰藉。如今那些寻访的人们寻找的不只是一家已经消失的书店，而是书籍给人心灵深处的支撑与温暖。书籍这种媒介的产生，让人类的记忆得以延续，社会经验得以积累，它推动着人类社会不断向前发展，也点亮了人类思想的光芒。

一、书籍的发展历程

"书籍是书的总称。以传播为目的而用文字、图画或其他符号将相当数量经过编辑的精神文化内容记录在一定载体上制成卷册,非定期、也非连续出版的出版物。"[①]在长期的历史发展过程中,书籍已不只是一种信息载体,它更与人们的精神世界紧密相连。几乎每个人的一生都要接触书籍,都要通过书籍获取各种知识,因此书籍成了我们再熟悉不过的东西。

书籍由产生之初发展到今日的形态经历了漫长的过程。古代两河流域的人们用黏土制成的泥板书写楔形文字,公元前 600 多年的亚述国王在古都尼尼微修建了著名的亚述巴尼拔图书馆,收集了数量巨大的泥板图书。中国早期的书籍往往书写于竹简、木牍与绢帛之上,在装订上往往用丝绳或麻绳将简编连为册。西方社会从古希腊、罗马时期发展到中世纪,书籍制作经历了从陶片、蜡板、兽皮、金银箔、铅纸、草纸到羊皮纸的演变过程。除草纸、羊皮纸制作的书籍外,其他材料制作的书籍是很不方便阅读的。直到印刷术的发明与使用,"印刷书"成为书籍的主要形式。文艺复兴时期,人文主义借"印刷书"而成长于欧洲各地;科学亦借"印刷书"而得到发展;路德应用印刷机将其宗教改革的信念传遍全德大地;启蒙运动乘着狄德罗《百科全书》一类印刷书传播的东风而走向兴盛。如今,伴随着数字化而迅速发展的电子书正深深改变着人们的阅读方式。

(一) 石书、泥板书与莎草纸卷

公元前 650 年,中国正处于春秋时期。彼时齐国的国都临淄,屋舍鳞次栉比,行人摩肩接踵,而周王朝的国都洛邑,亦是冠盖相望,一片繁荣。这两座城市不仅在当时的中国人口最多、最为繁荣,在全世界范围里,这样规模的城市也屈指可数。然而在遥远的亚述帝国,却存在着一座最为宏伟的城市,即亚述帝国的都城尼尼微。堂皇的宫殿、雄伟的庙宇和高大坚固的城墙

---

① 夏征农,陈至立.辞海(彩图本)3 册[M].第 6 版.上海:上海辞书出版社,2009:2089.

共同筑成了亚述帝国的辉煌，正值繁盛的尼尼微城的居民或许不会料到，三十多年后的公元前612年，巴比伦尼亚与米底人联合攻陷了亚述国都，这座曾盛极一时的城市随着一场大火被付之一炬。更令人意想不到的是，恢弘的建筑虽毁于兵燹，随着亚述帝国的灭亡化为断壁残垣，但大火却把泥板上的楔形文字烧得更加坚硬，留下了令人惊叹的图书馆遗存。

19世纪中叶，沉寂了两千多年的亚述巴尼拔王宫被发现，王宫中亚述巴尼拔图书馆所藏的三万多块泥板也随着考古发掘陆续得以重见天日。这些泥板刻记了历史、神话、宗教、法令和文学作品等多种资料与文献，为亚述巴尼拔在位时命人从全国各地搜集而来。这些泥板不仅成为今日亚述学研究的重要史料，也向人们展示了两千多年前与今日迥然不同的书籍形态。

泥板书并非产生于亚述巴尼拔时期。实际上，书籍从何时产生或许和文字的产生时间一样无法准确得知，但文字发明与使用的一个重要作用即为记录和保留信息，书籍则是由文字写就，因此在文字发明后，书籍便也随之产生和发展。早在6,000多年前，两河流域的苏美尔人便发明了最古老的文字，而两河流域最为常见的黏土也逐渐成为书写文字的重要载体。古代苏美尔人、巴比伦人、亚述人和赫梯人把用水洗净的黏土制成泥板，在上面写字。尽管泥板的性质、规格略有差异，但都有一个共同的形状——都是约5寸长的四面体。在泥板的各个表面都刻上小小的楔形文字，就能在一块泥板上抄录大量的内容，如果内容太长就用几块泥板抄写，用数字和标记编号将它们连在一起。泥板刻上字之后，或者放在阳光下晒干，或者放到火窑里烘干，便成了可以长久保存的泥板书。泥板书或许与今日书籍的形态迥然不同，但都是可供保存阅读的文字载体，在纸张尚未发明的时代，泥板曾担负着知识储藏与流传的重要使命。

文字发明之初，人们往往在一些常见易得的材料之上进行书写，除了黏土以外，石头也是重要的书写载体。在美索不达米亚和埃及等地区，都有在石头上刻写文字的遗迹留存至今。古埃及金字塔和庙宇的墙壁上，不仅绘制着图像，还刻写着其独特的象形文字。公元前18世纪，著名的《汉谟拉比法典》就是刻在一根高2.25米的黑色玄武岩石柱上的，因此又被称为"石柱法典"。

但石头质地坚硬，难于刻写，因此使用范围较小，在很长时间里，人类常用的书写材料除了美索不达米亚的泥板外，还有古埃及的莎草纸。莎草纸书与泥板书几乎同时产生，相比较而言，莎草纸书更接近现代书籍。由于莎草纸比较脆弱，据留存下来的实物推断，它的产生可追溯到公元前2500年。此外，那些年代比较久远的石头图像刻印许多也是以莎草纸书为蓝本的。

公元前5世纪正值雅典的黄金时代，书籍以及书籍的使用已经为人所重视。此后，希腊人汲取了莎草纸书的制作经验，并把它传给了罗马人。作为征服者的罗马在东方扩张后，受到希腊文化的影响。当时，"被囚禁的希腊俘虏了她骄傲的征服者"，在公元前272年前后，希腊人安德罗尼卡来到罗马，他把《奥德赛》翻译成拉丁文，作为第一位用拉丁文写作的希腊人，他也成为拉丁语文学的鼻祖。[①]

莎草纸书的制作与传播也使得卷轴成为早期书籍的常见形式。古埃及人使用莎草纸书写，莎草纸质地柔软、富于弹性，人们往往用糨糊将一张张纸连接起来，制成莎草纸书卷，有时可达数米。"莎草纸书卷的出现，开启了书籍的卷轴时代。"[②]埃及干燥的气候使得一些莎草纸书卷得以保存至今。其中最精美的是那些为亡灵而书写的亡灵书，这些书在葬礼上会由僧侣诵读，再随死者入葬，它们被认为具有引导死者的灵魂得以再生的作用。由于莎草纸被出口到整个地中海地区，这一书籍的形式也成为该地区主要的书籍形式。为了保护卷轴，人们往往会在书卷尾部绑上一根木棍，把卷轴从尾部开始卷起，然后在另一端粘上一段羊皮纸，覆盖住整个卷轴。[③]

（二）简牍与帛书

中国书籍的起源尽管没有苏美尔和古埃及书籍出现得那样早，但是中华民族是世界上三个独立自主创造自己完整的书籍学术文化的民族之一。文字考察和考古发掘证明，早在殷商时期，中国就产生了无论造型还是文字的记叙结构都已十分成熟的甲骨文，很可能也同时开始了书籍制作。

书籍的记事与教育作用早在先秦时期便为当时的人们所重视，只是春

---

① 伊尼斯.帝国与传播[M].北京：中国传媒大学出版社，2013：123.
② 吴简易.书籍的历史[M].太原：希望出版社，2008：27.
③ 吴简易.书籍的历史[M].太原：希望出版社，2008：30.

秋以前,学在官府,书籍往往为王室贵族所有,用于教育贵族子弟。春秋之时,孔子首开私学,学在民间,打破了官府的教育垄断。孔子晚年整理《诗》《书》《礼》《易》《乐》《春秋》六部古籍,即被后人称为"六经"的六部儒家经典,而早在孔子的时代之前,这些书籍便已是贵族子弟学习的课本了。

书籍的发展并非一帆风顺,书籍启发了民智,对于封建专制统治来说却隐藏着思想的祸端。封建统治者很清楚,民智的开启、思想的多元发展并不利于封建专制统治,于是为了加强思想上的控制,统治者实施了一系列严厉的举措进行管控,与思想发展紧密相关的书籍首当其冲。

山东曲阜孔宅中,有一面墙,前立有一碑,书曰"鲁壁"。相传汉代时,曾在孔宅的这面墙中发现了战国时的书籍,人们称其为"壁书"或"壁经",这些书籍由通行于六国的古文写就,被认为是战国时的写本。而将书藏于壁中则与历史上著名的秦始皇焚书坑儒有关。《史记·秦始皇本纪》载:"臣请史官非秦记皆烧之。非博士官所职,天下敢有藏诗、书、百家语者,悉诣守、尉杂烧之。有敢偶语诗书者弃市。以古非今者族。吏见知不举者与同罪。令下三十日不烧,黥为城旦。"为了巩固政权,维护专制统治,秦始皇采纳了丞相李斯的建议,下令焚书坑儒。而孔子的后人不忍这些书籍被烧,便偷偷将其藏入孔宅壁中,及至汉代再次被人发现。

这些战国时期的书籍,并不同于我们今日的书籍,它们是以竹简写就的。在纸发明以前,简牍与帛书是中国书籍最主要的形式。简牍是对我国古代遗存下来的写有文字的竹简与木牍的概称。用竹片写的书称"简策",用木版(也作"板")写的叫"版牍"。帛书则是中国古代写在绢帛上的文书,是以白色丝帛为书写材料,又名缯书。《汉书·苏武传》载:"言天子射上林中,得雁,足有系帛书。"而帛书的实际存在可追溯至春秋时期,《国语·越语》曰:"越王以册书帛。"但是,由于帛的价格远比竹简昂贵,它的使用当限于达官贵人。我国古代最早出现的正规书籍,便是写在竹、木简上的简策和缣帛上的帛书。古籍上有"先王寄理于竹帛"(《韩非子·安危》),《墨子·明鬼》篇中还说:"又恐后世子孙不能知也,故书之竹帛,传遗后世子孙。"可见,竹帛已成为著书的主要材料。汉代许慎的《说文解字》序文中说得更明确:"著于竹帛谓之书。"中国的书籍至此已初具雏形。

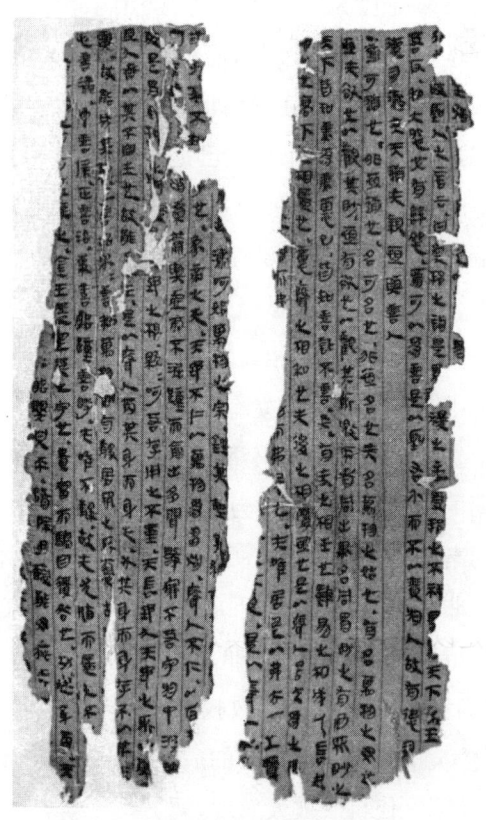

图 8-1　马王堆西汉帛书

由于古代中国使用竹简、木简作为著书的主要材料，因此形成了一种独特的书籍形式，即简册形式，将若干简编连起来成为册，亦称为策。古代的书籍往往是记载典章制度等的重要册籍，因此被称为典册。《尚书·多士》载周公告诫殷遗民说："惟尔知，惟殷先人有册有典，殷革夏命。"这明确指出有商代记载汤攻克夏桀的典册流传至周初，这也表明，早在夏末商初，典册就已经作为官方的档案文书在使用。

蔡邕《独断》曰："策者，简也。《礼》曰：不满百文，不书于策。其制，长二尺，短者半之，其次一长一短，两编，下附篆书，起年月日，称皇帝曰，以命诸侯王、三公。"①可见，虽然称呼不同，制式与使用或有差别，但其所代表之

---

① 蔡邕.独断[M].长春:吉林大学出版社,1992:180.

物却是一样的。"不论是简是策，是方或是版，都是把文字写在一块块的竹片、木版上，然后将之编连一起，成为一个'策'罢了。"①

而典册究竟指何，及其采用何种装订形式则可以在《说文解字》中窥探一二，其有"册，象其札一长一短，中有二编之形。典，从册在天上，尊之也"。甲骨文中"典""册""书""笔""篇""编"等字的发现，为我们提供了文字学方面的证据。甲骨文中的"典"字作"𥅆""𥅆""𥅆"，"册"字作"𠕋""𠕋""𠕋""𠕋""𠕋"，都是象形字。从字形观察，有两个特征：一是都用一长一短的简编次，二是都由两道绳编连。② 这正对应了《说文解字》中对典册的解释，也印证了古代典册是用一片片的简编连而成的。

一片竹简所书字数有限，于是古人往往将众多竹简编连起来。古代典籍如《诗》《书》《礼》《易》《乐》等，均用竹简书写并编连。《史记·孔子世家》有："孔子晚而喜《易》……读《易》，韦编三绝。""韦编"即用熟牛皮绳将竹简编起来，这也足以证明，孔子当时读到的典籍采用的是用牛皮绳编连竹简的装订方式。《南齐书·文王太子长懋传》："时襄阳有盗发古冢者，相传云是楚王冢，大获宝物玉屐、玉屏风、竹简书、青丝编。"可见，编连竹简所用的材质除了皮绳以外还常用丝绳。

用木作为书写的材质在古代其他地区也较常见，在古罗马，我们今天书籍的册页本形式叫作"codex"，在拉丁语中最初是木块的意思，继而由木块锯成的木板也叫codex，罗马人的便签通常就是两片或者多片涂蜡的木板，写好后文字向内合起来封好送出去，古希腊的情况差不多，所以人们后来把信件、账簿或笔记本也叫codex，但是无论这种形式的木板（木册）起源多早，几乎在整个古典时代，它始终是一种临时的记录手段，尚不能同书籍概念联系在一起。

另一种早期古代中国较为常见的书籍形式是卷轴形式。早在春秋战国时期，缣帛便开始与竹简一同被用于书写。但是在缣帛广泛流行之时，可供书写的纸被发明了。缣帛与纸均具有柔软、易于舒卷，以及可自由裁切的特

---

① 叶松发.中国书籍史话[M].[出版地不详]:白庄出版社,1978:87.
② 王浩.商周时期的简册、书牍及其内容、功能与文学史意义[J].聊城大学学报,2013(4):21.

点,于是帛书与初期的纸质书均采用卷轴的方式,将几张纸或帛粘连在一起,中间以一轴为卷心。纸的发明和普遍使用,促使书籍制作由简册时代转变到卷轴时代。书籍的数量也日渐增加,唐代编撰的《隋书·经籍志》著录的书籍共6,520部,56,881卷,大都是卷轴时代的写本,和简策时代编撰的《汉书·艺文志》相比,不论种数、卷数,都有了很大的增长。

在古代,人们读书时大都是右手持卷,用左手拉开书卷,这就是所谓的展卷。有些书卷开头绘有作者的像,作为一种装饰,这之后才是正文,读者就这样随拉随卷,逐栏读下去。

(三) 中世纪的羊皮纸卷

继莎草纸之后,羊皮纸成为欧洲,特别是中世纪欧洲最主要的书写材料,羊皮纸、鹅毛笔、墨水可以称为欧洲中世纪的"文房三宝"。[①]

相较于莎草纸卷轴,羊皮纸页面比较大,更便于翻检。一本 8 张到 10 张莎草纸的小书,容易从缝线的地方脱落,而羊皮纸避免了这样的不便,更为耐用和适于保存。

西方学者认为羊皮书产生于公元前 8 世纪,但据说早在公元前 24 世纪,古埃及人便有在皮革上抄写法令文件的。到公元 140 年,出版商已经开始出版羊皮纸版的《圣经》。现在所知较早的羊皮书是公元前 6 世纪到公元前 4 世纪的《波斯古经》,共有 21 卷,35 万字。

中世纪的书籍都是写在羔羊皮和其他动物皮纸上的抄本形式。许多中世纪抄稿在色彩和形式上都达到了非常完美的程度,堪称书籍艺术的典范。当时书籍抄写所用的工整雅致的手写体也为今后印刷字体的产生和定型提供了范本。中世纪的书籍抄稿,就其本质特点来说,已经非常接近于近代印刷书籍的形式了。

在古典时期,始终同莎草纸卷并行的羊皮纸卷同样不是书籍的主要材料。它与莎草纸相比有若干优越之处,但不足之处是在尺寸上有限制。此外,它不能像莎草纸那样易于黏合成卷,而是要缝到一起,这自然也限制了

---

① 孙宝国.18 世纪以前欧洲文字传媒与社会发展研究[D].长春:东北师范大学,2005.

羊皮纸卷在古典时期的普及。①

1964 年,有个日本人出 400 万法郎的高价,想购买一本名叫《世界末日》的羊皮书,结果被书的主人拒绝,原来,此书封面用铜、金、宝石制成,重约 210 公斤,书中有 551 个金字,金书所用的羊皮纸需耗费 30 万张羊皮。中世纪后,欧洲各国都普遍采用羊皮纸制书了。如果你去伦敦图书馆参观,会发现有许多"脚镣手铐"的书,这就是羊皮书,由于它们太珍贵了,盗贼们虎视眈眈,图书馆不得不用锁链把羊皮书锁起来,以防不测。②

(四)纸质书与印刷书

众所周知,造纸术是中国古代的四大发明之一。公元 105 年,东汉和帝时的宦官蔡伦改进了造纸法,发明了用树皮、麻头、破布、旧渔网为原料,以沤、捣、抄为工艺技术的造纸方法,纸张质量有了显著提升,出现了诸如左伯纸、麻纸、麻黄纸、藤纸和银光纸等驰名一时的纸张品种,带来了书写的大发展。

以纸为书籍的载体,极大降低了书籍制作成本,提高了书籍制作效率。一时间,书籍的数量明显增多,藏书盛行。隋代皇家秘阁按图书内容分库管理,隋炀帝令在东都洛阳观文殿东西厢建造书屋,"东屋藏甲乙,西屋藏丙丁",甲乙即经史两部之书,丙丁即子集两部之书。在观文殿后设立二台典藏魏晋以来的古迹名画,"东曰妙楷台,藏古迹;西曰宝迹台,藏古画"。此外还在东都内道设立了佛道典籍专藏。③ 西京长安嘉则殿藏书 37 万卷,这个数字及上述设立专藏的做法都是空前的。④

大约在公元 7 世纪的唐代,中国发明了雕版印刷术。我国的藏书也在唐朝达到鼎盛。唐代藏书之盛,莫盛于开元。开元十二年,玄宗在东都设置了丽正书院,次年改为集贤殿书院,不仅设置了较完善的职官机构,在藏书的数量和质量上也都十分可观。《玉海》引《集贤注记》说,开元六年八月十四

① 王以涛.古罗马的"书籍"、"出版"事业[J].出版史料,2003(1):111.
② 江波.珍贵的羊皮书[J].图书馆学刊,1993(3):38.
③ 魏征,令狐德棻.隋书[M].北京:中华书局,1973:908.
④ 马端临.文献通考[M].北京:中华书局,1986:1715.

日，玄宗在东都令"百官入乾元殿东廊观书，无不叹骇"①。至开元十九年，"集贤院四库书。总八万九千卷。经库一万三千七百五十二卷。史库二万六千八百二十卷。子库二万一千五百四十八卷。集库一万七千九百六十卷"。天宝三载六月，将当时四库所存图书登记书目，"四库更造见在库书目。经库七千七百七十六卷。史库一万四千八百五十九卷。子库一万六千二百八十七卷。集库一万五千七百二十卷。从三载至十四载。库续写又一万六千八百四十三卷"②。安史之乱使唐代官藏由极盛而剧衰。唐代宗等以千钱购一卷书，也无法再现盛唐官藏的景象。

北宋庆历年间（1041—1048），毕昇发明了用胶泥制的活字印刷术，宋代的雕版印刷推广到当时的辽、金和西夏。而后，随着造纸术和印刷术传入欧洲，古登堡造纸术出现，加上文艺复兴时期的思想影响，纸质印刷书籍迎来了其蓬勃发展时期。11世纪后，随着经济的复苏、城市的兴起，人们逐渐改变了以往对现世生活的悲观绝望态度，开始追求与基督教主张相违背的世俗人生乐趣。在一股借助复兴古代希腊、罗马文化的形式来表达自己的文化主张的风气推动下，书籍的内容被大大拓展，新一代作家兴起，以但丁、达·芬奇、莎士比亚为代表，通过文学创作弘扬人文主义精神。越来越多的人从阅读和写作当中获得了益处。与此同时，书籍也终于被认为是商品而得以进入流通领域，并像其他商品一样由行业工会统筹负责。也是在这一时期，纸张代替了羊皮纸而成为书籍的制作材料。

福斯特和斯考弗1457年印刷的《美因兹祷告诗篇》是有据可查的欧洲第一部印刷书。在这一时期，印刷术的扩散相当迅速，到1500年，除俄国外所有主要欧洲国家都至少有一所印刷所在运转，约有4万种书，平均每种200册印刷复本从这些印刷所源源不断印刷出来。印刷术发明后不到50年时间里，印成的书籍册数比这以前几个世纪里的书籍总数还要多得多。

随着书籍生产效率的提升和书籍数量的增多，也出现了一些规模宏大，包含多册书的丛书。如清代政府编纂的《四库全书》是中国古代最大的一部

---

① 王应麟.玉海卷第52卷[M]//集贤注记.上海：上海书店出版社，1987：988.
② 王溥.唐会要[M].北京：中华书局，1955：644.

丛书,收集了古代到当时的著作3,400余种,7.9万余卷,手写本,分装3.6万余册。中国文、史、哲、理、工、农、医,几乎所有的学科都能够从中找到它的源头和血脉,几乎所有关于中国的新兴学科都能从这里找到它生存发展的泥土和养分。从那时开始,作为国家正统、民族根基的象征,《四库全书》已成为中国乃至东方读书人安身立命梦寐以求的圭臬和后代王朝维系统治弘扬大业的"传国之宝"。而在西方,18世纪后期开始,英国《大英百科全书》以及欧洲其他国家全国性的百科全书也相继问世。

　　无论是中国还是西方,书籍的卷轴形式都逐渐被一种更接近于现代书形态的装订形式所取代,即书册形式。这是书籍外在形式上的一次革命,书籍的制作不再采取把书页的各边粘贴起来连成一长条(或卷)的方式,而是先将书页对折,然后一张张收拢叠起来加以装订,形成书册。在左边、右边抑或是书页的上方装订,主要取决于从什么方向开始书写。书籍的形式从书卷向书册发展,在东西方书籍发展史上都具有重要的意义。

　　希腊和罗马使用的折叠式便签书板被认为是抄本形式的前身,公元1世纪左右,希腊人首创了手抄本形式的册子书。① 公元2世纪的《圣经》抄本,大都是写在莎草纸上的册页书,而相对于宗教书籍,世俗文本、文学或科学文本则拖到很晚才开始采用新的册装形式。直到3—4世纪,册页书的总量才达到与书卷齐平。② 大约在400年时间里,书籍的卷轴和抄本两种形式并存。到了公元4世纪,犊皮纸和羊皮纸作为一种书写材料,抄本作为一种书籍形式,已经取得了统治地位。③ 犊皮纸抄本取代了莎草纸卷轴,学识和文化领域的变化以及书籍制作材料的演变,使得以犊皮纸或羊皮纸为主的册页本形式最终取得主导地位。中世纪时期,羊皮纸作为书写载体在西方世界广泛使用。随着印刷术在西方的普及,纸成为最普遍的书写材料,而书册形式始终是书籍的主要装订形式。

　　在中国,书册形式出现于唐代,被称为"叶子"。宋代程大昌的《演繁露·叶子》有"古书皆卷,至唐始为叶子,今书册也"。从书卷到书册,其装订

---

① 吴简易.书籍的历史[M].太原:希望出版社,2008:43.
② 夏蒂埃.书籍的秩序[M].吴泓缈,张璐,译.北京:商务印书馆,2013:22.
③ 俞振伟.世界书籍发展史概况[J].编辑之友,1989(2):93.

方法也发生了变化，"叶子即未经粘连之散叶，对卷子而言，便称叶子，俗又写作页。散叶既为便于检阅而设，则装置之法，自应变舒卷为折叠。此种折叠之制，仍因袭编连众简之称，谓之为册"①。

　　这一出现于唐代的书籍形式，到了宋代随着雕版印刷术的广泛使用而逐渐流行起来。"宋初，刊本大为盛行，而装订也随之而异，于是书籍的装订，从'卷轴'一改为'叶子'。"②此后，书籍的装帧有"蝴蝶装""包背""线装"等多种装订方法，但其形式已与现代书籍相似。

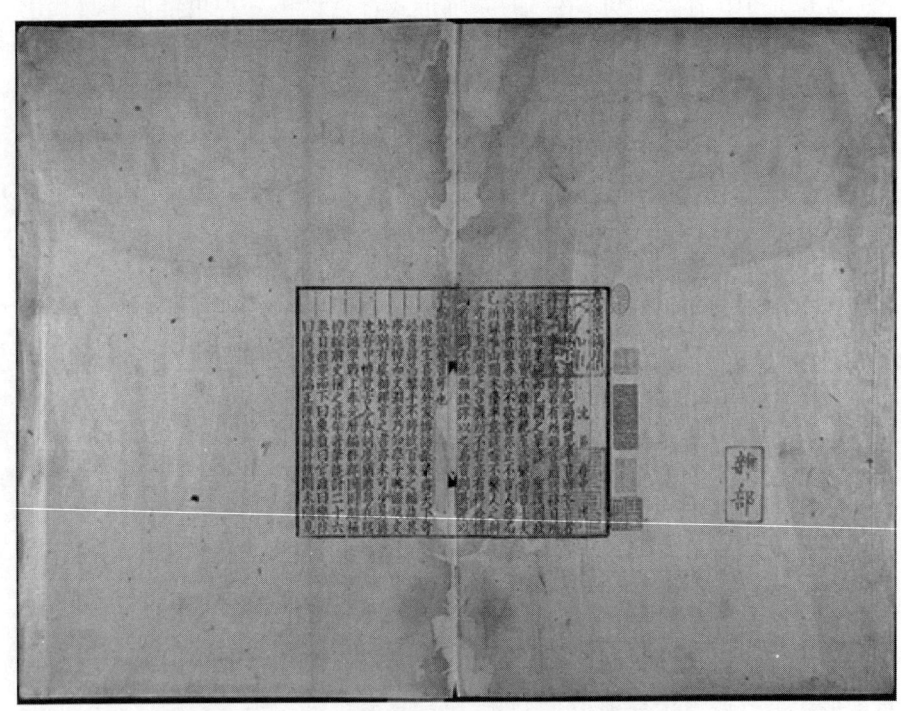

图 8-2　元代大德年间刻本《梦溪笔谈》(蝴蝶装)

　　卷轴形式的书籍大都单面书写，而纸质的册子本则可两面书写，这使得书籍体积变小但所容纳的文本却增多，相对而言也降低了书籍的制作成本。同时，书卷的舒展与收纳较为不易，使得阅读和信息查找相对烦琐，而册子

①　马衡.凡将斋金石丛稿[M].北京：中华书局,1977：272.

②　叶松发.中国书籍史话[M].[出版地不详]：白庄出版社,1978：95.

本则便于携带和翻阅，方便了信息的查找。

（五）书籍的标准化进程

大约在 1461 年，德国曼伯格的阿伯雷查特·普费斯特印刷所就开始印刷附有木刻插图的书籍了。15 世纪的印刷书籍，是人们所知道的古版书，以传统的形式和崭新的风格相结合为其鲜明特色。尽管 15 世纪的印刷商别具一格地扩展了原有的书籍风格，而且，并没有试图用印刷所这一新的构想来改革当时的阅读习惯，但他们的印刷插图的确是一种新的表达手法。

爱德斯·莫奈提斯 1499 年印刷的弗朗西斯科·柯罗的著作，成为早期木刻插图本的一座丰碑。而中国明代中期，在苏州、无锡一带盛行铜活字印刷，出现了用多色套印技术印制的精美的彩色木刻画册。16 世纪中期，以南京为中心的江南一带大量出版插图本的小说、戏曲书。

16 世纪，书籍的生产向小型和廉价的方向发展。这一时期的出版商进一步发挥印刷所的创造力，廉价印制了大量书刊，与上个世纪 4 万册古版书相比，他们共印制了 52 万册书籍。书籍中最受重视的，是廉价的 8 开本的经典著作。1501 年，阿尔丁印刷所出版了维吉尔的著作《埃涅阿斯纪》的第一册，成为第一部使用新的 8 开本口袋书样式的书。[①] 后来，巴黎和里昂的印刷商将阿尔丁印刷所的 8 开本再减半为 16 开。除了一些著名的大部头书，大多是小型廉价书，当时的需求量正适合单本书排字制版后大批量印刷。

16 世纪的书籍还以它们的完美外观著称于世，印刷格式在三大字体——黑体字、罗马字和斜体字的基础上趋向标准化，罗马字体得到了极其广泛的运用。到了 1600 年，英国除了圣经外，罗马字体几乎取代了书中最初的黑体活字。书名页上印有书名、作者姓名、出版商、印刷商和书商的名字，以及出版的地点和时间等，这些印刷格式到 1520 年逐渐趋向统一。

随着印刷行业劳动分工的出现，书籍印刷迎来了标准化的新阶段。早期的印刷商都是自己设计、铸造、印刷活字的，而 16 世纪的印刷商则是从著名的活字设计师如巴黎的克兰德·杰拉门德那里买回活字。尽管古版书印

---

① 凯夫，阿亚德.极简图书史[M].戚昕，潘肖蔷，译.北京：电子工业出版社，2016：109.

刷商既排版印刷又开设柜台出售自己印刷所印刷的书，但16世纪所谓的大印刷商却因为开展多种出版印刷活动而更为著名。他们雇佣工人来从事繁重的体力劳动，如纽伦堡的安通·考伯格拥有24台印刷机，雇用了100多名工人。

(六) 电子书的诞生

从20世纪70年代开始，查令十字街上的旧书店就在不断减少，取而代之的酒吧、餐馆、华人按摩店的生意却蒸蒸日上。这一趋势要归因于一种新的书籍载体的诞生，即电子书。

在欧美一些图书馆将巨量的18、19世纪英文出版物制作成电子书，提供给读者免费下载阅读之后，人们对于逛旧书店收集二手书的需求变得越来越低。网络时代随着电子阅读器终端的推广和普及，传统书店的颓势似乎已经无法抵挡。据《卫报》2009年统计，在英国由个人独立经营的二手书店，已从30年前的3,000多家降至如今约1,500家，而这个数字还在持续下降。虽然有像乐施会(Oxfam)这样的慈善性质的二手书连锁店逆势增长，但毫无疑问，英国旧书店的黄金年代已一去不复返。网络二手书店平台的搭建，让几乎所有的旧书店都上了网，旧书商们节省下了房租和人工费，实体门店倒变得可有可无了。[①]

2007年，亚马逊古巴裔老板杰夫·贝佐斯在西雅图接受《新闻周刊》(*Newsweek*)的采访时说，"数字化的巨浪注定将席卷所有媒体，而书是其中的'最后一个堡垒'"。[②]

2012年3月13日这一天，图书出版行业的朋友们又一次近距离感受到了互联网时代的冲击。这一天，《大英百科全书》(*Encyclopedia Britannica*)所在公司宣布停印已有244年历史的纸质版《大英百科全书》，今后将只提供电子版。

信息和知识记录以及不断发展的记录形式已经作为人类社会的一部分

---

① 郭瑞佳.英国旧书业的历史剪影——查令十字街[J].编辑之友,2012(6):127-128.
② 康慨.纸不存,书焉附:Book2.0时代即将到来? [N].中华读书报,2007-11-28.

存在于人类历史进程之中，随着技术的发展，其中一些形式已不复存在或正渐渐消逝。我们大多数人都经历了许多的形式变化，例如视频或音频记录形式的变化，或者印刷书向有声读物再向电子书的转变。

电子书又称为 e-book，是必须通过特殊的阅读软件，以电子文件的形式，通过网络联结下载至常见的平台，比如个人计算机（PC）、笔记型计算机（Note-book），甚至是个人数字助理（PDA）、手机，或是任何可大量储存数字阅读数据的阅读器上阅读的书籍。

1993 年，彼得·詹姆斯在两张软盘上刊出了他的小说《宿主》（Host），它被标榜为"世界上第一部电子小说"的同时，也被恶毒攻击为"一场灾难的预兆，将摧毁我们所熟悉的文学"。当时，詹姆斯告诉时任英国《卫报》专栏作家的埃里森·弗洛德："我受到了绝对的嘲笑，我被控毁灭小说，我在意大利成为报纸头条新闻，而且 99% 的新闻是负面的。"①

而十几年后，2009 年的圣诞节，亚马逊公司的电子书销量在美国首次超过了精装书的销量；2011 年 1 月 Kindle 电子书的销售量又超过了平装书。②电子书俨然已成为人们阅读的重要方式，其适用范围也越来越大。

随着互联网加快了覆盖人类社会的脚步，基础网络技术和手机、平板电脑等移动互联设备基本完成了在世界各大城市的布局，越来越多的人被纳入庞大的移动互联网络之中。城市生活的快节奏和拥挤常态导致人们的阅读时间呈现"碎片化"的特点，而与这一新特点相适应的阅读媒介——电子书则开始成为现代都市人的新宠。

约翰·汤普森在他的著作《数字时代的图书》中指出，阻碍电子书发展的因素有：硬件"昂贵且难以使用"；有较多格式可供选择，但它们并不兼容；数字权限的所有权不明确；出版商和零售商们对电子书的定价过于接近纸质书，高于大众对电子书的"感知价格"。③ 从以上因素我们可以发现，从 2005 年开始，电子书已经有了两项主要先进成果。首先是电子墨水技术被

① Alison Flood.Where did the story of ebooks begin？［EB/OL］.（2014-03-12）［2019-02-15］.http://www.theguardian.com/books/2014/mar/12/ebooks-begin-medium-reading-peter-james.

② 巴伦.读屏时代：数字世界里我们阅读的意义［M］.庞洋，周凯，译.北京：电子工业出版社，2016：7.

③ John B，Thompson.Books in the digital age：the transformation of academic and higher education［M］.Cambridge：Blackwell publishing，2005.

广泛应用，该技术使用的是反射型阅读面，这一进步在一定程度上改善了电子书的接受情况，但用户主要是一些专业的老年读者。其次，苹果公司在2010年推出了iPad。严格意义上说，iPad并不是一个电子书阅读设备，因为它不仅采用了许多人看来比反射屏更容易使眼睛疲劳的背光屏幕，而且没有提供原装阅读软件。① 但它还是成为许多人阅读的工具。

和纸质书相比，这些电子书几乎不具有重量，空间占用少，可存储在实体硬盘或者网盘、云端之中，寿命长且磨损率可忽略不计；方便查找内容，可自行调整字体大小与字形等。

但显而易见，电子书并非毫无缺点，其阅读与使用需要具备基础的硬件使用知识。相对于纸质书的阅读体验，电子书似乎也并不尽如人意。翁贝托·艾柯在描述自己的阅读经历时说："在电脑前待上12个小时，我的眼睛就会像两个网球，我觉得非得找一把扶手椅，舒舒服服地坐下来，看看报纸，或者读一首好诗。所以，我认为电脑正在传播一种新的读写形式，但它无法满足它们激发起来的所有知识需求。"②

二、书籍的媒介特性

（一）书籍的时空偏向

2016年，专家在西汉海昏侯刘贺墓出土的文物中，发现了竹书《论语·知道》，从而推断此即《齐论语》。③ 汉末魏晋时期，《齐论语》便已失传，然而经过约1,800年，当这些深埋于地下的竹简重见天日时，它们依然肩负着记载和传递知识的使命，跨越历史向今人展示两千年前孔子的智慧。

这不得不归于书籍所具有的跨越时间的能力。书籍是继文字之后衍生出的最重要的历时性媒介之一，它携带着分门别类的知识超越时间和空间，形成一个越来越开阔、越来越宽广的知识径流体系。于是，通过书籍，

---

① 范德韦尔.电子书：发现与发明[J].黄庆，译.出版科学，2011(2)：5.
② 艾柯.书的未来（下）[N].康慨，译.中华读书报，2004-03-17.
③ 杨军，王楚宁，徐长青.西汉海昏侯刘贺墓出土〈论语·知道〉简初探[J].文物，2016(12)：72.

我们可以穿越历史的长河,一览中华五千年的浩瀚历史,尽历朝代更迭的血泪纷争,和先哲对话,和历史促膝。

关于书籍跨越时间这一特性,塞缪尔·丹尼尔在 1599 年的长诗《穆索菲勒士》中说得很贴切:"天佑之文学兮,集往昔于一身,使我辈与异代同时;读此辞章,吾侪可与古人纵谈清论,又令逝者生者,于我教之海之;读此辞章,后人亦可由此,深味吾人此生之所感所遇。"①

时间近的且不谈,就以三千多年前的泥板书为例,那时的人们将泥板刻上字之后,或者放在阳光下晒干,或者放到火窑里烘干,制作成近乎坚不可摧的泥板书。然而战火频仍,帝国更迭,这些泥板书便被尘封和遗忘于历史的瓦砾之中。随着 19 世纪考古挖掘的兴起,那些在历史的砾石堆里埋葬了几千年的泥板书得以完好无损地重见天日。从这些挖出来的泥板书中,我们发现了数量巨大的、内容丰富的档案文件,从而能够更完整清晰地了解当时的社会与历史。

书籍跨越时间需要借助于一定载体,载体越为坚硬耐久,其跨越时间的能力便越强。刻在石柱上的汉谟拉比法典,至今仍静静矗立于巴黎卢浮宫博物馆中,轻薄的纸张却极少能够保存千年。然而相比于石头,纸张在书籍制作中的使用却广泛得多,并且时至今日仍是书籍的主要载体。这不单单与书籍制作成本与难度有关,还因为不同载体的书籍不仅有着不同跨越时间的能力,也在空间偏向上表现出不同的特点。

随着书籍的不断发展,其空间偏向也不断发生着变化。书籍为了跨越空间,经历了从石头、泥板、陶片、蜡板、兽皮、金银箔、铅纸、草纸、羊皮纸等到纸张的演变过程。历史上曾被人们用来制作书籍的材料众多,无法一一列举,但其发展的总体趋势则是轻薄化。与笨重的石板和泥板相比,记录同样多的信息所需的竹简更具空间上的移动能力。即使这样,竹简对于日益增长的信息记载量而言,仍过于笨重。历史曾经记载秦始皇每天需要批阅 120 斤重的竹木简奏章,所谓"学富五车""汗牛充栋""孔夫子搬家——尽是输(书)"便是一幕幕生动的场景再现。随着人们对知识与信息需求的增长,纸张应运而生并被应

① 巴斯贝恩.文雅的疯狂[M].上海:上海人民出版社,2016:2.

用于书籍的制作。与之前采用的制作书籍的材料相比,纸张极为轻薄又具有一定的韧性,便于书写和翻阅,且制作成本相较于缣帛或动物皮而言十分低廉。以纸张为材料制成的书籍虽鲜有留存数千年的,却可随身携带,极大促进了知识与信息跨越空间的传递。

(二) 媒介的媒介

书籍是图像和文字的载体,由于图像和文字本身就是信息传播载体,所以书籍可以说是媒介的媒介。

书籍的内容不仅仅是文字,往往还包含着大量的图像。古埃及为给死者陪葬而制作的亡灵书上,不仅写有文字,还配有丰富的图画,描绘想象中死者去向的另一个世界。印刷书盛行之前,手抄本中的图画便已占据着相当重要的地位,它们不仅传递图像信息,还起着强调、装饰以及辅助文本呈现的重要作用,加之图画直观易读,因此书中的图像日益增多。在西方,"从中世纪早期起,福音书作者的肖像或献书的场景就常常占据整整的一页。随着时间推移,这一类的插图的地位逐渐增强,到 14 和 15 世纪,某些手抄本甚至成了图集,某些《圣经》读本已经像是真正的连环画"[1]。而在中国更是将图、书并称,清人叶德辉的《书林清话》言:"吾谓古人以图、书并称,凡有书必有图。《汉书·艺文志·论语家》有《孔子徒人图法》二卷,盖孔子弟子画像。《武梁祠石刻七十二弟子像》,大抵皆其遗法。而《兵书略》所载各家兵法,均有附图。"[2]

作为媒介的媒介,书籍兼具图像的形象直观、通俗易懂和文字的多义难解、抽象晦涩这两个矛盾体。其一,相较于单纯的文字,书籍含有文字信息之外的图像信息,可以帮助读者理解文字含义;其二,相较于单纯的图像,书籍补充限定图像的模糊性,匹配对应的文字,更准确地传递作者想要表达的内容;其三,广义上说,书籍可以算是一种多媒体信息传播方式,它综合了文字和图像这两种传播方式,使得阅读的过程轻松化和生动化,易于读者接收信息和传

① ˇBLASSEUE B.满满的书页——书的历史[M].余中先,译.上海:上海书店出版社,2002:38.
② 叶德辉.书林清话[M].沈阳:辽宁教育出版社,1998:180.

播信息。

但与口语相比，书籍表现出视觉媒介的典型特征。书籍总体上包括图像与文字，但无论是图像还是文字，其信息主要是通过眼睛这一器官以视觉形式获取的。在有声书出现以前，人们对书籍信息的获取往往要通过视觉途径，相较于口语时代，对听觉的依赖大大降低。

(三) 书籍的局限

1.信息误读与信息损耗

由于书籍是文字和图像的载体，文字与图像在信息记载与传达中的特点也注定了书籍将会面临信息误读与信息损耗。书籍中文字和图像符号需要经过读者的解读才能产生意义，而受到知识水平以及所处社会环境等因素的影响，读者对书籍的内容作出的解读不尽相同。正如莎士比亚所言，一千个读者眼里有一千个哈姆雷特。诚然，书籍给了读者巨大的想象空间，可以说每一次阅读的过程都是一次再创造的过程，而且，文学的发展很大程度上就得益于此类虚拟想象，但如此一来，在书籍内容的解读和传播中也将难以避免地产生信息的误读与损耗。

同时，图文在不同语言间的转换和随时间的流传过程中也会经历信息的误读与损耗。不同文化中，书籍使用特定的语言文字写就，人类的跨文化交流由来已久，书籍作为跨文化交流的载体之一，发挥了重要作用。要读懂不同文字书写的书籍，往往需要进行翻译，而不同语言间的翻译会导致原作者想要传达的信息的准确度下降。

随着时间的推进，书籍在跨越时间的流传过程中也产生了不同程度的信息误读与损耗。在手写时代，书籍的传播往往要经过人们的手工抄写，而人工抄录的过程中难免产生错误，这样的错误可能经过一次次的抄写流传下来，造成对原本信息的损耗。在印刷时代，不断再版已成为常态，书籍中的排版往往暗含着作者以及出版商的意图等潜在信息，即便是同种语言书籍再版，排版、字体、字号、行间距等版面元素的变化，也会导致原作者想要传达的信息无法被完全解读。

图文信息过于单调也会导致信息损失。相较于广播、默片或者有声电影等传播媒介来说，书籍是一种安静的媒介。它没有声音、没有活动画面，这正是书籍这一信息传播媒介的短板。书籍不能还原现场情景，只能通过读者的想象空间填充"彼时彼地的场景"，这必然会导致书籍传播原本就模糊的信息被读者"任性"地"删减"或是"篡改"。例如，2015 年冯唐翻译的《飞鸟集》，译本一问世，泰戈尔瞬间成了"段子手"。这很像博尔赫斯笔下的埃尔·梅纳德的故事。博尔赫斯想象，有个作者想改写《堂吉诃德》，与此同时还要融入 17 世纪的西班牙历史和文化。这样，他写出来的《堂吉诃德》和塞万提斯的原著一字不差，但意思截然不同，因为每一句话今天说出来，意义已不同于那个年代。同样，我们也以另一种方式在阅读它，因为这部作品引起了无穷尽的阅读，这些阅读逐渐形成原文的一个组成部分。①

2.制作困难，感官单一

书籍不同于口语和文字，它不仅需要一定的载体，还往往有一定的制式，需要经过加工制作的过程。古代苏美尔人需要把用于书写的泥板制成特定的大小，中国的竹简书也要经过削制、烘烤与编缀等过程，纸质书籍所用的纸张更是要经过一系列的加工过程。

在印刷书籍出现之前，书籍往往由人工进行书写。被明太祖朱元璋誉为"开国文臣之首"的宋濂在《送东阳马生序》中这样回忆自己幼年的读书经历："每假借于藏书之家，手自笔录，计日以还。天大寒，砚冰坚，手指不可屈伸，弗之怠。录毕，走送之，不敢稍逾约。"手抄书籍，一方面，是凝结着人类长时间劳动的价值产物；另一方面，是较为正式、有仪式感的形式，因此手抄书虽然耗时耗力，但也成为典型的情感寄托媒介。《没有人是一座孤岛》的作者、17 世纪英国玄学派诗人约翰·多恩曾写道："印刷的成果确认为良品，手写的作品更受尊敬：油墨印成的书放在架上，任凭虫啮尘封，墨水写成的书却得天恩宠，与古代巨著风骚共领。"

---

① 卡里埃尔，艾柯.别想摆脱书：艾柯、卡里埃尔对话录[M].吴雅凌，译.桂林：广西师范大学出版社，2010：136.

同时,作为主要依靠视觉获取信息的媒介,书籍对于视觉的倚重也造成了人类感官的不均衡。口语时代,口语是人们交流的主要媒介,其信息的接收主要通过人的听觉。由于听到的内容稍纵即逝,传播范围无法突破人声的局限,信息传播者与接收者往往处于同一物理空间之内,听觉与视觉以及其他人类感官在传播过程中较为均衡。而书籍的阅读则突破了特定传播环境的限制,人们可以随时随地翻阅书籍,与书籍作者进行"对话",因此视觉成为书籍媒介主要依赖的感官,也由此造成了人类感官的偏倚。

3.载体局限与空间占用

书籍依赖于某种载体,以某种物理形式出现,这也就意味着书籍一定占据着或大或小的物理空间。尽管在书籍发展的历史中,人们不断改进着它的载体,从石块、泥板到羊皮、缣帛和纸,承载同样信息的书籍所占据的物理空间越来越小,但书籍仍受制于物质实体,需耗费一定空间。

世界各地的图书馆即书籍对空间占用的最好体现。最初为了保存知识,人们建造了图书馆,随着书籍的发展和增多,这一书籍的聚合空间不断系统化。世界上最大的图书馆当属有着200余年历史的美国国会图书馆。这里收藏了240万件藏品的法律图书馆堪称世界之最,这里有最早的儿童书籍和儿童圣经(1763年出版);最小的书只能用针尖打开,而最大的书《美洲的鸟类》有1米高;有最古老的楔形文字书板,有世界上仅存的3部犊皮纸圣经之一的《古登堡圣经》。美国国会图书馆以1.28亿册的馆藏量成为图书馆历史上的巨无霸,空间占据体量也令人瞠目——图书馆书架的总长超过800公里。

图书馆巨大的空间体现出书籍对空间的占用,由于书籍以纸张等一定的物质实体制成,保存的知识信息越多,所占据的空间就越大。直到电子书和互联网出现,书籍的物质实体被数字化,其所占据的物理空间才可被忽略不计,同时得以通过网络跨越空间自由传递。但其便携度、阅读的舒适程度以及对电力等外部条件的依赖又成为新的制约因素。

无论书籍如何发展,它依然承担着基本的保存和传递知识与信息的功能。正如艾柯所说:"五百多年来,围绕书这一客体的多样化,并没有改变书的用途或结构……书多方证明了自身，我们看不出还有什么比书更适于实现书的用途。也许书的组成部分将有所演变，也许书不再是纸质的书。但书终将是书。"①

三、书籍与文明进程

书籍是社会变迁的见证，是文明演进的坐标，它既是当下联系过去的一种手段，也是与未来进行沟通的桥梁。"书籍联系着极其广泛的人类活动，它们是匠人的产品、经济交换之物、观念之舟以及政治和宗教冲突的要素。"②

（一）知识与权力

书写这种技能使得知识的不断累积和代代相传成为可能。艾柯指出，人们向书籍索取记忆，"这些记忆仅凭我们短暂的一生是不可能积累起来的。跟那些不识字的人（或者是识字但从来不看书的人）相比，我们的财富就是，他们活了一次，而我们则经历了好几次生命，然而这种人生的单薄是我们无法体会的"③。不过，这种经历在书籍产生后的很长一段时间里，都只是某些贵族阶级的特权。

书籍在产生之初并非为了教化民众、传递思想和知识，而是服务于统治阶层的需要。中国上古时期，学术统于王官，一切文献典籍，都归统治者专有，只供贵族及其子孙世代传习，平民百姓无权查询和使用。春秋时期，由于社会生产的发展和生产关系的变动，依附于奴隶制的"士"逐渐发生分化，成为一个新的知识分子阶层，私学开始盛行，"学在官府"的局面被打破，书籍也逐渐从统治阶层走向更广泛的知识分子，自此之后，知识传播才逐渐打破阶级的枷锁。

---

① 卡里埃尔,艾柯.别想摆脱书:艾柯、卡里埃尔对话录[M].吴雅凌,译.桂林:广西师范大学出版社,2010:4.
② 达恩顿.启蒙运动的生意:百科全书出版史[M].叶桐,顾杭,译.北京:生活·读书·新知三联书店,2005:1.
③ 艾柯.植物的记忆与藏书乐[M].王建全,译.南京:译林出版社,2014:11.

在古埃及，书籍是统治阶级的特权，被用于统治、宗教和律法，即使是为死者而制作的亡灵书，也往往只有统治者以及极少数有钱人才可以享用。西方的读者群大概产生于公元前 3 世纪，这是为了适应国家的需要，适应农业和法律的需求。到公元前 2 世纪时，书籍已经牢牢扎根，然而其流通却仅限于人数很少的知识阶层。

随着书籍的不断发展，以及民众识字率的提升，书籍开始走向普通大众，但随之而来的，则是统治阶层对书籍的管控。15 世纪公众对书籍的需求高涨，随着印刷术的迅速发展，印刷成了热门行业，到处都缺印刷工匠。然而伴随着印刷业的蓬勃发展、书籍数量迅速增长，对书籍的管制也不断加强。

印刷术的使用使得书籍得以广泛传播，从而进一步推动了当时文艺复兴思想的发展，这一影响引起了宗教当局的警觉，认为这会对教徒们的思想产生误导，传播"异端邪说"。因此，15 世纪后半期，教廷多次发布禁令，严禁"滥用"印刷术。除了对书籍的出版加以限制外，教廷还对书籍的阅读作出规定。1559 年，教皇保罗四世发布罗马教廷《禁书目录》，禁止天主教徒阅读目录上的书籍，除非得到特别许可。《禁书目录》不断发生着变化，一直延续至当代。最后一版于 1948 年颁布刊行，直到 1966 年保罗六世才正式废止了《禁书目录》。[①]

除了宗教当局外，世俗统治者也在印刷业的发展过程中不断对其加以管控。在印刷业发展初期，尚没有针对印刷业的严格的行业规定。伊拉斯谟在 1525 年说："不是谁都能当面包师，但没有规定禁止任何人靠印刷赚钱。"[②]而随着印刷行业的发展，世俗统治者为了巩固专制统治，开始加强对书籍出版的控制。除了禁书与惩罚外，还制定了诸多特殊的规定，比如英国王室所实行的印刷特许权制度。1504 年，理查德·派森和威廉·法克韦斯第一次获得皇家特许出版商的头衔，这一职位后来演变成为特许权制度。

对印刷特许权的争夺是 16 世纪出版业发展的一个显著特点。印刷商之

① 凯夫，阿亚德.极简图书史[M].戚昕，潘肖蔷，译.北京：电子工业出版社，2016：126-127.
② 斯丹迪奇.从莎草纸到互联网：社交媒体 2000 年[M].林华，译.北京：中信出版社，2015：125.

间利用各自的优势,不断增加雇佣的印刷工匠,展开了争夺市场和印刷特许权的激烈竞争。印刷商和出版商试图在出版上进行冒险,要求获得官方特许权,可以单独出版那些需求量大的书籍,比如法律条文、礼拜书籍、学校教科书、圣经著作等。印刷商们很快发现任何冒险出版的成功同样需要采取保护措施,以制止其他印刷商来复制有利可图的书籍。

然而,针对书籍出版的审查也招致了诸多不满,一个无知的审查官很可能在真理还未发声以前就把它埋葬了。1644年,弥尔顿写了著名的小册子《论出版自由》,驳斥的就是英国1643年的《出版管制法》。弥尔顿关于"出版自由"的思想在当时风行一时。

出版自由的进展是很缓慢的,1709年世界上第一部版权法出台,版权法把出版的各项权利都授予了作者,从印刷商的特权变为作者的版权,这也是书籍出版进一步扩大和强调作者个人利益的一个副产品。这之后伴随着维护印刷所有权的讨论兴起,著作也开始为作者带来巨大的实惠。这一形势变化也为现代版权立法打通了道路。①

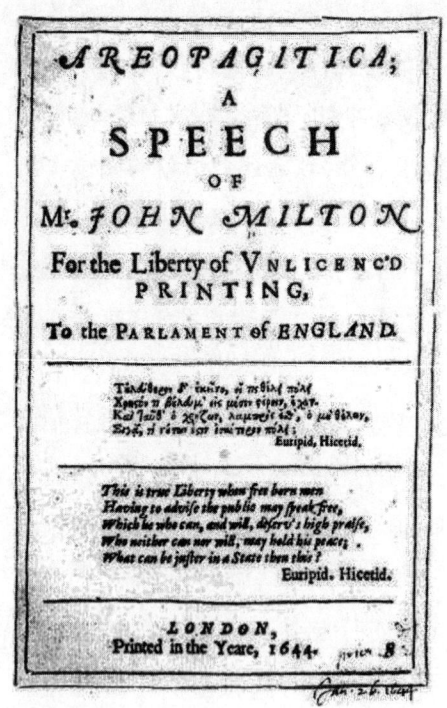

图8-3 1644年约翰·弥尔顿《论出版自由》的封面

(二)书籍发展与社会进步

书籍通过其自身的方式塑造着人类的思想,而思想的力量又使得人们创造出促进社会进步的无限动力,历史上书籍的每一次重要发展都在一定程度上促进了社会思想的发展与变革。

---

① 俞振伟.世界书籍发展史概况[J].编辑之友,1989(5):94.

1.雕版印刷术与佛教的传播

印刷术的发明大大提升了书籍制作的效率，这一技术最早发明于中国，而中国最早的印刷术即为雕版印刷术。

关于雕版印刷术的起源时间，历来有多种说法。张秀民在《中国印刷术的发明及其影响》中一一驳斥了"汉朝说""东晋咸和说""六朝说"以及"隋朝说"。经过大量的史料考证，他指出"中国雕版印刷术大概起源于7世纪初年(636年左右)，8世纪市场上出现了印纸，9世纪不但文献记载更多，敦煌发现的实物也不少，成都并且已成为全国刻书业的中心了"。① 而雕版印刷术起源于唐代的说法也是目前大多数学者所认可的。

唐代，不仅是雕版印刷术发明的时代，也是佛教在我国发展的鼎盛时期。二者并非巧合，雕版印刷术的发明与应用，与佛教发展的需求有着密切的联系，可以说佛教的发展在一定程度上推动了雕版印刷术的发明。隋唐许多统治者都推崇佛教，如隋文帝、唐太宗、武则天等，佛教的盛行引发了对佛经需求的大量增长。而在印刷术发明前，佛经的复制主要依靠人工进行手书抄写，手抄佛经耗时耗力，已渐渐无法满足巨大的需求量。为了满足佛经复制与传播的需求，在雕版印刷术发明前，人们尝试了多种方法，如在石碑上进行拓印，以及将佛像刻制成印章，进行多次盖印，这些方法在一定程度上可以看作是雕版印刷术的先驱。从现存雕版印刷作品中也可以发现，早期的雕版印刷品中佛像以及佛教经典占了很大的比重。

佛教传播的需要促进了雕版印刷术的发明，而反之，雕版印刷术发明后，又极大提高了佛像与佛经的复制效率，进一步促进了佛教的发展与传播。敦煌的千佛洞中曾发现多件雕版印刷佛经，其中就有被誉为"雕版印刷第一神品"的唐咸通年间刻印的《金刚经》。该经书现存于英国伦敦博物馆，保存完好，品相精美，且带有插图及确切日期，因而受到学者们的高度重视。但现存最早的雕版印刷品是公元770年日本皇室雕印的《陀罗尼经》，该书雕印时间距离日本派遣唐使赴中国学习的最盛时期不远，当时"日本的先进文明，特别

① 张秀民.中国印刷术的发明及其影响[M].上海：上海人民出版社，2009：44.

是日本皇家所享有的文化,包括与佛教有关的文化,大都源于中土,雕印《陀罗尼经》当亦不例外"。①书籍雕印技术的发展,促进了佛教的传播,而随着文化交流,这一影响的范围得以迅速扩大,向周边国家和地区拓展。

2.活字印刷术与大规模丛书

雕版印刷术的发明极大提升了书籍生产效率,促进了思想与知识的传播,但使用雕版的方式印刷书籍,每一页均需刻印一雕版,耗费大量材料和人工,占据相当大的空间。对于内容相对简单、传播需求量大的佛经、历书等来说极为适用,但若要刻印一部规模宏大的书籍,其缺点则表露无遗。

于是,在雕版印刷术的基础上,宋代毕昇又发明了活字印刷术。沈括《梦溪笔谈》中记载:"庆历中,有布衣毕昇又为活板,其法用胶泥刻字,薄如钱唇,每字为一印,火烧令坚。先设一铁板,其上以松脂、腊和纸灰之类冒之,欲印则以一铁范置铁板上,乃密布字印,满铁范为一板,持就火炀之,药稍镕,则以一平板按其面,则字平如砥。若止印三、二本未为简易,若印数十百千本则极为神速。"②书中细致描述了活字印刷术的发明以及其印刷方法与流程,特别指出该法对于大量印刷的优势。此后,人们又使用金属、木等材料制作活字进行印刷。明代木活字流行,胡应麟在《少室山房笔丛·经籍会通》中说:"今世欲急于印行者,有活字,然自宋已兆端……今无以药泥为之者,惟用木,称活字云。"清人魏崧也说,"活板始于宋,……明则用木刻"。

活字印刷自宋代发明以来不断发展,至清代已甚为流行。乾隆帝修《四库全书》时想将从《永乐大典》内辑出来的佚书刊印流传,当时管理武英殿刻书事务的金简便提议用枣木活字排印,并将雕版与活字的造价进行比较。乾隆帝被说服,着其办理,最终以木活字印《武英殿聚珍板丛书》一百三十四种。活字印刷术极大提高了刻印大规模书籍的效率,促进了知识与书籍的传播。活字印刷术后来相继传入朝鲜、日本甚至欧洲等地,成为西方现代印刷术的先驱。

---

① 宿白.唐宋时期的雕版印刷[M].北京:文物出版社,1999:3.
② 沈括.梦溪笔谈[M].上海:上海古籍出版社,2015:118.

3.古登堡印刷术与宗教改革

在东西方各种形式的交流过程中，中国的印刷术传入欧洲，德国人古登堡于15世纪中期改进了活字印刷术，并于1450年出版了活字印刷的《圣经》，此后印刷术在欧洲迅速扩散，成为书籍生产的主要方式。

书籍作为思想的有力工具，不仅为统治者所使用以维护专制统治，也逐渐成为大众反专制的重要武器。印刷业的发展促进了书籍阅读与识字率的提升，当普通民众开始通过书籍传播思想时，印刷所便成为宗教改革运动的有力武器。论争性的宗教书籍和小册子不断增加，在16世纪书籍中占了很大的比重。1517年，马丁·路德兴起了这场论战，最初只是采用口头争论的形式，而后书籍和各种印刷物成为重要阵地，从印刷物上的争论中可以看到整个宗教改革运动的发展历程。互相攻击必然伴随谴责，谴责又必然引起反驳。尽管宗教论战借助书籍为工具并不新鲜，但这场宗教改革运动对于书籍的运用有许多新的特点，由于出版了数量庞大的本国文字的书籍，唤起了广大群众的支持，所以这场论争的范围空前扩大。改革者们都十分重视用本国文字出版的《圣经》，强调人人必须阅读。威廉·泰恩代尔用英文翻译的具有论争性的《新约全书》译本，包括为其撰写的论证味更浓的序言，一版印刷数量就高达3,000册，尽管这批书在英格兰遭到了查禁，但它马上就可以在另一个比较友好的国家出版。于是，这些书还是逐渐流传开来。从一个国家向另一个国家走私遭禁的书籍，是宗教改革中书籍出版的另一个特点。

除了将书籍纯粹作为论争的工具外，印刷所还推进了新宗教纲领的实施。到了1517年，教义在欧洲的广泛传播极大地依赖于书籍。宗教上的一系列变化都要求本国文字版本的宗教著作迅速出版，从而能尽快在所有的教堂中使用新的礼拜书。

（三）书籍的商业发展与大众阅读

人们通过写作和阅读书籍来传递和接受知识，阅读被认为是人类获取知识的一条重要途径，而不是为了得到其他什么神奇的报偿。随着人们对阅读书籍和获取知识的需求日盛，书籍买卖逐渐发展起来了。

在纸质书出现之前，书籍的造价颇为昂贵。草纸、羊皮纸制作的书阅读较为方便，但价格殊不便宜，并不宜于社会公众的大规模消费。拿希腊、罗马社会主要的书写材料之一莎草纸来说，它主要产于埃及一地，需从埃及出口方能进入需求地。而从出产地到需求者手中，中间有重重转卖商，因此其价格颇为不菲。正因其难能可贵，在古希腊、罗马时代，书籍才成为"博学的希腊人和罗马人最为珍视的财产，他们对书籍的钟爱不亚于对家庭、配偶或情侣的感情"。①

罗马人发展出了规模较大的书籍买卖，间接催生了私人书籍出版行为。从西塞罗时代起，就出现了许多专门用来出售的书籍抄本。据记载，西塞罗好几次提到书店，马蒂尔曾抱怨那些职业抄写者不讲求效率，普利尼曾描述了大规模莎草纸书的交易情况。② 在好友西塞罗的建议下，大藏书家阿提库斯着手创办一个出版高质量图书的出版社，聘请历史学家内波斯和法学家阿拉尼昂等一批学识渊博的学者当编辑，还培训了大批有文化的奴隶来担任抄书员和校对员。到公元前55年，他已经建立起了一个抄书的产业。由于使用奴隶劳动，加之产业化的发展增加了抄本数量，书籍的价格维持在相对低廉的水平上，这使得书籍可以进入不太富裕的平民家庭。同时，罗马历代君主都大力推动公共图书馆的发展，书籍已不再是特权阶级的专属。不过，以手抄形式制作书籍，受制于手工效率，书籍的数量仍十分有限。

直到造纸术、印刷术被广泛引入，加上文艺复兴的助推作用，书籍数量增多，内容迅速拓展，变得更为普及。正如15世纪德国诗人塞巴斯蒂安·布兰特所说："从前只有富人和国王才拥有的东西，如今走进了最贫寒的家庭，那就是书籍。"同时，印刷术的迅速发展和广泛传播也极大促进了书籍市场的商品化拓展。

书籍的商品化意味着书籍数量增多，开始越来越多地走进大众的生活。12世纪，书籍生产开始随着大学的兴起而大大扩展，设在城市中的多所大

---

① 费希尔.阅读的历史[M].李瑞林,等译.北京:商务印书馆,2009:43.
② 俞振伟.世界书籍发展史概况[J].编辑之友,1989(1):95.

学,推动了对书籍需求的不断增加,而大学书商又满足了这种需求。这些书商都是受各大学控制的,大学对书籍的内容和规格制定了各项规定,还订立了书籍出售和租赁的价格。比如1228年意大利皮得蒙的弗西利大学就最早制定了这些条例。大学书商工作的一个特点是他们拥有各种各样的书籍抄本,而这点在修道院缮写室工作中却不具备。

书籍传播的发展与文艺复兴时期的思想互相影响,促进了本土语言文学的发展,为书籍拓展了读者群体。14世纪时,书籍很容易进入市场出售。这一时期的书籍抄稿,受到了人文主义思想和本国语言发展两方面的重大影响。早期人文主义运动先驱彼特拉克与朋友一起搜罗罗马古典作家原著,加以整理修订,剔除谬误,附上人文主义的论述。西塞罗风格的修辞学著作一下子变得大受欢迎,既为教会外的一般读者所收藏,也为基督教教会中的高级神职人员所珍爱。而且,用本国语言写作的书籍生产也已经开展起来。14世纪,许多佚名的中世纪作者创作了一流的诗歌和故事,但它们大都依靠口头流传,在14、15世纪之际,用本国语言写作的书籍出现了,佚名的古典作品被抄录后制成书籍,那些富有创造力的天才如但丁、彼特拉克、薄伽丘、乔叟和维庸率领众多的作家用本国语言进行文学创作,不仅促进了本国语言文学的发展,也极大地拓展了读者群体,为书籍的进一步商业化奠定了受众基础。

此后,书籍在普通民众的生活中占据越来越重要的地位。15世纪以后,阅读和写作成为社会风尚。各大城市都开始收集书籍,建立市政厅公共图书馆。17世纪社会书籍阅读迅速扩大,最终改变了那种任何东西都要大声朗读的习惯,而默默地阅读反倒能够加快速度和便于吸收。18世纪,普通人都有一个强烈的信念:人们可以通过阅读来教育自己。这种信念的一个重要表现就是各种各样的百科全书的兴起,这是一种代价很高的出版冒险,但它竟然获得了成功。狄德罗和法国的百科全书在当时极具声望,18世纪后期,《大英百科全书》和德国的《布劳克豪斯百科全书》以及其他一些全国性百科全书也相继问世。作为商品,书籍的生产有其特定的流程。百科全书的生产体系就像一部大机器,从印刷厂到下面各种材料供应系统,环环相扣,紧密配合,牵一发而动全身。由此,书籍贸易的发展,也带动了相关产业的繁荣。

如今，书籍在经济发展中仍起着重要的作用，作为知识积累和传播的媒介，它推动着生产力的发展和社会的进步，从而使人类经济社会不断迈步前行。而就其自身来说，书籍也是一种商品，书籍的不断发展也使得书籍贸易日渐繁荣。

(四) 技术进步与数字出版

技术进步离不开经验与知识的积累，作为记录和储存知识的载体，书籍本身就对技术进步有着重要的推动作用。在文字产生之前，人类依靠口语进行信息的交流和经验的代际传递，由于听到的内容稍纵即逝，且人自身的记忆力有限，经验与知识的积累和传播十分有限，人类社会也因此进步缓慢。在文字产生之后，人类开始使用文字进行经验和知识的记录与传播，并制作书籍，保存知识，人类社会发展和生产力提高的速度也因此大大加快。

任何一门科学的发展都是在既有基础上取得的，如果没有知识的积累，就没有人类各学科的进步。西方古典时期，依靠一代又一代人连续不断的抄录，一些希腊典籍才流传下来。包括后来的数学、天文学和医学等各门科学，也是由于有了书籍记载，才得以扎下根并繁荣起来。文艺复兴时期，人们还从相距千年的古希腊罗马典籍中汲取养分，即使是今天，这些古老的书籍所记载的内容仍是人类向前迈进的知识基础。

书籍影响着科学技术的进程，反之技术的进步也在不断更新着书籍的内容与形式。一方面，随着人类取得越来越多的科技成果，书籍的内容也在不断丰富与拓展，并日益体现出专门化的趋势，新的学科门类不断产生，原有的知识体系则不断细化。另一方面，新技术直接作用于书籍的生产。传播知识和文明是出版的天职，印刷和出版为知识的传播和文明的发展插上了翅膀。当印刷术开始出现的时候，人们并没有真正意识到这小小的发明对于知识传播与文明发展的革命性意义。从中国的雕版印刷术、活字印刷术到西方近代印刷术的发明，无一不推动着书籍跨越式地发展，使其焕发出新的活力，印刷术的技术变革为知识传播与文明发展提供了越来越便捷的阶梯。

　　大众传播的发展以及数字阅读的出现,使得许多人开始质疑书籍在当下存在的意义,甚至发出"书籍将死"的预言。但正如赫尔曼·黑塞所言,"我们不必忧虑书籍也许会有连根被铲除的一日。反而,愈是随着娱乐上的需要或民众教化上的需要,有了其他的发明物足以满足时,书籍必能回复它的价值与权威"。① 如今,我们可以看到,新的发明物并没有让书籍从此消失,尽管其内容和载体都有所拓展,但记载和传播知识的书籍仍是我们进步的重要阶梯。

　　随着现代技术的发展,书籍这一历史悠久的古老载体也在新的技术环境下焕发出新的生机。其所具有的技术适应能力主要表现在两个方面:第一,目前市场上的书籍多以平面化形式为主,这一方面适应电子时代的扫描技术,可以被扫描成电子书,受益于电子书的低损耗特点,书籍的技术适应性使得书籍本身在新的时代获得了"长生";另一方面,平面化书籍给了虚拟现实技术又一发挥的空间,虚拟现实和增强现实技术在书籍中的运用产生了"神奇"的效果。第二,书籍本身就是一个超IP载体,它可以被改编成电视剧、电影、网剧等各种多媒体表现形式,借力新技术优势,在丰富了书籍自身内容的同时扩大了传播范围。

　　弥尔顿在《论出版自由》中形容书籍"并不是绝对死的东西。它包藏着一种生命的潜力,和作者一样活跃。不仅如此,它还像一个宝瓶,把创作者活生生的智慧中最纯净的菁华保存起来"②。数千年来,书籍承载着人类思想中最闪光的智慧,铭记着人类内心最真实的情感,也促使人类创造出推动社会进步的思想力量。如今,在各种新技术的不断冲击下,出版业的辉煌不再,书籍的存亡引发着人们的持续探讨。但也许正如麦克卢汉所言,书籍可以"和新技术结缘而以多种形式出现",正如从手抄书到印刷书,未来"书籍将经历全新的发展过程"③。

---

①　黑塞.读书随感[M].李映萩,译.上海:上海三联书店,2013:74.

②　弥尔顿.论出版自由[M].吴之椿,译.北京:商务印书馆,1989:5.

③　麦克卢汉.指向未来的麦克卢汉:媒介论集[M].何道宽,译.北京:机械工业出版社,2016:143,146.

第九章　绘画：具象传播与视觉文化

　　法国巴黎,塞纳河畔,世界四大博物馆之一的卢浮宫博物馆中,世界各地慕名前来参观的游人络绎不绝。作为世界最大的艺术宝藏之一,这里珍藏着40万件以上的艺术珍品,以致大多数参观的人无法尽览。然而吸引了最多参观者,有着"镇馆之宝"美誉的,是一幅16世纪文艺复兴时期的绘画,即达·芬奇那幅以"神秘微笑"享誉世界的《蒙娜丽莎》。

　　跨越5个世纪,这幅文艺复兴时期的绘画还在静静讲述着它的时代,正是在那个时期,西方绘画真正开始散发出人文主义的艺术光辉,时至今日仍照耀人心。然而绘画的产生却远比16世纪久远得多,从数万年前的石器时代至今,绘画一直存在于人类历史之中,并作为重要的媒介,在人类文明发展中起着重要作用。

一、绘画的沿革

(一)旧石器时期:巫术与岩画

　　1940年,法国西南部道尔多尼州,四个儿童带着狗在追赶野兔,跟着狗和野兔,他们追到一个山洞里,结果却在无意中发现了山洞岩壁上绘制的丰富精美的图案。一次意外的追逐,使法国拉斯科洞窟中精美的壁画在经历了漫长的岁月后,得以重见天日。这些距今一万五千年左右的旧石器时期的岩画,告诉我们绘画这种行为由来已久。然而这尚且不是人类最早的绘画遗存,在法国南部阿尔代什省的肖维岩洞中留下的岩画,被认为可以追溯到三万年前。我们无法断言绘画产生于何时,无法得知广袤的土地上还有多少尚未被人发现的绘画遗存,但可以肯定的是,早在文字诞生之前,生活在洞窟中的旧石器时代的人类便已经开始在岩壁上绘制图案了。

早期的绘画与当今的绘画有着不同的媒介作用。人们发现,法国、西班牙等地留存的旧石器时期岩洞壁画中,动物形象占据着主要内容。这当然与当时人类狩猎为主的生活方式相关,但它们在洞穴中所处的位置、画面呈现的状态等诸多因素,又使得这些图画似乎并不单纯是现实生活的真实呈现。正如阿诺斯在《全球通史》中指出的,这些岩画在洞穴中所处的位置和描绘的方式有其独特之处,当时的原始人一般住在山洞前端但岩画却绘制在山洞深处,且画与画相互重叠,因此他认为"促使旧石器时代的画家们跑到山洞深处把他们狩猎的动物尽可能逼真地绘制出来的原因也就只能是,他们认为这样做能够使自己得到某种控制猎物的魔力"①。豪泽尔也将那些旧石器时期描绘着动物形象的岩画看作是有着特定实际目的的巫术手段,"种种迹象表明,当时的艺术是施展巫术的手段,它也因此获得一种实际的、直接服务于经济目标的功能"②。这一目标即成功捕获猎物。原始人类相信,通过将动物的形象画在岩壁上,他们便可以真的控制这些动物。

由此可以认为,原始人类的绘画具有鲜明的实用特性,它与实际的生存需要相联系,甚至是生存所不可缺少的一部分。原始人类通过绘画将不可见的生命与可见的形象联系起来,认为通过控制图像便能控制生命的实体。正如德布雷所言,图像从其渊源和功能上说,是一种媒介,它"处于生者和死者、人和神之间,一个社群和一片宇宙之间,在可见者和驾驭它们的不可见力量的两个群体之间"③。通过绘画,原始人类似乎和驾驭图像所代表实体的不可见力量取得了某种联系。

①　斯塔夫里阿诺斯.全球通史:从史前史到21世纪[M].第7版.北京:北京大学出版社,2005:13.
②　豪泽尔.艺术社会史[M].黄燎宇,译.北京:商务印书馆,2014:2-3.
③　德布雷.图像的生与死[M].黄迅余,黄建华,译.上海:华东师范大学出版社,2014:17.

(二) 新石器时期：风格的转向

中国绘画起于何时已不可考，但与西方相似，早在文字诞生之前，古代中国人便已经开始在岩壁上留下图案。关于绘画的起源，有着各样的传说，《画史会要》有："太昊，伏羲氏，一号春皇氏，一号权皇氏，风姓。其王天下也，日月重轮，山明海静，故天地瑞应，龙马负图出于荣河，帝则之以画八卦，而图画之事始此。"①《易·系辞上》也说："河出图，洛出书，圣人则之。"而战国时期赵国史书《世本·作篇》中提到："仓颉作书，史皇作图。"这些说法往往将书画并提，反映出书画同源的观念，这不仅说明了中国文字象形的特征，也反过来体现出绘画走向抽象与象征。与旧石器时期的自然主义风格的写实呈现相比，新石器时期的绘画善于抓住事物本质而呈现抽象的特征。不仅是中国，在古代两河流域，苏美尔人所创造的世界最早的文字，起初便也是由图像发展而来的。

这一时期，人们开始在陶器上绘制图案以起到装饰的作用，这些图案也反映出绘画风格的转向。无论是中国还是西方，都留下了诸多新石器时期的陶器，它们有的以色彩和线条描绘花纹、动植物和人的形象，有的则干脆使用纯粹的几何图案。这些装饰性的绘画，不仅体现出史前人类审美意识已然萌发，还更深刻地反映了这一时期人类物质世界与精神世界的变化。旧石器时期，人们以采集、狩猎为生，其时的绘画是一种生存工具，而画家则是猎人。狩猎的生活方式使得这些画家拥有对现实世界敏锐的观察力，因此他们描绘的也往往是基于现实观察的富有生命力的图画。而新石器时期的人类走向定居，农业取代狩猎成为主要生存方式，敏锐的感官与观察力也逐渐让位于抽象能力和理性思维。抽象的几何图案装饰画正是这一转变的典型代表。

(三) 统治阶级的特权

随着生产力的进一步提高，农业生产之外的商业与手工业逐渐发展起

---

① 朱谋垔.画史会要[M]//朱和平.中国书画史会要，郑州：中州古籍出版社，2009：305.

来,财富的增加与集中,使得少部分人成为社会的统治阶层。伴随着这一过程的是社会分工的进一步细化,专职的画工由是产生。这些画工更偏向工匠而非艺术家,他们的绘画行为并非创作而是工作,其目的并非审美而是服务,他们接受培训并按照要求完成绘画工作,且并不像艺术家那样留下自己的姓名。而他们的作品,也并不放在公共场所供大众观赏,而是被置于圣地或墓穴之中。

绘画与死亡有着某种联系,有人说,艺术诞生于墓葬中①。在古埃及,人们在墓室中描绘现世生活和死后的世界,以表达对死者的祝愿。在用莎草纸写就,放入死者棺椁以助死者得到永生的《亡灵书》上,除了文字外,往往配有色彩鲜明、场景生动的插图。这些图画显然并不为活人所作,而是随着死者,一起被封于墓葬之中,作为沟通死者与一个不可见的死后世界的媒介,发挥着重要的作用。这与古埃及人灵魂永生的观念相关。在尼罗河流域,尼罗河水的泛滥孕育了古埃及,形成了等级森严的奴隶制国家。或许是尼罗河水的定期泛滥和自然界种种循环往复的周期性变化,让古埃及人认为人可以死而复生,生命轮回而灵魂不灭,从而生发出对死亡的重视。埃及的统治者耗费巨大的人力物力建造金字塔作为其死后的陵墓,其尸体会被制成木乃伊长期保存,这都反映出古埃及人独特的生命观。

同样作为沟通可见与不可见的媒介,旧石器时期的绘画更多地表现为一种族群的生存手段,而古埃及墓葬中的绘画则是特权阶级通向永生的希冀。古埃及的绘画大量地表现"灵魂不死"和"来世"等宗教观念,描绘想象中的死后世界和宗教仪式,"他们的艺术大多是为死者服务,所以,美术史家又把埃及艺术称为'来世的艺术'"②。与石器时代岩画的粗犷与生动相比,古埃及绘画则显得单调而严谨,呈现出程式化的特点。色彩的使用有着特定的要求,人物的描绘则通常遵循"正面律",甚至连服装都有固定的程式。作画的过程也并非随意而为之,而是"首先用横、竖线条规定了每个细节的位置,然后开始作画。甚至每种事件的具体比例都用方格的形式做了

---

① 德布雷.图像的生与死[M].黄迅余,黄建华,译.上海:华东师范大学出版社,2014:6.
② 李建群.西方美术史:从原始美术到文艺复兴[M].北京:北京大学出版社,2014:32.

规定"①。

在中国,绘画也很早便与墓葬建立起紧密的联系。出土于湖南长沙陈家大山楚墓的《人物龙凤图》和子弹库1号墓的《人物御龙图》,都是战国时期的绘画。这一时期的绘画虽然简朴,多以线条为主,但保留着中国绘画的原始色彩。正如陈师曾所言,"三代之时,吾国美术盖由自然之发达,尚未受外国艺术之影响。及秦始皇统一天下,其版图扩张,渐与外国交涉,西域之美术渐次输入"②。而这些绘画所表现的,也正是较为原始的信仰观念。龙与凤,这些并不存在于现实生活中的形象,以及画中充满着想象色彩的描绘,正反映出彼时人们对人死后灵魂不灭、乘龙升天的一种愿望。这些存在于墓葬中的绘画,作为沟通可见与不可见世界、人与神的媒介,有着"引魂升天"的实际作用。

汉代,帛画和漆画较前代也有所发展。湖南长沙马王堆汉墓出土的帛画,虽然仍使用线条勾勒加色彩平涂的手法,但内容更为丰富,线条流畅,色彩丰富而对比强烈。而同为马王堆汉墓出土的漆棺画,描绘了众多真实和虚构的形象,充满想象力和艺术表现力。总之,汉代的绘画虽然从技巧上讲不如后世精细工巧,但其笔法浑古,反映出当时的社会生活与风俗。

图 9-1　马王堆帛画/西汉

① 房龙.西方美术简史[M].丁伟,译.西安:陕西师范大学出版社,2004:15.
② 陈师曾.中国绘画史[M].北京:中华书局,2014:4.

虽然绘画在很大程度上还为统治阶级所垄断,专业的画工多为宫廷服务,其绘画还有着鲜明的实用作用,但也因受统治者重视而得到了长足的发展。除了为死者服务,绘画早在秦汉之前便已是重要的政治宣传和歌功颂德的工具。秦汉时期,中国绘画得到了相当大的发展,通过考古发掘发现的流传至今的实物也较前代更为丰富。秦统治时期虽然较短,但秦始皇完成了统一大业,拓展了疆域,为汉代的治世奠定了基础,也影响了其后绘画的发展。汉代,绘画从历史记载、种类、题材、技艺、用途以及鉴赏等各个方面发展起来,尤其是绘画的表彰与德化作用更为统治者所重视。"自汉武帝始在注重武功的同时,也没有忽视文治,建立'秘阁',开皇家收藏之先例。明帝时又于宫廷内设'少府',下设'黄门署长,画室署长',画室内招有画工。画工的重要任务之一就是绘制经天纬地、表功彰德的壁画。"①这一时期,绘画的表彰教化作用受到人们的肯定与重视,王充的《论衡·须颂篇》说,"宣帝之时,画图汉烈士,或不在于画上者,子孙耻之,何则? 父祖不贤,故不画也"。可见,绘画是统治阶级维护其统治秩序的有效手段。

(四) 自主发展的趋势

旧石器时代充满生命力的岩画、古埃及墓室中那些严格遵循正面律的壁画、汉代为表彰功臣所作之画,它们或出于巫术目的,或为死者服务,或有着政教作用,而真正"为艺术而艺术"的绘画则最早在古希腊萌芽。

古希腊作为西方文明的主要源头之一,创造了辉煌的艺术成就。早期的希腊绘画还明显可见古埃及绘画的影响,此后便日渐突破程式化的束缚。贡布里希说,"埃及人曾经以知识作为他们的艺术基础;而希腊人则开始使用自己的眼睛了"②。在古风时期著名的陶瓶画《阿克琉斯与埃阿斯玩骰子》中,人物的头部呈侧面,眼睛呈正面,仍遵循着古埃及绘画的"正面律",但对身体的描绘已不同于古埃及绘画的程式,肩膀不再呈正面而是根据实际隐藏起身体的一部分。这一陶瓶画是黑绘风格的代表作,即以黑色在陶土的

---

① 杜哲森.中国传统绘画史纲:画脉文心两征录[M].北京:人民美术出版社,2013:6.

② 贡布里希.艺术发展史[M].范景中,译.天津:天津人民美术出版社,1991:42.

红褐色上进行描绘，而稍晚则出现了红绘的风格，与黑绘风格相反，它以原本的陶色呈现绘画内容，而以黑色填涂背景，从而能将所呈现的内容更细致地勾画出来。红绘风格的陶瓶画《辞行出征的战士》被诸多艺术评论家看作是革命性的进步，原因在于画面中"短缩法"的应用。画面正中准备出征的战士的左脚不再是侧面呈现，而是经过透视缩短，从正面看去，五个脚趾在画面中表现为五个小圈圈。贡布里希称这"意味着古老的艺术已经死亡而被埋葬了"①，艺术家不再严格遵照古老的戒律，而是通过观察来进行艺术创作。

图 9-2 陶瓶画《阿克琉斯与埃阿斯玩骰子》黑绘风格，约公元前 540 年

图 9-3 陶瓶画《辞行出征的战士》红绘风格，约公元前 500 年

豪泽尔指出，"单个的创造能力的自主化以思想功能的形式化为前提；思想功能的形式化，又是从人们不再仅仅看对生活的实用价值，而是根据其自身的、内在的完美性评价人类活动开始的"②。突破定律是摆脱实用性的

---

① 贡布里希.艺术发展史[M].范景中,译.天津:天津人民美术出版社,1991:43.
② 豪泽尔.艺术社会史[M].黄燎宇,译.北京:商务印书馆,2014:45.

一个方面,而摆脱实用性则意味着绘画开始摆脱政治和宗教附庸的地位,艺术开始独立发展。

走向自主发展是绘画发展的一个普遍趋势,在中国,绘画于魏晋南北朝时期走向自觉。这一时期既是中国历史上一个大混乱时期,汉代大一统的局面被打破,战乱频繁,政权更迭不断,同时又是民族融合加快的时期,外来文化不断涌入,特殊的社会状况造就了绘画发展独特的道路,从而创造出新的艺术特色。"六朝以前之绘画,大抵为人伦之补助、政教之方便,或为建筑之装饰,艺术尚未脱束缚。迨至六朝,则美术具独立之精神,审美之风尚因以兴起,渐见自由艺术之萌芽,其技能顿进。"①绘画不再是统治之工具、政教之附庸,而开始具有独立精神,作为审美对象而存在。皇家垄断画坛的局面被打破,文人开始成为画家,由于统治阶级与文人多喜好书画,收藏鉴赏之风气渐盛。加之社会动乱、政治黑暗,文人多借书画表达思想、慰藉心灵,绘画由此兴盛。魏晋时期的曹不兴、卫协、顾恺之,以及南北朝时期的陆探微、张僧繇、杨子华、曹仲达等,都是这个阶段著名的画家。绘画的题材也进一步扩大,脱去了教化功能,花鸟鱼虫等开始入画;由于归隐之风盛行,大批隐居的文人画家促进了山水画的发展,但此时描绘的山川景色大多仍作为人物画之背景而存在,山水画尚未真正独立。随着绘画的繁荣,画论也在魏晋南北朝时期获得重大发展。东晋顾恺之的"以形写神""迁想妙得"等主张、南北朝时期谢赫评画之优劣的"六法"、姚最的"心师造化"论和宗炳等人的山水画论,都对后世影响深远。

(五)宗教的发展

随着1世纪基督教的产生,欧洲绘画便开始带上了宗教与精神化的烙印。欧洲初期绘画中还保留着较深的希腊罗马绘画影响的印迹,其后逐渐发展出自己的风格。从早期的基督教绘画跨越整个中世纪,绘画体现出浓重的宗教性,而绘画与普及宗教的紧密联系,也使得其从作者到受众都不再局限于官方,开始贴近民间。基督教形成之初主要依靠语言进行传教,禁止

---

① 陈师曾.中国绘画史[M].北京:中华书局,2014:9-10.

偶像崇拜的戒律使得图像受到反对。然而到公元 200 年左右,绘制在地下墓穴中取材于《圣经》的图画逐渐多起来。那个时期,信仰基督教的主要为下层劳动人民,在公元 313 年君士坦丁大帝承认基督教之前,基督教信徒们无法公开进行宗教活动,而只能在地下墓穴中集会。这些地下墓穴中的画虽多出自民间匠人和非专业人士之手,但人们所重视的,显然并不是绘画技艺的精湛与否。

比绘画本身更为显著的,是绘画功能的改变。豪泽尔指出,"基督教的新生活理想首先改变的不是艺术的外在形式,而是其社会功能。对于古典时期的希腊罗马,艺术具有审美意义,对于基督教,艺术则有审美之外的意义"。① 这一"审美之外的意义"即宣传宗教教义与开展道德教育。由于文字还未完全突破特权阶级的垄断,下层人民识字率普遍不高,但绘画的直观性以及以圣像和叙事为主的绘画内容,使得观图者无须具备专业的知识便可以理解画中的用意。相对于文字,绘画有着天然的传播优势,教皇大格列高利宣称:"绘画对不识字的人来说,犹如书籍对能读会写的人那样。"因此,在基督教绘画的内容之中,除了圣像,还经常可见对《圣经》故事的描绘,展现具体的情节与场景,其意义很大程度上在于对不识字的大众进行宗教教化。

在基督教尚未获得合法地位之时,宗教活动常在地下秘密进行,此时的基督教绘画多存在于地下墓室的墙壁上,内容多为有关基督的故事。此后,随着基督教合法化甚至成为罗马帝国的国教,这些绘画也逐渐走出地下墓穴,走出民间的圈子,宗教开始成为为上层阶级服务的更专业的画家的题材。但伴随着发展,禁锢也随之而来。公元 325 年,基督教第一次世界性主教会议在小亚细亚北部的尼西亚城举行,会上公布了一条原则:画家不能随意创作,必须按照传统和教会的法规进行绘画。② 加之在整个中世纪,教会是画家最主要的资助者,因此中世纪绘画往往为宗教服务,就其美术风格来说,为了表达某种宗教理念,写实的手法被抛弃,"中世纪美术总体上说不注重客观世界的真实再现,而偏重主观精神世界的表现,并往往以夸张、变形、

---

① 豪泽尔.艺术社会史[M].黄燎宇,译.北京:商务印书馆,2014:74.
② 房龙.西方美术简史[M].丁伟,译.西安:陕西师范大学出版社,2004:28.

改变真实空间序列等多种手法来达到强烈表现的目的"①。虽然中世纪绘画受到宗教的影响与禁锢，甚至被归于"上帝的文化"，但它仍然在内容、风格和技法上取得了重要的进步，且随着欧洲民族融合综合了多种文化，孕育了文艺复兴时期的美术繁荣。

而在中国，自汉代佛教传入中国以来，绘画的一部分便与佛教的传播联系起来，佛教绘画成为中国古代绘画的重要内容之一。东汉时期，汉明帝梦到全身金色的神人，乃命人远赴西域求法，于是佛教开始传入中国，也开启了六朝宗教画的兴盛。"六朝的绘画固然是很多方面盛大地发展的，但这时代的绘画在中国绘画史上占重要地位者，实为伴着佛教的传播的宗教画。"②这些绘画被绘制在寺庙的墙壁上或石窟壁上，内容多为佛像、佛教故事或场景，在展现着丰富想象力的同时，也融合着西域的绘画技术，呈现出鲜明的异域特色。这些绘画增添了宗教建筑和场所的宗教色彩，起着宣扬佛法、赞颂功绩、祈愿和一定的装饰作用。中国佛教绘画的发展也与佛教本身在中国的发展情况相符合。魏晋南北朝时期，社会动荡，政治黑暗，客观上促使士人们从佛教中寻求精神寄托，于是一时间佛教大兴，也涌现出众多佛画名家，如南朝梁的张僧繇、北齐的曹仲达等。而宋元以后，佛教未有大发展，则佛教画也呈衰落之势。

(六) 艺术家的崛起

13—14 世纪，在意大利佛罗伦萨、威尼斯等城市，资本主义的萌芽迅速发展起来，工商业一片繁荣。随之兴起的新兴市民阶层追求财富与现世享乐，于是突破宗教禁欲主义、要求个性解放的思潮开始在意大利这些富有的商业城市兴起。古罗马深厚的历史遗存给了意大利得天独厚的条件，古典文化崇尚个性与自由的特点正符合了新兴市民阶层的追求，以"人文主义"为主导思想，借助复兴古希腊、罗马文化来表达自己文化主张的文艺复兴由此开始。文艺复兴时期的绘画，仍大量采用宗教题材，然而与中世纪绘画不

---

① 李建群.欧洲中世纪美术[M].北京:中国人民大学出版社,2004:17.
② 中村不折,小鹿青云.中国绘画史[M].郭虚中,译.杭州:浙江人民美术出版社,2013:19.

图9-4 拉斐尔《西斯廷圣母》/1513年到1514年间

同的是它彰显的是人文主义。世俗化是此时绘画的一大特点。中世纪绘画不注重写实因而也不注重对人物表情的刻画，往往呈现出僵硬、呆板的人物形象。而在文艺复兴艺术家的笔下，人物形象前所未有地生动起来。达·芬奇为了画《最后的晚餐》，特地分析了每个门徒的性格与心理状态，呈现在画面上，每个人的表情与动作都入木三分。而拉斐尔描绘的圣母与耶稣，充满着人性的魅力，圣母不再是高高在上的宗教符号，而是在人间展现着理想美的母亲，婴儿也不再被别扭地画上成人的脸庞，而是充满了活泼与童稚的真实的婴儿形象，似乎所有的婴儿都可以是耶稣，宗教与世俗的界限在画中随着人性的展现而逐渐模糊。

除了风格与内容的变化，绘画技法在文艺复兴时期也取得了重大突破。透视法的普遍应用，使得构图层次分明，更加符合人们的视觉习惯。而油画的出现，则充分解放了绘画。"在中世纪的艺术概念中，绘画总是应该依附于建筑或某一实体，因此，它们几乎没有自己独立的品格特征，仅仅是某一实体的附属。"[1]油画使绘画脱离建筑等实体，不再是某一实体的附属品，而被看作有着独立品格的艺术。因此，绘画也不仅仅为宗教服务，而开始成为新兴资产阶级的趣味。同时，从文艺复兴开始，越来越多画家的名字在历史长河中留存。中世纪时，绘画被看作一种劳作，以其为职业的人被看作工匠，诸多保留在教堂墙壁上的中世纪绘画，往往不知其作者。而文艺复兴时期，画家不再被看作工匠，除了服务于教会和宫廷，他们也会进行独立创作，开始在真正意义上成为艺术家。他们的社会地位随着绘画需求的增多而上

---

[1] 王昌建.中世纪与文艺复兴[M].北京:中国电力出版社,2009:54.

升，他们的作品则与他们的声名产生了深刻的联系。

在艺术家的崛起过程中，一个现象引起人们的关注，即艺术家与人文主义者的结盟。豪泽尔否认画家从工匠阶层上升到诗人和学者阶层是因为与人文主义者结盟的说法，认为是艺术市场供需之间发生变化的结果。但他同时指出，艺术家寻求同人文主义者建立友谊是为了"让具有人文主义思想的上层社会认可自己业已获得的经济地位，为了让人文主义者成为自己的学术顾问"①。由此可见，艺术家的地位得到全社会尤其是上层阶级的认可，与其和人文主义者之间等级差异的逐渐模糊紧密相关。

在中国，画家地位的上升离不开绘画在宫廷中所受的重视以及其专业化的发展。隋唐至宋，社会的进步与文化的繁荣使得绘画迅速发展。隋文帝崇尚文教，曾召展子虔、董伯仁等一批著名的画家入仕，且隋延续了前朝对书画收藏的意趣，唐人张彦远的《历代名画记》载："隋帝于东京观文殿后起二台，东曰'妙楷台'，藏自古法书；西曰'宝迹台'，收自古名画。"②到了唐代，社会稳定，经济发展，文化在各个方面都呈现出高度发达的盛世局面，而绘画的发展亦呈现出鲜明的风格，达到一个高峰，对后世具有重要的影响。唐代绘画的题材进一步拓展，各个门类也逐渐开始形成具体的分科，表现形式和技法上也日益成熟完善。五代十国时期，"西蜀、南唐等国，都设有画院，这是我国历史上正式设立画院的开始。在这个时期，人物画、山水画、花鸟画都作为独立画科而逐渐壮大"③。宋代重文轻武为文化的进一步发展创造了有利条件，北宋建立之初即承西蜀南唐旧制，设"翰林图画院"，皇家画院规模庞大，"帝室奖励画艺，优遇画家，亦无有及宋朝者"④。宋代画之分科已经十分成熟，《宋史·选举制》记载："画学之业，曰佛道、曰人物、曰山水、曰鸟兽、曰花竹、曰屋木。"

绘画作为一种宫廷艺术在技巧上不断精进的同时，一种以思想意趣取胜的绘画艺术也开始发展起来。中国古代绘画真正受到社会上层文人的肯

---

① 豪泽尔.艺术社会史[M].黄燎宇,译.北京:商务印书馆,2014:185.
② 张彦远.历代名画记[M].北京:中华书局,1985:17.
③ 王伯敏.中国绘画史[M].上海:上海人民美术出版社,1982:215-216.
④ 陈师曾.中国绘画史[M].北京:中华书局,2014:40.

定与认可,则与自唐以来,一种独立于宫廷绘画的文人画的发展不无关系。正如西方艺术家与人文主义者的联合,只是在中国,文人和画家的结合更为深入,即表现为"文人画家"。他们形成了与宫廷画家相对的画家群体,也发展出不同的审美意趣。在文人的笔下,绘画有着和抒情诗文相似的作用,他们通过绘画来抒发主观情趣,艺术家开始为艺术代言,人们在评论一幅画时,画家其人的个性特征受到充分重视。

(七) 东西方的不同走向

在绘画作为表达艺术家思想理性与审美意趣的媒介而开始独立发展后,中西方绘画显然走向了不同的道路。

在西方,绘画一旦获得独立品格,便呈迅速发展的态势。摆脱了僵化死板的教条与限制,绘画随着思想的活力与社会的潮流呈现出不同的艺术特点。在文艺复兴时期的基础上,人文主义进一步发展,17世纪,巴洛克风格的绘画开始盛行。这一时期的绘画虽然仍大量以宗教为题材,但却用来表现世俗内容,画面往往充斥着豪华与享乐主义的特点,展现着画家丰富的想象力与激情。光线与色彩的运用在绘画中开始得到重视,鲁本斯通过明暗的强烈对比和流动的线条来表现运动感,伦勃朗的"光暗"处理法、精确的三角立体光的使用,令人印象深刻。而从巴洛克艺术发展而来的洛可可艺术,则更为细腻与繁复。一些洛可可风格的绘画逐渐摆脱宗教的色彩,反映宫廷和贵族的生活,甚至表现田园风光。

而到了18、19世纪,绘画随着文艺思潮与运动的更迭而不断呈现出新的特色。启蒙运动的开展与欧洲资产阶级革命运动使得越来越多的艺术家反对和批判繁缛华丽的洛可可艺术,于是,庄重而简练,甚至充满着革命热情的新古典主义艺术盛行于世。不同于洛可可艺术描绘宫廷和贵族的奢华生活,它的表现内容更为多样,从现实生活汲取内容,甚至干预现实生活。艺术家与社会紧密相连,法国艺术家雅克·路易·大卫同时也是雅各宾党成员,他的艺术创作和当时的革命斗争紧密相关,其著名作品《马拉之死》反映的正是法国大革命期间的真实事件。19世纪二三十年代,新古典主义被注重个性和主观情感表达的浪漫主义所取代,热里柯、德拉克洛瓦等一批浪漫主义艺术家对特殊的事件和人物进行充满浪漫主义色彩的描绘,从而表达情感。到了19世纪三四十年代,随着对政治的不满与幻想的破灭,一些人走向了另一种迥然不同的艺术风格。1855年,遭到沙龙拒绝的画家库尔贝在展览会附近自己建起棚屋办了一个名为"现实主义"的个人展览,并在展览的目录上表达了自己的艺术主张:"像我所见到的那样,如实地表现出我这个时代的风俗、思想和面貌——创造活的艺术,这就是我的目的。"这也被认为是法国现实主义绘画流派的宣言。①

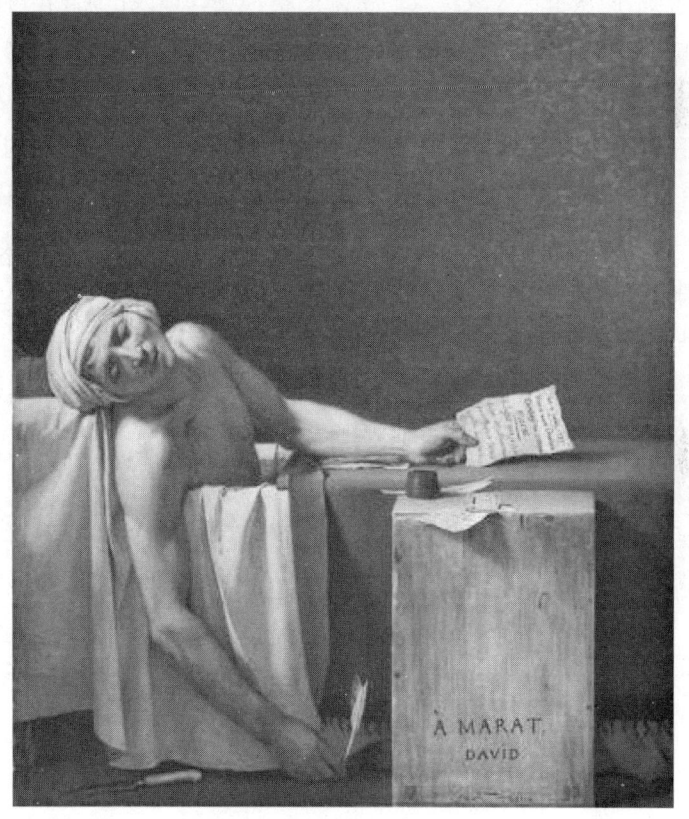

图9-5 大卫《马拉之死》/1794年

————————

① 邵大箴,奚静之.欧洲绘画史[M].上海:上海人民美术出版社,2009:195.

19 世纪六七十年代，随着近代科学的发展，光学理论取得了重大进展，一些画家开始将眼光放在光与色彩的运用之上。他们突破了在画室中作画的传统，开始走向户外，去捕捉光与影的瞬间感受。19 世纪末 20 世纪初，印象派的实践发展出一些新的派别与思潮，以乔治·修拉、保罗·西涅克等人为代表的新印象派使用色彩分割法，以原色小点排列作画，因此又被称为"点彩派"。而以塞尚、梵高和高更为主要代表人物的后印象派则反对印象派片面追求光与色彩，主张艺术要抒发创作者的主观感受与情绪。

20 世纪，两次世界大战给人们带来的精神创伤以及战后西方社会工业化进程的迅速推进，孕育了现代主义绘画。画家不再描绘所见之物，而是通过荒诞或夸张的方式，用抽象的或寓言的手法去表达情感，且多表达消极与迷惘的情绪，带有浓重的个人主义和虚无主义倾向。在这一时期的绘画中，或许看不到社会百态的真实描绘，却能真切感受到艺术家的情感和精神世界，极具个性与表现力。野兽主义、未来主义、立体主义、表现主义等各种各具特色却都具有前卫的现代主义风格的流派与思潮不断兴起。不过，绘画随着社会发展和自身的演进仍在不断变化之中，到了 20 世纪六七十年代，现代主义绘画又遭到了新的颠覆，艺术家们开始致力于创造反叛现代主义的新的艺术形式，后现代主义成为艺术的主流。

而在中国，进入明代后，由于统治者对社会思想的管控加强，宫廷画家的绘画活动受到禁锢，在文化专制下，画师大都避免触碰现实题材，而转向摹古，无论是宫廷画家还是浙派画家，大都效仿宋院体作画。虽然明中后期，随着王朝衰弱，专制控制能力减弱，文人画在南方经济较发达的苏州等地有所发展，但已很难再现文化开放与繁荣的发展局面。到了清代，封建思想专制进一步加强，统治者大兴文字狱，且绘画发展至清代已几近完备，因此清代绘画较之明代更重继承传统。

二、绘画的媒介特征

(一) 绘画的功能演变

绘画有着悠久的历史，早在史前，世界上不同的区域便都已经出现了原始绘画，然而长时间以来，绘画却一直在社会上处于较低的地位。

　　早期的绘画作为一种媒介，是沟通人神、施展魔法和布施政教的工具。在中国魏晋之前，绘画尚未进入自觉的阶段，从事绘画的多为奴隶或画工，《周礼·冬官考工记》中记载："设色之工，画、缋、钟、筐、㡛。"画工社会地位相对较低，其绘画行为也多遵循统治者的需要，较少具有自我意识。绘画虽然具有教化等政治功能，但较文字而言，仍然未获时人青眼。东汉时期王充在他的《论衡·别通篇》中说："人好观图画者，图上所画，古之列人也。见列人之面，孰与观其言行？置之空壁，形容具存，人不激劝者，不见言行也。古贤之遗文，竹帛之所载灿然，岂徒墙壁之画哉！"认为绘画不如"古贤之遗文"，只见形象而不见言行，也是从教化功能对绘画作出的批评。这样的状况随着魏晋以来绘画走向自觉，以及其后越来越多的文人、士大夫成为绘画主体而开始改变，到了宋代，绘画的地位甚至因统治者的喜爱而受到格外的提升。邓椿《画继》中记载："本朝旧制，凡以艺进者，虽服绯紫，不得佩鱼；政、宣间，独许书画院出职人佩鱼，此异数也。"

　　在西方，绘画地位的演进也有着一定的相似性。文艺复兴前，从事绘画的多为画工、画匠，他们接受技术培训并成为为教堂、宫廷工作的熟练画工。他们以工匠的方式，为大规模建筑的内壁绘制壁画，但并不被视作艺术家，这从文艺复兴前大量的教堂壁画并没有留下创作者的名字可见一斑。直到文艺复兴，绘画开始作为艺术为人们所重视，绘画不再仅仅作为装饰和宗教用途，而成为宫廷和新兴资产阶级的意趣所在。画家地位也随之提升，越来越多著名的画家开始作为艺术家创作，并在作品上留下自己的名字。越来越多的画家、评论家也开始为绘画正名。达·芬奇认为绘画是自然界一切可见事物的唯一模仿者，他将绘画看作是一门科学，"绘画科学研究物象的一切色彩，研究面所规定的物体的形状以及它们的远近，包括随距离之增加而导致的物体的模糊程度。这门科学是透视学之母"①。通过将绘画归于社会地位较高的科学，提升绘画的地位，肯定绘画的价值。而法国启蒙思想家狄德罗也认为艺术的对象是模仿自然，以语言则为散文和诗，以声音则为音

---

① 芬奇.芬奇论绘画[M].戴勉，编译.北京：人民美术出版社，1985：15.

乐,以颜色和画笔则为绘画①,从而将绘画与文学和音乐并列。

如今,绘画已毫无异议地在艺术中占据着重要的地位,作为一种艺术而备受欢迎,对绘画的探讨也随之深入到更为细致的层面。贡布里希认为,绘画是"人对其表现对象整体性的把握,其中包含了创作者对于对象的理解"②,而布列逊则认为,将绘画看作是一种"知觉的记录"是错误的,从而指出"那种被绘画是一种知觉记录的解释所掩盖的,正是图像的社会性及其作为符号的现实"③。绘画作为艺术不再只是遵照特定规则的机械劳动,而融入了创作者的创作意图和意趣。同时,绘画并非现实,而是布列逊所谓的"符号的艺术",但又产生于一定的社会背景下,无论是画家还是绘画本身都无法脱离特定社会而存在。

绘画作为媒介,不仅指绘画的内容,还包括绘画的载体。巫鸿在《重屏》中试图从两个角度探讨中国绘画,他一方面把中国绘画作为一种物质形态,即一个图像的承载物,也就是绘画媒材;另一方面则作为画出来的图像,即绘画再现。④ 这两方面,也是绘画媒介不可或缺的两部分。而对于绘画媒介特征的探讨,也应基于此两方面。

(二) 绘画的媒介特征

1.载体变迁与时空特性

与文字一样,绘画必须依附于一定的载体,自诞生以来,绘画的载体也在不断发生着变化。

在进入农耕文明之前,人们靠狩猎、采集过着频繁迁徙的生活,那时的人类尚未开始建造住所,往往居住在天然形成的洞穴之中。尽管生产力还处于十分低下的阶段,但作为精神活动的绘画却已萌芽,那时的人们究竟为

---

① 狄德罗.狄德罗论绘画[M].陈占元,译.桂林:广西师范大学出版社,2002:1.
② 贡布里希.艺术与错觉——图画再现的心理学研究[M].林夕,等译.长沙:湖南科学技术出版社,1999:252.
③ 布列逊.视觉与绘画:注视的逻辑[M].郭杨,等译.杭州:浙江摄影出版社,2004:XXIV.
④ 巫鸿.重屏:中国绘画中的媒材与再现[M].文丹,译.上海:上海人民出版社,2009:213.

何作画,如今尚无从考证。洞穴成为天然的绘画载体,人们直接在居住洞穴的岩壁上进行绘制。这些图画也正因为绘制在岩壁上,才得以跨越万年留存至今。在建筑产生之后,人们开始在墙壁上绘制图画,特别是在一些寺庙、石窟和教堂等宗教性的建筑物墙壁之上。

随着原始人类掌握了制陶技术,绘画也开始出现于人造器物之上。无论是在中国还是西方,都在石器时期的陶器上发现了绘画的遗存。在中国,绘画也出现在青铜器、漆器等多种器物之上。在西方,绘画还出现在一些玻璃制品和木板上。随着纺织技术的发展,丝织品因其轻便且具有柔韧不易损坏等特点,成为绘画的主要载体。中国古代很早便开始在绢帛之上书写和绘画,而布则在西方绘画中占据着重要的地位,油画主要在亚麻布或木板上进行绘制,绘制前这些载体往往还需要经过一定的处理。

"汉代纸的发明,是中国绘画底子变革的重要开端"①,西汉初期,中国已经出现了纸,但初期的纸较为粗糙,及至东汉,蔡伦改进了造纸术。《后汉书·蔡伦传》记载:"自古书契多编以竹简,其用缣帛者谓之为纸。缣贵而简重,并不便于人。伦乃造意,用树肤、麻头及敝布、渔网以为纸。"蔡伦在原有的基础之上,改进造纸所用材料,于是轻便而价廉的纸张开始出现。

起初,纸张的发明与改进主要缘于书写的需求,后来开始为绘画所采用。由于绘画对纸张的质量要求较高,因此改进之初的纸张主要用于书写和简单的绘画,大多数绘画仍采用绢为绘画载体。隋唐五代至两宋时期,虽然纸张已经开始在书写中占据绝对地位,但就绘画而言,绢仍然盛行。随着造纸技术的不断提升,纸在绘画载体中的比重逐渐增加,直到元代,纸张终于取代绢而成为绘画的主要载体。此后,纸的种类更加多样化,质量不断提升,时至今日依然是主要的绘画载体。

绘画载体的演变总体上反映出绘画作为一种媒介,其时间偏向性在不断减弱,空间偏向性则不断增加。原始时期,绘画存在于岩壁、建筑物和器物之上,难以移动,但却因其坚固耐损蚀而得以长期保存。后来,绘画载体越来越多地采用绢帛、亚麻布甚至纸张,其轻薄、易携带和易传递的特点,使

---

① 赵权利.中国古代绘画技法·材料·工具史纲[M].南宁:广西美术出版社,2006:54.

得绘画越来越远离岩画和壁画时期的时间偏向性载体，而具有更多的空间偏向特点。

这一变化也正与绘画自身的发展相契合，建筑物和器物往往制造成本高，以其为载体的绘画大多出自特定目的，或为装饰、或为政教，创作者无法随心所欲进行艺术创作，绘画处于附庸的地位。而轻便载体，如纺织物与纸张用作绘画载体则强化了绘画本身的主体地位，人们进行绘画和欣赏不再因为它是建筑物或器物的一部分，而是因为绘画本身。

不过，这其中也存在着无法消除的矛盾，即绘画跨越空间能力的提升必然伴随着其跨越时间能力的减弱，反之亦然。因此，不同载体的绘画仍多少不一地存在着，壁画并未从我们的生活中消失，在一些宗教性建筑中，仍会绘制壁画而并非摆放轻便的油画。直到互联网的产生，这一矛盾似乎开始被消解，电子化的绘画通过互联网可以瞬间传递到世界各地，长时间地以电子形式存储，且相对于海量存储能力的互联网，一幅画的大小简直可以忽略不计。但绘画的电子化又引发了新的问题，复制变得只需要动动手指点点鼠标那么容易，艺术品开始"祛魅"，其艺术性又开始受到质疑。

2.视觉图像与诗画边界

绘画是视觉的艺术，而视觉是人最重要的感觉之一。在《观看之道》中，伯格开篇便指出，"观看先于言语"，认为"正是观看确立了我们在周围世界的地位"[①]。视觉对人的重要性不言而喻，相对于以听觉为主的语言，基于视觉的绘画更易与现实建立起联系，从而突破语言符号系统的界限，在跨语言符号系统之上建立起共同的理解语境。胡塞尔指出，"符号在内容上大都与被标示之物无关，它既可以标示与它异类的东西，也可以标示与它同类的东西。相反，图像则通过相似性而与实事相联系，如果缺乏相似性，那么也就谈不上图像"[②]。语言作为符号系统，正如索绪尔所言，具有"任意性"，"能指和所指的联系是任意的"[③]。而绘画中的图像符号与其所描绘的事物之间

[①]　伯格.观看之道[M].戴行钺,译.桂林:广西师范大学出版社,2015:4.
[②]　索绪尔.逻辑研究(第二卷第二部分)[M].倪梁康,译.北京:商务印书馆,2015:931.
[③]　索绪尔.普通语言学教程[M].高名凯,译.北京:商务印书馆,1999:102.

却并非任意的,而是有着相似性。

这一相似性所带来的认知便利同样存在于和文字的比较之中。弗洛伊德认为,"视觉上客体的呈现是在无意识中运行的,而发展了的文字的呈现则需要通过意识来思考,于是图像看起来比言语或文本处于一种更纯真和原初的状态——更容易超越文化形成的特性而成为一个自然符号"。① 使用不同语言的不同国家的人,或许无法识读彼此文字中的"苹果"一词,但当看到一幅绘制着苹果的静物画时却都能识别出苹果这一客体。正如达·芬奇所言,"绘画不同于文学,不须各种语言的翻译,就能像自然景物一样,即刻为一切人通晓"。②

正是由于基于语言文字的文学,尤其是诗,和基于视觉图像的绘画二者都是重要的表达方式,且又存在着诸多可供比较之处,诗与画的关系历来被人们所关注。其出发点无非有二,一是着眼于这两种艺术形式的联系和相似之处,探讨诗画之同,将两者尽量拉近乃至交融;一是着眼其异,明确划分两者界限,甚至为二者分定高下。希腊诗人西摩尼德斯说"画是一种无声的诗,诗是一种有声的画"③便是前者,除去其形式的一点不同而将诗画画上等号。中国古代也有类似的论断,如北宋文学家孔武仲的"文者无形之画,画者有形之文,二者异迹而同趣";张舜民的"诗是无形画,画是有形诗"。诗与画最直观最表面的差异是其表现手法,这一点即使是认为诗画同质的人,也很明确地指出,诵诗调用的是人的听觉,画则是视觉上的表现,然而就此武断地除去"声""形"而将诗画的实质混同,则过于简单地忽视了两种艺术的内部差异和个体独立性。

诗与画的差异表现在诸多方面。比如从作品本身来讲,诗是以语言文字作为表达的方式,而画则是用图像色彩,这似乎是二者最直观最表面的不同,却是其内部更深层的诸多不同的源泉。语言文字的连续性使得在一首诗中可以呈现不同的时间和空间,然而一幅画一旦完成就呈现为固定的单一画面。

---

① 段炼.艺术学经典文献导读书系·视觉文化卷[M].北京:北京师范大学出版社,2012:136.
② 芬奇.芬奇论绘画[M].戴勉,编译.北京:人民美术出版社,1985:17.
③ 莱辛.拉奥孔[M].朱光潜,译.北京:人民文学出版社,1979:216.

诗人侧重描写事物的运动发展和情感的酝酿递进，优秀的诗作中少见完全固定静态的叙述和完全成型的情感，这给了诗人以选材上的较大自由，因为人类本身生活在空间和时间轴构成的四维空间之中，时间和空间既然可以在诗中灵活表达，诗人便较少受到选材和表现内容的约束。画家则不然，他们描绘的只能是时间轴上的一个点，虽然他们可以运用透视等手法将三维空间完美地表现在二维画面上，但也只能是特定的一个空间，他们虽然描绘"一"，但表达的却绝不仅此，如何通过"一"表现多甚至无穷，让静态的画面在欣赏者脑海中动起来甚至延伸至更深一层的情感，画家则要花费更多的心思去选材构思。诗主语言文字、画主形象色彩的特点也让诗人和画家走上了重音韵和重色彩两条不同的道路。要使一首诗不仅传达内容，更从阅读本身获取美并反过来加强诗的情感，诗人抓住了诗歌长于绘画的音乐美，用格律音韵去强化诗的美感与情感；而画家则选择用色彩去强化形象和情感。

(三) 绘画的局限

绘画作为媒介，有其显而易见的局限性，其所能容纳的信息量有限，对作为传播者的画家有着较高的技术要求，观画的人也需要具备一定的读图能力，且不同的人对同一幅画的解读，有时可能会不同。

首先，绘画所承载的信息量有限且所传递信息往往较为模糊。绘画通常要存在于一定的载体之上，载体的物质性决定了绘画内容的有限性。图像呈现出单一的视觉性以及静止性，静止的画面决定了绘画只能去描绘某一特定时间点的某一特定场景，无法像语言文字那样描述物体的运动与时间的变迁，也无法像电影、电视等媒体那样，综合听觉、视觉等多种感官。即使画家努力用线条和色彩在画面中表现动态和变化，其效果相对于语言或活动影像来说，仍然极其有限。同时，由于绘画是将视觉形象固定于二维平面之上，它不仅难以表现连续的动作序列，也难以描绘抽象的不可见之物。正如莱辛所言，"在绘画里一切都是可以眼见的"①，他甚至说，在绘画里一切

---

①

"都是以同一方式成为可以眼见的"①。这样一来，人与神共处于一幅画面之中，真实与虚假的边界难以划分。将不存在的人物具象化所带来的问题不只如此，绘画的确定性与形象性也带来了祛魅的效用，降低了原有形象的神秘性与神圣性。基督教认为，上帝是不可认知、不可企及的，《摩西十诫》中的第二诫说，"不可为自己雕刻偶像，也不可作什么形象仿佛上天、下地和地底下、水中的百物"，即明确禁止了以可见的形象来代替耶和华。

绘画作为媒介的局限不仅体现在其本身上，还体现在绘画的创作与接受上。一名优秀的画家要具有敏锐的视觉观察力和丰富的想象力，同时，作为一幅画的创作者往往也要具有较高的技艺。古代画家被视作工匠，在从业之前要经受训练。而无论中外的著名画家，在创作出真正为人认可的画作之前，也都经过了反复大量的练习。达·芬奇说："少年应当先学透视，再学习万物的比例，而后临摹名家的作品，借以养成画好人体各部分的习惯。再继之以自然作品的临摹，以巩固所学的课业。经常观摩各大师的作品。"②可见一名画家的养成往往从青少年时期便已经开始，需要掌握诸多知识且经过大量的练习与观摩。

即使一幅画在技术上已十分成熟，它所传递的信息仍具有不确定性。对于它的解读，不同的人可能会得出不同的结论。莎士比亚说，一千个人眼里有一千个哈姆雷特，这一文本解读的不确定性也同样适用于对绘画的解读。即使绘画中的形象是确定的，但其意义却需要观者自己去解读。根据皮尔斯的符号理论，绘画作为符号或表征（representamen）在一个人心中创造出一个"解释者"（interpretant），即一个精神符号，而这个符号所代表的某种东西，即它的对象（object）。表征与对象之间建立联系无法脱离"解释者"，对于绘画来说，即看画的人在脑海中形成的关于图像表征的意向。这一意向的形成，即看画人对一幅画的理解，建立在其自身的文化语境之中，因此在对绘画所传递信息的解读中，共同的文化占据着重要的地位。帕茨指出，"作品本身不能带来意义，而这个过程与文化规则有很大联系，文化规则并

---

① 莱辛.拉奥孔［M］.朱光潜，译.北京：人民文学出版社，1979：69.

② 芬奇.芬奇论绘画［M］.戴勉，编译.北京：人民美术出版社，1986：39.

非只是中介，而是激起了艺术作品的意义"。① 因此，未接触过基督教的东方人可能看不懂教堂壁画中的《圣经》故事，不了解中国文化的西方人也难以理解水墨山水画中的意境。

三、绘画与文明变迁

(一) 政治秩序与社会变革

在人类文明变迁的长河里，绘画与政治之间发展出千丝万缕的联系。与文字一样，绘画也曾被统治集团用作维系统治的工具。由于绘画具有文字所不具备的直观性，它所表现的内容往往与基于人们经验的真实世界有着某些相似性，因此观画者无须接受专门的训练便可看懂绘画所传递的大致信息。这一优势使绘画在文字普及度不高的时候便已成为重要的政治传播工具。

自古以来，统治者便常常以绘画为媒介向民众传达其价值观念，并建立起基于其利益和价值观念的统治秩序。古埃及金字塔内壁的绘画，是法老权力的象征，而在中国三代之时，绘画的社会政治作用便已经凸显。《左传》记载："昔夏之有德也，远方图物，贡金九牧，铸鼎象物，百物而为之备，使民知神奸。"②神奸乃善恶，鼎上的图案的目的就是教育人们区分善恶。向人们灌输统治阶层的道德观念，也是维系统治的重要方式。这样的教化方式简单而直接，曹植《画赞序》中也对绘画的政治教化的效果予以肯定："观画者，见三皇五帝，莫不仰戴；见三季暴主，莫不悲惋；见篡臣贼嗣，莫不切齿；见高节妙士，莫不忘食；见忠节死难，莫不抗首；见放臣斥子，莫不叹息；见淫夫妒妇，莫不侧目；见令妃顺后，莫不嘉贵。是知存乎鉴戒者图画也。"③观画之人对画中不同人物的不同情感，反映出对人物不同特质的价值判断。通过绘画，统治阶级将这些简单的善恶观念通过其形象载体传达给民众，从而训导民众戒恶从善，以维护其

---

① 段炼.艺术学经典文献导读书系·视觉文化卷[M].北京:北京师范大学出版社,2012:131.
② 葛路.中国画论史[M].北京:北京大学出版社,2009:4.
③ 俞剑华.中国画论类编[M].北京:人民美术出版社,1957:12.

统治秩序。

绘画与政治的联姻时至今日仍然屡见不鲜，出版物、网络，甚至街头，来自官方的宣传画或许在表现手法与内容主题上早已今非昔比，但却依然发挥着传播作用。

绘画通过思想与价值的传递促进着社会的变革，而社会变革也同时推动着绘画的发展与变化。绘画往往反映现实，因此社会的变化也使得绘画内容随之变化。西方文艺复兴至今，每一次绘画的突破与变化都离不开其特定的社会背景。文艺复兴使绘画走向人性与艺术。西方中世纪的绘画总体上来说大多为宗教题材，画面多为宗教的、禁欲的、僵化的。文艺复兴则带来了绘画的艺术转向，宗教题材的绘画从神性走向人性，从而显示出自然、个性、人文主义的新特征。也是在此时发生了艺术家与工匠的分离，作为有着自我意识的艺术家，他们在创作上享有更大的自主权，也在委托工作之外做一些即兴创作。16、17世纪，来自于文艺复兴时期的人文主义思想继续发展，加之宗教改革运动在欧洲的开展，教权在与王权的争斗中败下阵来。也正是这一时期，宫廷绘画发展迅速，巴洛克风格的绘画以及后来的洛可可风格的绘画中，宫廷都是其重要阵地。伴随着启蒙运动的开展，法国在18世纪末迎来了资产阶级革命。绘画同样被革命者们用作舆论宣传的工具，服务于革命，因此这一时期的绘画多采用古典的题材和表现形式去表现现实事件与英雄人物，新古典主义绘画产生，因其与资产阶级革命的紧密联系，也被称为革命古典主义。革命带来的对理想社会的幻想和对现实的关注也相继催生了浪漫主义与现实主义绘画，而工业化与两次世界大战，则为现代主义的诞生铺设了背景。

绘画作为传播媒介，并非始终是统治者的特权。相反，基于同样的传播优势，绘画也反过来被民众用于反专制的传播。1831年5月1日，德拉克洛瓦著名的画作《自由引导人民》在巴黎展出，这幅极具浪漫主义色彩的作品，反映了法国1831年七月革命的史实。在画的最突出位置，象征着自由女神的年轻女性正高举着代表法国的三色旗，领导着工人、知识分子的革命队伍向前奔跑。然而不久，这幅画却因为"太过于革命"被政府收购，不再展出。1848年，二月革命爆发，法国人民要求政府在卢森堡宫展览该画。但同年 6 月,巴黎工人起义失败,此画又因"具有煽动性"而被政府摘下。政府对待这幅画的态度,正反映出这幅描绘七月革命的绘画所具有的强大的调动性。

在中国土地革命时期,农村包围城市成为共产党人的革命道路。面临向总体受教育程度不高的农民群体传递信息和宣传的任务时,绘画相对于文字便显示出其鲜明的优势。因此,这一时期在农村地区出现了众多宣传画,以调动农民进行土地革命和武装斗争。毛泽东在《湖南农民运动考察报告》中指出:"政治宣传的普及乡村,全是共产党和农民协会的功绩。很简单的一些标语、图画和讲演,使得农民如同每个都进过一下子政治学校一样,收效非常之广而速。"[①]这充分肯定了图画的政治宣传作用。

(二)生产力与经济发展

生产力与经济的发展也直接影响着绘画的发展程度及其媒介功能的发挥。在生产力落后的旧石器时代,绘画只是一种与人类生产生存紧密相关的巫术工具,而随着生产力的发展,苏美尔人已开始在交换活动中使用图像作为记录工具。其后,生产力的进一步发展带来了社会分工的不断细化,专门的画工开始出现。

生产力与社会经济的发展促进了绘画的进步,而同时,绘画也反映着一定时期的生产力与经济水平。唐代张萱、周昉的《唐宫仕女图》展现了唐朝贵族妇女的生活面貌,而宋明时期,城市繁荣,商品经济发展,也因此出现了较多反映市民生活的风俗画,其中不乏像张择端的《清明上河图》这样的佳作。透纳的《雨,蒸汽和速度》记录着工业革命给英国带来的新变化,飞驰的蒸汽火车带来从未有过的时间与速度的体验,而列宾的《伏尔加河上的纤夫》则诉说着 19 世纪俄国下层人民的苦难生活。通过不同时期的绘画作品,不同生产力水平之上的各种社会面貌便呈现在我们眼前。

---

① 毛泽东.毛泽东选集[M].北京:人民出版社,1969:35.

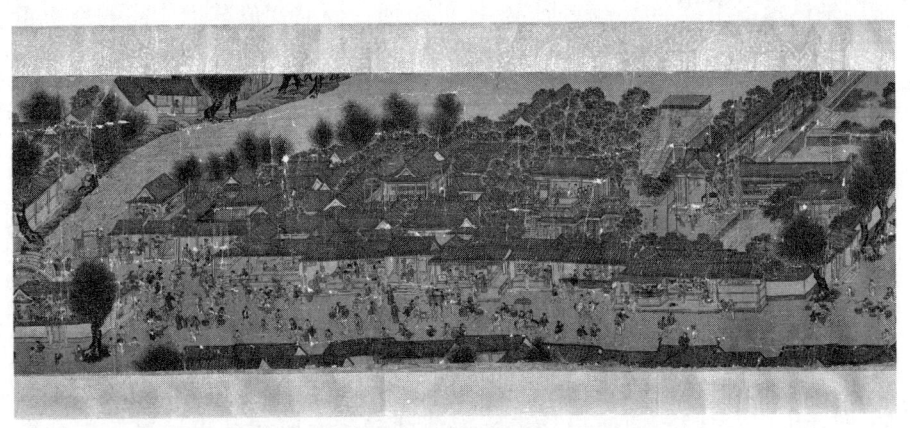

图 9-6　张择端《清明上河图》（局部）/ 北宋

　　绘画不单单通过其象征的能力反映社会经济，还作为商品直接参与到商品交换的过程之中。绘画不仅仅是一种传播工具、一种审美对象和精神产品，也随着经济的发展而成为一种交换对象，具有强烈的商品属性。

　　14—15 世纪，随着生产力的发展，财富迅速集中，资本主义萌芽在意大利佛罗伦萨等商业城市产生。新兴的市民阶层掌握着大量的财富，他们肯定个人的价值和力量，追求现世幸福，不满教会的精神控制。正是他们为文艺复兴的到来奠定了阶级基础，他们对于艺术的热衷，成为文艺复兴时期绘画发展的重要动因。

　　但对于这些富有的市民阶层来说，绘画不仅仅是艺术审美的对象，还与商品和财富有着密不可分的联系。这首先体现在绘画作品本身成为值得购买和收藏的重要物品，中世纪从属于画家行会和宫廷的画家，自此摆脱直接委托，那些富有的商人和新兴贵族成为他们的主要客户。绘画成为一种商品，其定价不再遵循传统的计时计费方式，而与画家的声名和才能直接相关。画商也在绘画交易中担负起越来越重要的角色，并逐渐成为发掘艺术家与作品价值、赞助艺术家创作的重要力量。同时，绘画的内容也越来越多地反映财富。"在油画传统开始以前，中世纪的画家常在其作品中使用金箔。后来黄金不再用于图画内，而只用以装饰画框。不过许多油画本身就是用来标示可用黄金或金钱所能购买的东西。商品变成艺术作品的现实重心。"①油画反映、描绘现实的能力，或许正符合了这些新兴的富人渴望声望的愿望。绘画对财富的展示从某种程度上也进一步刺激了资产阶级对财富的追逐。正如列维-施特劳斯所言，"对文艺复兴时期的艺术家来说，图画除了是一种知识的工具，也是一种占有的工具，同时，在谈到文艺复兴时期的作品时，千万不可忘记，由于在佛罗伦萨和其他地方积累了大量财富，才有可能产生这些油画"。②

西方绘画经济功能的凸显离不开艺术家的解放和资本主义萌芽的发展，而在中国，绘画在商品市场上的流通则与文人阶层和市民阶层密不可分。不过，这两个阶层所青睐的并非同一种绘画商品，与他们相关的绘画在其作用和价值表现上都呈现出明显的不同。

在中国，文人作画始自六朝时期。这一时期社会动乱，政治黑暗，玄学盛行，一些文人在现实面前不再积极进仕，而是抱着一种超脱、自由的态度，寄情山水自然。他们以绘画作为抒发自我的途径，也使得绘画挣脱政教附庸和装饰之用，作为表达形式和审美对象独立发展起来。中国古代文人多有着一种独特的文人兴致和趣味，这些意趣反映在其所做之画中，便形成了一种与民间绘画和宫廷画院绘画截然不同的"士大夫绘画"，被称为"文人画"。陈师曾指出，"文人画之要素：第一人品，第二学问，第三才情，第四思想。具此四者，乃能完善。盖艺术之为物，以人感人，以精神相应者也。有此感想，有此精神，然后能感人而能自感也"。③ 文人作画六朝便有，但"文人画"作为一种重神韵意境、文学修养与品性的绘画，则始于唐，而"画中有诗"的王维则为文人画的鼻祖。相比专业的画工，文人画在技巧上或许稍显不足，但往往寄托着高雅的思想与意趣，自古以来也都为评论家所赞赏。"画有士人之画，有作家之画。士人之画妙而不必求工，作家之画工而未必尽妙。故与其工而不妙，不若妙而不工。"④

① 伯格.观看之道[M].戴行钺，译.桂林：广西师范大学出版社，2015：137.
② 伯格.观看之道[M].戴行钺，译.桂林：广西师范大学出版社，2015：119.
③ 陈师曾.陈师曾画论[M].李运亨，等编注.北京：中国书店，2008：171.
④ 俞剑华.中国画论类编[M].北京：人民美术出版社，1957：261.

正是对这种精神意趣的推崇使得收藏鉴赏之风盛行，随着两宋时期商品经济与绘画的发展，绘画作为商品的属性也越来越凸显出来。清代钱泳在《履园丛话》中说："收藏书画有三等，一曰鉴赏，二曰好事，三曰谋利。"①尽管他站在知识分子的立场上批判以书画谋取利润的行为，认为"若以此为谋利计，则临模百出，作伪万端，以取他人财物，不过市井之小人而已矣，何足与论书画耶！"②但绘画成为一种"牟利"手段的事实已无可争议，历来的名画都不乏赝品，一方面也正是因为利润刺激。

与文人绘画不同，另一种具有实用作用的绘画后来在商品市场上也变得丰富多样。这一发展源于市民阶层的崛起，他们与绘画的关系变得紧密，因此绘画成为商品不仅仅体现在用于收藏和满足精神文化需求的艺术品上，民间绘画也成为绘画交易中活跃的重要部分。这些绘画多被用于满足祭祀或装饰等日常需求而作为商品出现在民间市场上。无论是名家绘画还是市民绘画，作为一种用于交换的劳动产品，绘画都进一步促进了商品经济的发展。

(三) 科学与技术

中国传统绘画与西方绘画的写实风格不同，具有写意的特点，其原因与文人阶层的意趣不无关系。而东西方绘画风格差异的另一个影响因素，则存在于绘画发展的技术动因之中。绘画的发展与所使用的绘画媒材的变革紧密相关，如果不是油画等架上绘画的发明，绘画也难以从教堂的墙壁走向富人的收藏室。绘画所使用的工具和载体会影响绘画的具体呈现，但中西方绘画的不同取向，不仅在于绘画媒材以及文化传统带来的审美差异，还在于科学技术的发展及其在绘画上的应用。中国专家约翰·巴罗（John Barrow）在1804年如此批评中国绘画："关于绘画，它们只可被视作可怜的涂鸦，不能描绘出各种绘画对象的正确轮廓，不能用正确的光、影来表现它们的体积，也不能施以富有层次的色彩，以求肖似自然的微妙色调。"③显然，其

①②　钱泳.履园丛话[M].北京:中华书局,1979:261.

③　柯律格.明代的图像与视觉性[M].黄晓鹃,译.北京:北京大学出版社,2011:4-5.

评价标准是基于西方绘画所侧重的科学性。

在西方绘画中，科学理论和技术的进步是绘画发展的一大动力。因此，不同时期的绘画，也反映出科学发展的轨迹。比如文艺复兴时期，解剖学的发展使得画家对人体结构的认识更为深入，"透视法"的普遍应用也促进了绘画整体上的发展。通过应用基于数学原理的透视法则，绘画不仅在视觉上更接近真实，其地位也借此提升。阿尔贝蒂提出，数学是科学和艺术的共同土壤，因为比例问题和透视问题都属于数学的范围。① 达·芬奇也认为绘画是一门科学。又如19世纪印象画派的诞生则与光学研究的新成果密切相关，即物体并不存在其固有色，人眼对物体的色觉乃是由物体的反射光波所决定的。莫奈认为，"在光的照耀下是没有绝对颜色的，随着时间的变化，光源的变化，每一物体的面目都在不停地变化"②，他以一幅著名的《日出·印象》开启了印象派。印象派画家们重视色彩与光影的运用，开始走出画室，在大自然中捕捉光影变化的瞬间。此后，光学与色彩的科学原理被进一步运用于创作的技巧之中，一些人不再用线条的方式去勾勒轮廓，而是用纯色的小色点以合乎光学色彩原理的方式排列在画面上，从而在观看者的视觉中产生更为鲜明的观看效果。因为使用点状的小笔触作画，这些画家也被称为"点彩派"。类似这样的技术直接促进绘画发展的例子还有很多，比如如果没有照相技术，也就不会有"照相写实主义"绘画。但科学技术的进步不仅直接促进了绘画的发展，也通过改造社会和拓展艺术家对世界的认识的方式，在客观上影响着绘画风格和表现形式的变化。科学发展的成果不仅直接被绘画采用，还通过影响艺术家和社会环境间接影响绘画。现代主义绘画即综合反映出两方面的影响，比如立体主义、未来主义等。1910年，未来派发表了《未来主义绘画宣言》，提出："应该把万物运动论运用到绘画之中，使作品生成一种动态感。"③并在绘画中着力表现科学技术和工业化带来的现代生活与机械运动。

绘画作为一种媒介，有着悠久的历史，并随文明的演进而不断发展。如

---

① 豪泽尔.艺术社会史[M].黄燎宇,译.北京:商务印书馆,2014:186.

② 林凤生.画中有话——解读名画中的科学元素[M].上海:东方出版中心,2013:33.

③ 林凤生.画中有话——解读名画中的科学元素[M].上海:东方出版中心,2013:29.

今,随着互联网时代的到来,绘画也受到一些冲击,甚至有人担忧"绘画将死"。麦克卢汉说,"如果说 17 世纪从一种视觉和造型的文化退入一种抽象的文字文化的话,今天我们就可以说,我们似乎正在从一种抽象的书籍文化进入一种高度感性、造型和画像似的文化"。① 视觉文化的特征在当下已越来越突出,可以肯定的是,作为有着悠久历史的视觉文本,绘画并不会死亡,但在新的媒介环境下,绘画也必将产生新的变化。

---

① 麦克卢汉,秦格龙.麦克卢汉精粹[M].何道宽,译.南京:南京大学出版社,2000:458.

第十章　邸报：传播奇迹与静态纸媒

　　在世界上的几大古文明中，中华文明是唯一延续至今没有中断的文明。文字及其媒介在中华文明中的地位举足轻重，中国古代四大发明中，造纸术、印刷术这两项文字传播技术就占了两席，可见文字传播在中华文明中的重要性。实际上，中国古代文明中还有着世界上唯一一直延续的古代报纸：以官方邸报为主体的古代信息传播系统。

　　邸报是中国古代报纸的通称。自唐至清，在以官报为主、小报为辅的媒介格局中，中国古代报纸历经一千多年。其中，作为古代中国报纸主体的官方邸报一脉相传，在改朝换代的历史进程中从未中断，在世界文明进程中堪称传播奇迹。

　　不过，在长达千年的时间段落里，中国古代报纸长期以一种相对静止的状态存在。与近代以来报纸、广播、电视等媒介在百十年间你方唱罢我登场的迅速变更相比，中国古代报纸的这种"不变"不仅同样令人称奇，也发人深省。

一、历史沿革的奇迹

　　根据目前的研究，中国古代报纸有据可考的出现时间为唐代。而随着清朝的结束，自秦始皇开始的中国古代封建社会寿终正寝，依托于这种中央集权统治而存在的中国古代报纸也随之消亡。以此为首尾两端，中国古代报纸存在的时间超过千年，在世界文明史上，这种一直延续的古代媒介系统仅此一家，别无分号。

总体而言，中国古代报纸形成了官报为主、小报为辅的传播格局。官方发布的邸报为主要传播渠道，其内容主要包括中央对地方政令谕旨的传达、重大事务的处理决断、人事任免等诸多方面。官报以外，民间小报也间或有所发展，它在传播效率和范围上常常优于官报。由于朝廷认为这种传播物的存在有碍于中央政权的稳固，所以小报历朝历代都受到官方严格管控。

（一）唐代的报状

1982 年，方汉奇先生在英国不列颠图书馆馆藏的敦煌文物里，发现一份编号为 S·1165（S 即斯坦因）的进奏院状的实物。它是当时的归义军进奏院于 887 年发出的。归义军是唐代的诸多藩镇之一，驻守沙洲，即今敦煌。正因如此，归义军进奏院的报状才得以和其他敦煌文物一起封存于莫高窟。

这份归义军进奏院状长约 1 米，宽约 30 厘米，用毛笔抄写，共 60 行，2,000 余字。其内容就一项，即报告归义军节度使派出的人员向朝廷求取旌节的情况。旌节，就是代表行使权力的一种权杖，犹如后世的官方大印。① 经过对这份进奏院状的考证与辨析，方汉奇先生认为，进奏院状实际上就是中国最早的邸报，而敦煌文物里所保存的这份归义军进奏院状，就是目前所见的中国最早的一份报纸。

这份进奏院状并不是孤例。1986 年，法国巴黎国立图书馆还发现了另一份进奏院状，编号为 P·3547（P 即伯希和），其发报时间为 876 年，比不列颠图书馆的那一份还要早 11 年。这两份进奏院状 1900 年在敦煌莫高窟藏经洞出土后，1907 年被英籍匈牙利考古学家斯坦因和法国汉学家伯希和从敦煌盗走，分别藏于两国的图书馆。

在这两份进奏院状之外，唐人孙樵在《读"开元杂报"》中也提及，"于襄、汉间，得数十幅书，系日条事，不立首末……此皆开元政事，盖当时条布于外者"②。尽管"开元杂报"的原件早已失存，但其中对唐代"杂报"的详细

---

① 黄瑚.中国新闻事业发展史[M].上海:复旦大学出版社,2009:7.

② 孙樵.孙可之集[M].上海:上海古籍出版社,1987:91.

记载与进奏院状的实物一起，成为证实唐代已有原始形态报纸的根据。①

从内容上看，唐代报状以传报来自朝廷方面的消息为主。进奏院状由地方藩镇派驻朝廷的进奏官负责向地方传发，具有官报的性质。进奏院在公元 777 年（唐代宗大历十二年）由"邸"（即藩镇驻京办事处）改称而来。据《诸使中》（《唐会要》卷七十八）记载："诸道先置上都邸务，名流后使，宜令并改为上都进奏院官。"显然，由进奏官们发送的报状还不是由中央政府统一审定发布的正式官报，而属于一种由官文书向正式官报转化过程中的原始状态的报纸。

从传播方式上看，唐代的进奏院状是一种半官方的情报，由进奏官向节度使本人报送，没有复本，也不向其他机构抄送传发。其实，这种传播方式与 16 世纪在欧洲出现的"新闻信"相近，而这种新闻信正是西方近代报纸的"远祖"。根据最近的研究，西方有记录的最早印刷的新闻纸为《来自东方的新报纸》②，在 1502 年出现，比中国唐代的报状晚了七百多年。

（二）邸报的沿革

与唐代不同，宋代出现了在封建政府中枢部门统一管理下发行的官报，称作邸报。《宋会要辑稿》谈道："国朝置进奏院于京师，而诸路州郡亦各有进奏吏，凡朝廷已行之命令，已定职差除，皆以达于四方，谓之邸报。"③在宋代，邸报成为朝廷与地方官员了解中央政务与时局的重要渠道，其影响力从"自是邸报闻四方，而臣僚阿顺，莫敢言"（《宋史》卷三百五十二）中可见一斑。

在唐代的基础上，宋代设立都进奏院，便于管理地方进奏院。他们的主要任务是编发报状，通过该报状向地方发布新闻，形成一种上传下达的传播状态。内容包括皇帝诏令谕旨和朝廷决策，官员任免、升迁、调动以及官僚奏章等，如"近观邸报，枢密院编修官胡铨妄议和好，历低大臣，除名远窜。已而得铨书稿，乃知朝廷遽欲屈己称藩，臣未知其可。"（《宋史》卷三百八十三）

---

① 方汉奇，等.中国新闻传播史[M].北京：中国人民大学出版社，2002：10.
② 陈力丹，钱婕.外国新闻传播史[M].北京：中国人民大学出版社，2012：11.
③ 方汉奇，等.中国新闻传播史[M].北京：中国人民大学出版社，2002：12.

元朝是否存在邸报尚存争议。就目前所知,元代用书面形式进行大范围传播官方新闻是通过皇帝的诏令和官文书,并主要通过全国上下设立的一千多处驿站进行传递。不过,传统的研究认为元代官报的实物迄今并未发现,因此不能认为元代存有邸报。新近的研究则认为元朝尽管存在时间不长,邸报发行却未曾中断①。许有壬《哈噶斯哀辞》中的"邸报同日至"从侧面反映出元代新闻传播的时效性之强、速度之快。有分析认为这得益于元代沿袭汉人的文化制度,特别是官报制度,使得官报这一官方信息传播系统得以延续。

明清邸报甚为相似,都延续了中央对地方传达指令、沟通重大事务的重要职能。明代邸报的发布和抄传活动主要通过三个环节:通政司、六科、提塘。其内容包括"皇帝谕旨、宫廷消息、官员动态、军事活动以及臣僚奏疏等,还有农事、天象、灾害报道和社会新闻"②。每日以书册为主要样式发抄一本,政府官员每天可通过邸报掌握时局和官场动向。清代封建官报的发布方式、发行渠道和明代十分接近,即经由通政使司、六科、提塘三个环节。对民间新闻传播活动进行管控在清代得以延续和加强,严厉的文字狱与科刑是最有力的证据。

整体而言,官方发布的邸报是中国古代主要的信息传播通道,千年以来,形成了"陛下又已知之播之纶音,传之邸报,天下皆将知之,亦皆将信之"③的传播格局。显然,邸报是朝廷对地方进行管控以加强中央集权的重要工具。

(三) 小报的流变

据现有记载来看,小报产生于宋代,是"一种未经官方审查、自行抄送(或刻印流传)的报纸"④。其传播内容虽来自官方,但传播者通过打听、传闻等诸多渠道加入一些材料,真实性不能保证,但是因其作为"小道消息"的特

---

① 孔正毅.元代"邸报"新证[J].新闻与传播研究,2010(1);孔正毅.再谈元代的"邸报"、"朝报"及"除目"问题——兼答李漫博士[J].国际新闻界,2014(1).

② 丁淦林.中国新闻事业史[M].北京:高等教育出版社,2002:19.

③ 杨廷和.杨文忠三录[M]//四库全书第428册.上海:上海古籍出版社,1987:887.

④ 丁淦林.中国新闻事业史[M].北京:高等教育出版社,2002:15.

点且传播迅速而成为"新闻"。自宋代中央政府统一管理报纸之后，由专人掌管和抄传印制的官报就成为当时信息传播的主要形式，然而这种官文性质强烈的报纸仅仅在官员中小范围传播，其时效性既低，内容又受限制，客观上促进了小报这一民间报纸的发展。

新闻史学者们普遍认为，宋代的小报是中国最早的民间报纸。其特点包括：未经官方审查，自行抄传或刻印；内容引人注目，但消息难免失真；传播及时便捷。从信息传播的角度看，小报新闻颇有讲求时效、相对"自由"的特质。从官方角度看，小报却会因其容易泄密、失实造谣等特点而危及中央集权统治，因此，小报很快便被中央打压查禁。虽然小报在各朝都"屡禁不止"，但朝廷对于刊印物的管控向来严格，民间报业难以获得"自成一派"自由发展的土壤。客观环境的限制使得小报很难发展壮大，形成具备新气象的新闻传播载体。

到了明代，民办报业随着小报这股潜流的汇聚开始产生。虽然明代报纸仍旧以官方邸报为主要传播形式，但民办报业已在其间悄然而生：抄报行、民间报房、送报人——报业作为独立的社会行业已成雏形。而在清代，民间报房不断发展，并出现了前代未有的提塘小报，又称小钞。随后，"北京民间报房各自抄录、刊印的邸钞"[①]这一统称为"京报"的刊行，标志着中国古代报纸发展至最成熟的形态。不过，以京报为代表的民间报房的新闻内容仍然主要来源于宫廷邸报，民间报业很难获得真正的独立性。

(四) 他国的镜鉴

世界其他文明国家和地区因为没有维持延续性，在社会动荡和政权转变中，报纸传播曾遭中断，没有类似中国古代报纸延续千年的情况出现。其根源便在于四大文明地区中，除了中华文明不断延续，其他文明都出现过断层。

古罗马文明是其中一例。罗马文明进程中，曾出现《每日纪闻》(*Acta Diurna*)这一在当时十分重要的报纸，它经历过恺撒时代与屋大维时代，作为

---

① 丁淦林.中国新闻事业史[M].北京:高等教育出版社,2002:24.

统治者政治宣传管控工具，发挥过较大作用。《每日纪闻》于公元前 59 年问世，内容包括元老院的议事新闻以及官方通报与消息，起初书写于议事厅外一块涂有石膏的特制木板之上，后来还抄写传发给各地政要，是古罗马文明中具有较强新闻传播功能的一份手抄报纸。这份由罗马中央政府管控的报纸，是西方报纸的源头。

在恺撒和屋大维时代，《每日纪闻》具有较大传播功能，其内容从恺撒时代到屋大维时代一直不断丰富，其内容"登载政府政令、远征军战绩、司法消息、税收情况、宗教祭祀、贵族婚丧嫁娶以及一些以趣闻轶事和煽情故事为主的社会新闻"①。作为官方权威的宣传工具，《每日纪闻》的传播范围不断扩大，逐渐从张贴在公告板上扩大到向各地重要人士与驻军首长等进行传抄，形成了"新闻信"，随着罗马在欧洲的扩张而不断提升其传播力。

但是《每日纪闻》的寿命较短，在恺撒于公元前 44 年遇刺身亡后就停止刊布了一段时间，虽然紧接着屋大维曾恢复《每日纪闻》，但也仅仅维持至公元 330 年，而在已知文献中最后一次提及该报的时间为公元 222 年。古罗马在西罗马最后一位皇帝罗慕路斯·奥古斯图卢斯退位后陷落，罗马文明自此消亡。西方"长期屡遭日耳曼人、匈奴人、马扎尔人和维京人的侵略，因此，其旧秩序遭到破坏的程度，比亚欧大陆其他地区远为严重"②。失去了文明的土壤，《每日纪闻》自然也无法延续。

在与中国相邻的古印度文明中，信息传播主要是以诗歌、散文为主要形式，其内容以宗教为主。印度历史上一直是多民族种族和宗教杂居混合地区，其"古代信息的闭塞造成语言的地方性流通占主导地位，缺乏全国性的通行语言"③，这使得新闻传播在地域上具有"隔断"性存在特点。

古代印度在历史上曾多次被雅利安人、希腊人、英国人等侵略，"这些侵入者中的每一个都给这块巨大的次大陆留下了自己的痕迹"④，使得印度文明传承受到外来侵扰，其自身文明的延续性遭到破坏。同时，印度在历史上

①　孙宝国.古代罗马社会新闻史简论[J].东北师范大学学报(哲学社会科学版),2004(3).
②　斯塔夫里阿诺斯.全球通史:从史前史到 21 世纪(上册)[M].北京:北京大学出版社,2012:141.
③　陈力丹.印度独立后新闻业发展的四个特征[J].国际新闻界,2001(5):75-80.
④　斯塔夫里阿诺斯.全球通史:从史前史到 21 世纪(下册)[M].北京:北京大学出版社,2012:476.

经历了五百多年的大分裂时期(567—1173年)，直到莫卧儿王朝统治时期的第六任皇帝奥朗则布(1659—1707年在位)时期才出现了手抄宫廷官报。随即，现代意义上的新闻传播仅仅在不到一百年后便相继出现。由于印度在15世纪末便成为殖民地国家，其现代新闻传播，是"从外部植入的一种文化"①，1780的第一份较正规的现代报纸便是英国人创办的。传播的地域"隔断"与宫廷官报出现较晚、时间较短，使得其古代报纸传播力十分有限。

中国在王朝更迭的过程中，也曾遇到过时间较短的朝代(如元代)，但却没有出现如古罗马王朝更替后长达千年之久的断层现象。元朝的时间不长且政府机制并不完善，但是古代报纸传播却未曾中断。虽然就官方而言，元代用书面形式进行大范围传播官方新闻是通过皇帝的诏令和官文书，并主要通过全国上下设立的1,500多处驿站进行传播②，但民间小报延续了宋代的发展。元代民间小报称为"小本"，由民间刻印售卖，其内容主要是来自朝廷方面的政事消息③。

因此，从全球文明的视角来看，延续一千多年的中国古代报纸，确实是有着非常独特的文化背景与特征的媒介系统，堪称世界文明进程中的传播奇迹。

二、相对静止的媒介形态

从媒介更迭的历史过程来看，近代以来诞生的报纸、电影、广播、电视以及互联网等媒介在短短的几百年间就迅速完成多次更新换代，与这些我们更为熟悉的媒介相比，中国古代报纸在超过千年的发展历程中，其媒介形式、内容构成及技术支撑等都未发生实质性的变化。以近现代媒介的不断变化作为参照，中国古代报纸的"不变"，清晰地呈现出了一种静态媒介的形态特征。

---

① 陈力丹,王辰瑶.外国新闻传播史纲要[M].北京:中国人民大学出版社,2008:171.
② 王剑虹.元代新闻信息传播初探[M].北京:中央民族大学出版社,2006:6.
③ 方汉奇.中国新闻史[M].北京:中国人民大学出版社,2009:19.

(一)形式:缺乏规范

自唐至清,中国古代官报在朝廷管控下逐步向规范化发展,但总体上缺乏统一的样式。唐代的进奏院状主要由各藩镇派驻京城的进奏官们编发,到宋太宗太平兴国六年以后,发报制度才逐渐正规、统一起来。宋代初期在京城有地方当局设立的进奏院,负责编发进奏院状,供地方官员了解朝廷信息;随后的都进奏院的设立,将各地方进奏院进行统一管理,逐渐代表朝廷的利益与立场。其间还实行定本制度,即"进奏院将所编报状抄送枢密院,经该院审定,成为一种标准本,据此发抄"①。

明代中叶以后,邸报由手抄逐渐转向更为规范的活字印刷,载体形式也变为书册的样式。总体而言,宋、明、清代报纸的形式是逐渐规范的,但与近现代报纸相比较,形式上乏善可陈,只是材料堆砌,无分栏,无标题,无体裁之分,也无版式和固定用纸规范。

(二)内容:僵化不变

与近现代报纸以职业记者采写的新闻为主要内容不同,中国古代报纸的内容主要来自政府官方公布的信息,尽管经历千年的发展,其主要内容的来源也变化甚小。

西方近代报纸在诞生之初,其内容因为要适应资本主义萌芽期所不断增长的信息需求而不断丰富和变化。近代报纸的雏形诞生于商业资本主义萌芽快速发展的意大利威尼斯,15、16世纪手抄小报开始在那里编织起日益密集的新闻信息传播网络,而"这些手抄信息正是我们今天报纸的雏形"②。其所传递的内容包括商品行情、交通航运信息、战争消息与政局情况等,迎合了当时商人、手工业主以及航海者了解最新信息的愿望与需求,顺应了新兴资本主义的发展潮流,内容上丰富多变,实用性强。

而在中国古代报纸系统中占主体地位的官报内容一直较为僵化,变化

---

① 丁淦林.中国新闻事业史[M].北京:高等教育出版社,2002:14.
② 让纳内.西方媒介史[M].段慧敏,译.桂林:广西师范大学出版社,2005:18.

不大。即使是中国古代民间的报纸,因受官方管控,其内容也主要为转抄官方信息。从上文邸报的发展历程中便可发现,这些报纸具有强烈的为政治服务的针对性,所以内容上基本没有脱离中央机关公告材料、谕旨、宫廷、官员、军事活动以及臣僚奏疏等官方内容。官报中没有专门采写的新闻亦无广告与评论性文字,行文较为正统,缺少活力,官文书的色彩较为浓厚。而那些偶尔现身的社会新闻,也并非出自职业新闻人的采写,往往出自向皇帝报告相关社会事件的大臣题奏。在官报体系中,自采新闻不允许自由刊发和报道,更不用说针砭时弊等评述类文稿。此外,尽管古代官方报纸在形式上逐步走向规范,但大体内容却没有太大改变。

历朝历代对报纸内容都进行严格把控。宋代建立了我国最早的新闻审查制度——定本制度,据《宋史·刘奉世传》载:"熙宁三年,初置枢密院诸房检详文字……先是,进奏院每五日具定本报状,上枢密院,然后传之四方。"[①]这一制度虽屡废屡复,但官方对报纸内容的把控未曾完全废止。被迫下令取消定本制度的高宗,规定由给事中进行"判报",对于旱涝、蝗灾等自然灾害和日食、地震等异常天象,兵变、农民起义、边疆暴乱等军事行动,以及上层未达成一致的朝廷机事都严格控制,禁止见报发布。[②] 而明清时期,文字狱的日益盛行,更强化了对报纸内容的查禁力度。

(三) 技术:倡旧抑新

中国古代在技术方面取得了极高成就,凝结着古代中国人民智慧的四大发明,在世界文明进程中也发挥了重大的作用。然而,与近代以来媒介不断因技术驱动而更新迭代相比,技术在中国古代报纸发展中所发挥的作用却十分有限。中国古代报纸始终未发展为西方现代报纸那样以机器印刷为重要特征的大众出版物,新技术难获应用甚至受到遏制是重要原因。正如韦伯所言,"中国很早便有了印刷术,但专为印刷而设计,并且只有通过印刷才可能制成的印刷品,特别是报纸和期刊,最早仅出现于西方"。[③]

① 脱脱,等.宋史[M].北京:中华书局,1985:10388-10389.
② 王润泽.中国新闻媒介史(1949年前)[M].北京:北京大学出版社,2011:30.
③ 韦伯.文明的历史脚步[M].上海:上海三联书店,1988:4.

虽然古代报纸自唐有之，但目前没有史料证明唐代有过印刷报纸的情况，学界认为自宋代起可能有刻印版的报纸出现。但是官方报纸除宋代外主要为手抄，民间报纸自明代起有印刷。如明代顾炎武在《与公肃甥书》中所言："忆昔时邸报至崇祯十一年方有活板，自此以前，并是写本。"[①]

雕版印刷与活字印刷都是中国古代的技术发明，但却未能在中国报业发展特别是官报的传播中发挥较大作用。官报的传播自宋代至清代主要都沿用抄传的办法，至清代甚至"被视为不可更改的传统"[②]。但民间报房却不同，小报作为坊间传播的印刷品，一直沿用印刷传播的传播模式，且宋代印刷报纸的流传范围较广，清代中后期的京报也主要用刻印，但民间报业因受中央控制很难得以发展，所以印刷推广的范围十分有限，总体上看新闻传播仍以手抄为主，所以古代报纸因印刷技术而产生的创新根本无从谈起。

一千多年的古代报业发展史中，历代官报都由官方发行，通过水陆驿站传递，而非由报馆发行，因此并没有形成独立的行业。如此一来其发行渠道可谓单一，但却顺应了封建社会朝廷对于信息的管控这一政治诉求。

三、朝政传播范式

在以官报为主并为朝廷服务、小报为辅并受严控压制的历史脉络中，历经多个朝代的中国古代报纸，一直以一种相对静态的范式存在于朝代的更迭之中，这种长期稳定的内在一致性根植于一种特定的传播模式，即封建朝廷控制下的组织传播模式，这一传播模式在与以大众传播模式为主要特征的现代报纸的对比中显得尤为突出。

（一）模式：组织传播

关于现代意义上真正的报纸必须具备的基本要素，埃默里父子在《美国新闻史》中说：至少每星期出版一次；必须是机械手段生产的，有别于手写的

---

①　顾炎武.顾亭林诗文集[M].华忱之，点校.北京：中华书局，2008：55.

②　丁淦林.中国新闻事业史[M].北京：高等教育出版社，2002：29.

新闻信札；凡是愿意付费者，不问属于什么阶级或有什么特殊兴趣，都一概可以买到；必须刊登一般公众感兴趣的任何事情，有别于某些宗教性的或商业性的出版物；必须对只具备普通文化水平的公众具有吸引力；必须及时，至少就当时技术发展的水平来讲是相对及时的；必须具有稳定性。用这些标准来衡量，古代中国的报纸显然不能算作近现代意义上的报纸。无论是官方邸报还是民间小报，都与现代报纸有着本质上的区别，称其为"报纸"仅仅是对现代名称的一种借用而已。

从传播模式上看，中国古代报纸与作为大众传播媒介的现代报纸也全然不同。按照韦伯·施拉姆的说法，大众传播媒介具备以下几个特征：其讯息传播给所有公众、具有某种传播科技，介于媒介组织与目标受众之间（如报纸的媒介为印刷）。① 显然，中国古代报纸并不具备大众传播的特质与条件。

在中国古代邸报的传播过程中，朝廷严格管控其信息源和稿件撰写，经过审定后发抄，就如同一个严密的机器进行流水作业。这种自成体系、相对封闭的传播模式，正是典型的组织传播模式。"组织传播发生于大型的合作网络中，实际上包括了人际和群体传播的几乎所有方面，它包含了诸如组织的结构和功能、认得关系、传播和组织过程以及组织文化等题目。"②

具体而言，在邸报这样一个庞大的传播系统中，其主要传播内容都围绕治国之事，以朝廷到地方的信息传播与政策的上传下达为主，主要目标是传播官方新闻、传达中央指令、巩固中央政权，传播的流向是"信息沿着组织层级结构等级链垂直流动"③。这种由中央到地方的自上而下的垂直式传播，且是以书面的形式进行的较为正式的传播，正好符合组织传播的基本特征。

（二）诉求：政治传播

古代官报从诞生之日起，基本目的就是为政治服务的。报纸编发都是在国家的行政体系范围内进行；读者也主要是各级官员、在朝或者在野的士大夫等知识分子。邸报的存在就是为了朝廷向地方官员传达政令，与其说

---

① 施拉姆.人类传播史[M].台北：台湾远流出版公司,1994:203-204.

② 小约翰.传播理论[M].北京：中国社会科学出版社,1999:27.

③ 米勒.组织传播[M].北京：华夏出版社,2000:15.

它是报纸，倒不如说是庞大国家机器上的一个零件，一个政治工具。

古代报纸的组织传播模式较好地适应了古代中国政治系统在信息传播方面的基本诉求。在组织传播当中，等级性是典型特征。中国古代社会等级森严，王权至上的集权统治方式决定了社会具有严密的等级秩序，这一等级秩序是通过朝廷到地方的层层管控来实现的，邸报是这一管控系统的重要一环。

朝廷与地方的等级关系，决定了朝廷是这一系统的枢纽，是新闻传播"输出"方，地方主要作为"输入"方存在，其间的信息整合筛选完全由"输出"方把控。在这样的信息把控与传播过程中，朝廷"通过信息传递将组织的各部分联结成一个有机整体，以保障组织目标的实现和组织的生存与发展"①。

(三)机制:维护旧统

邸报是封建统治者进行集权统治、巩固政权的工具。朝廷通过官报进行"内部协调""指挥管理""决策应变"，以至"达成共识"②。从邸报传播机构——进奏院、提塘的变迁上，即可窥见这种机制的端倪。

进奏院出现在唐中期，一般由政府设立的道(大小相当于今天的省)或节度使的藩镇派驻京城，费用也由地方承担。由于唐中期以后地方节度使独揽军权、财权，皇帝也忌惮三分，因此其驻京的人员和机构也受到重视。当时进奏院设在皇城要地，鼎盛时期进奏院长官竟拥有副宰相的地位。到唐朝后期，这种进奏院在长安多至50多个。为了获取中央的情报，进奏院获得了地方提供的充足经费，甚至承担起银行、汇兑的职能。从唐宪宗时开始，各地在京师的商人可将售货所得款项交付各道驻京的进奏院，由进奏院开具"文牒"或"公据"，一联交给商人，一联寄往本道。商人无论是由地方前往京城，还是由京城回到地方，身上都不用携带大量钱币，可以轻装赶路，到了再兑现，类似于今天的支票。

到了宋代，朝廷将地方进奏院归并为都进奏院，实质是掌握了官方新闻

---

①② 郭庆光.传播学教程[M].北京:中国人民大学出版社,2011:90.

的发布权，这表明当时朝廷已经认识到信息传播的重要性。枢密院代表政府扮演了"把关人"的角色，对邸报内容起到了把关作用，把关标准自然是朝廷立场，以确保邸报所传递的信息完全符合统治者的利益。宋代进奏官员最多时有一百多人，他们的主要经费是皇帝划拨的，其中最大的支出是镂刻雕版的费用。这些进奏官员定期把朝廷政令刻成雕版，由驿马送到地方，然后印成纸张文本给地方官阅看。由于邸报印得太多太滥，甚至出现宫中私人生活泄露的情况，有进奏官因此受到处罚。

由于进奏院的重要性和特殊性，这一机构甚至成为唐宋两代地方官员、京官和京城名士的社交场所。宋代就出现过以惩治腐败为名，打击在进奏院内集会的士人的情况。公元 1044 年，由于在进奏院里激烈地议论朝政，北宋著名诗人苏舜钦与其馆阁同僚被北宋朝廷的官员盯上了。苏舜钦等人把进奏院日积月累的废纸出售，用"鬻故纸公钱"饮酒娱乐，结果受到严厉查处，"同时会者皆知名士，因缘得罪逐出四方者十余人"（《宋史》卷四二二），史称"进奏院狱"或"邸狱"。

在明代，各省按照制度都派有提塘官常驻京师，担任军情和各项文报的呈递下达等任务。提塘还有一项任务，就是抄传邸报。明代不设进奏院，没有进奏官，提塘官就其所从事的工作而言十分接近唐宋时期的邸吏或进奏吏。由于没有类似进奏院这样的机构，明初的提塘官们居无定所，经常住在旅店或租用民房。明代中叶以后，一些提塘官们才开始在京师购置房产或自建馆舍，作为居住和办公的地点。提塘的办公地点通称提塘报房，简称报房。

清朝各省的提塘统称省塘，驻地在各省的省会。除省会外，省内一些大的州府如江苏的江宁、苏州、松江等，也都设有府一级的提塘。这两部分提塘，在兵部和地方府县的双重领导下，负责辖区内的塘务工作，是官报在当地发行工作的主要承担者。

从进奏院到提塘，中国古代官报发行机构在千年之间虽然经历了种种变化，但从根本上说，其服务对象都是封建官僚系统，具体工作都是为朝廷或地方官僚当传声筒，自始至终，这种作为封建统治阶级统治工具的性质从未改变。

四、邸报与 Newspaper

当我们认识到中国古代报纸与作为大众传播媒介的近现代报纸在模式上有根本的区别时，另一个问题就随之产生了，那就是：中国古代报纸还能被称为"报纸"吗？要回答这个问题，一方面需要了解报纸这个概念的来源，另一方面也需要理解报纸这个概念的真正内涵与外延。

（一）从"新闻纸"到"报纸"

"报纸"并非中国古代已有之词，而是近代随着西方报纸的传入而产生的仿译词。19 世纪上半叶，来华西人增多，他们新造了"新闻纸"这一名称，来指代彼时中国没有的西式报纸，即英文中的"newspaper"。

"新闻纸"一词最初出现的时间无法确考，但至少在 19 世纪 20 年代便已经出现。1828 年，英国传教士马礼逊在他的《广东省土话字汇》中编入了"新闻纸"①。1833 年 12 月《东西洋考每月统计传》刊登《新闻纸略论》，言"在西方各国有最奇之事，乃系新闻纸篇也"，这一仅三百余字的短文，被认为是中文报刊中第一篇介绍西方报业的文章。1834 年，叶钟进在《英吉利国夷情记略》中亦提到："澳门所谓新闻纸者，初出于意大里亚国。后各国皆出遇事之新奇及有关系者，皆许刻印、散售各国无禁。"②可见，至少在 19 世纪二三十年代，"新闻纸"便已成为一个固定的词语，用来指代西式的报刊。但这一时期，西式报纸在中国尚处于萌芽时期，"新闻纸"这一词语也仅为少数来华西人及了解西方的中国知识分子所知，对民众而言仍是陌生的事物。

鸦片战争后，中国开始"开眼看世界"，向西方学习，国人办报活动也开始兴起，出现了艾小梅创办的《昭文新报》以及王韬创办的《循环日报》等一批最早的国人自办报纸。到了 19 世纪后半叶，西式报纸在中国成长壮大，逐渐融入市民的日常生活。在此期间，"新报"一词也开始用于指代"新闻纸"，

---

① 黄时鉴.东海西海：东西文化交流史[M].上海：中西书局，2011：138.
② 魏源.海国图志[M].长沙：岳麓书社，1998：1440.

并被一些报刊用作报名,如《香港中外新报》《教会新报》等。1883年的《万国公报》载《新闻纸论》一文,谈到"盖溯西国新报之始,从俗而言之则曰新闻纸,其实言新报则较妥",可见"新闻纸""新报"所指均为西式的报纸,而随着西式报纸在中国的普及,这两个概念开始为更多人所知。

"报纸"一词的出现则较"新闻纸"和"新报"更为晚近,且与二者有着密切的联系。"随着时间的推移,作为意译词或仿译词创造的这类复合词的地位日趋巩固,有时甚至成为创造新词的模式。例如,复合词'新闻纸'和'铁路'产生后不久,便稳定下来了,并促进其他新词的创造。……根据英语Newspaper翻译的仿译词'新闻纸',对后来(通过模仿)创造的新词'报纸'起了很大的作用。"①方汉奇认为,"报纸"一词最早出现于1875年3月6日《申报》中一则题为《福州创设华字新闻纸》的消息中②;李玲则在1873年的《申报》所刊载的一篇读者来稿《洋烟害》中,找到了更早的证据③。由此可见,"报纸"一词并非古已有之,而是在"新闻纸""新报"之后所造新词。随着"报纸"一词的普及,"新闻纸""新报"的使用频率逐渐降低。

显然,"报纸"一词诞生于近代,且最初所指即为近代以来的西式报纸,即所谓的"新闻纸""新报"。它在中国的出现由海外舶来,而非从本土的传统或已有的事物进化而来。因此,从这一角度来讲,中国古代并无"报纸"。当我们将"报纸"一词用于指代中国古代的信息传播载体时,其实是用新生的概念去理解旧有的事物,在这一过程中,我们已将其基本内涵拓展和延伸了。

(二)邸报与报纸

实际上,几乎在西式报纸开始为国人认识的同时,人们对报纸和邸报的比较便也开始了。较早接触西式报纸的林则徐曾在一封信中说:"又有夷人刊印之新闻纸,每七日一礼拜后,即行刷出,系将广东事传至该国,并将该国

---

① 马西尼.现代汉语词汇的形成——十九世纪汉语外来词研究[M].黄河清,译.上海:汉语大词典出版社,1997:173.

② 方汉奇.中国新闻事业通史(第一卷)[M].北京:中国人民大学出版社,1999:392.

③ 李玲.从刊报未分到刊报两分——以晚清报刊名词考辨为中心[J].近代史研究,2014(3).

事传至广东，彼此互相知照，即内地之塘报也。"①林则徐并非将二者视为一物，而是在"新闻纸"尚不为国人熟知的情况下，利用人们熟悉之物，在消息的传递这一功能上将二者类比。

而试图从我国古已有之物中为报纸"寻根"之举，在《开设报馆议》一文中体现得更为明显："古者采诗以观民风，诵诗而知国政，专立太师之官，以主其事。盖诗者，即今之新报。……我中国，邸报开设千年，本远出于西报之前，特未推而广之，采诗之法，又未追而复之。"②古之诗与彼时之新报，显然并非一物，将二者等同，其实是在强调新报传达民意之功用。

到20世纪初，便有人将外来物"新闻纸"同本土的"邸报"联系起来，认为二者本质为同一物，并得出中国的邸报是最古老的新闻纸的观点。1905年的上海《大陆》报刊有一篇名为《报纸之由来》的文章，言："环球列国，印有新闻纸，以中国为最古。唐玄宗开元年间（西历七百十三年至四十一年）发刊开元杂报，唐孙樵文集载有读开元杂报，其发刊京报，亦在唐朝。"这种观念的产生，一方面由于近代报纸在进入中国后，势必会与中国的国情相结合，导致人们会从本土历史中寻求相似物为其"寻根"；另一方面，随着国人办报的发展，报纸越来越为大众所熟知，当报纸越来越多地融入大众生活时，它作为一种外来物的属性便开始渐渐为人所淡化。

新闻史界往往通过对邸报产生时间的判定去探讨中国古代报纸的起源，这一路径建立在默认"邸报是古代报纸"的基础之上。廖基添等曾对此提出质疑，认为邸报并非报纸，并通过对学界观点较为一致的西方报纸起源的梳理，从物理形态、传播范围与内容特征三方面划定了"报纸"的核心③，由此认为唐宋"进奏院状"及明清邸报均不是报纸。但从其论证可以看出，他得出否定结论主要基于中国古代报纸不满足第二条传播范围中的"在公众范围，或至少若干群体或阶级的范围内"，因为他将在公众中流传的邸报的复制形态看作古代报纸。

这样的观点其实亦早已有之，1872年7月13日《申报》刊文《邸报别与

---

① 魏源.海国图志[M].长沙：岳麓书社，1998：1949.
② 开设报馆议[N].强学报，1895（1）.
③ 廖基添.邸报是古代报纸吗？——中国古代报纸发展线索再梳理[J].新闻与传播研究，2010（1）.

新报论》："邸报之制，但传朝廷之政事不录闾里之琐屑而已。故阅之者，学士大夫居多而农工商贾不预焉，反不如外国之新报，人人喜阅也。是邸报之作成于上，而新报之作成于下，邸报可以备史臣之采择，新报不过如太史之陈风。"事实上这也指出了邸报的受众限于官僚知识分子阶层，不似舶来品"报纸"在发展之初便带有大众传播的特点。

由此可见，邸报是否是报纸不仅取决于邸报自身，还取决于"报纸"的定义。若将"报纸"按其诞生之时便带有的"西方基因"，而将其含义局限于大众传播，则中国古代的邸报显然不能算作报纸；但若从我国古代媒介系统的历史事实和既有传统出发，将其含义拓展到大众传播之外，试图从媒介特征与功能上的一致或相似来达成对邸报媒介形态的分析和理解，则将其称为古代报纸亦未可厚非，毕竟，这符合人们认识事物、理解规律、命名概念的一般过程。

图书在版编目(CIP)数据

媒介的变迁:从口语到文字 / 崔林著. -- 北京:中国传媒大学出版社,2019.12
ISBN 978-7-5657-2650-7

Ⅰ.①媒… Ⅱ.①崔… Ⅲ.①传播媒介—研究 Ⅳ.①G206.2

中国版本图书馆 CIP 数据核字(2019)第 290542 号

媒介的变迁:从口语到文字
MEIJIE DE BIANQIAN:CONG KOUYU DAO WENZI

著 者	崔 林	
策划编辑	王雁来	
责任编辑	王雁来	
封扉设计	风得信设计·阿东	
责任印制	李志鹏	

出版发行 中国传媒大学出版社

社 址	北京市朝阳区定福庄东街 1 号 邮编:100024	
电 话	86-10-65450528 65450532 传真:65779405	
网 址	http://cucp.cuc.edu.cn	
经 销	全国新华书店	
印 刷	北京玺诚印务有限公司	
开 本	710mm×1000mm 1/16	
印 张	15.75	
字 数	250 千字	
版 次	2019 年 12 月第 1 版	
印 次	2019 年 12 月第 1 次印刷	
书 号	ISBN 978-7-5657-2650-7/G·2650 定 价 88.00 元	

版权所有 翻印必究 印装错误 负责调换